Sense of Learning Achievements of Postgraduate Students Series

研 究 生 学 习 获 得 感 丛 书

Research on Sense of Learning Achievements of Postgraduate Students

研究生学习获得感探究

李臣之 等 编著

南方传媒
全国优秀出版社
全国百佳图书出版单位
广东教育出版社
·广 州·

图书在版编目（CIP）数据

研究生学习获得感探究 / 李臣之等编著 . — 广州 ： 广东教育出版社， 2022. 8

（研究生学习获得感丛书 / 李臣之主编）

ISBN 978-7-5548-4775-6

Ⅰ. ①研… Ⅱ. ①李… Ⅲ. ①研究生—学生方法 Ⅳ. ①G643.246

中国版本图书馆CIP数据核字（2021）第273579号

研究生学习获得感探究

YANJIUSHENG XUEXI HUODEGAN TANJIU

出 版 人：朱文清

出版策划：郝琳琳

责任编辑：蔡奇哲

责任印制：佟长缨

装帧设计：邓君豪

出版发行：广东教育出版社

（广州市环市东路472号12-15楼　邮政编码：510075）

销售热线：020-87615809

网　　址：http://www.gjs.cn

E-mail：gjs-quality@nfcb.com.cn

经　　销：广东新华发行集团股份有限公司

印　　刷：广州小明数码快印有限公司

（广州市天河区高普路83号B栋C5号）

规　　格：787 mm × 1092 mm　1/16

印　　张：19.5

字　　数：390千

版　　次：2022年8月第1版

2022年8月第1次印刷

定　　价：76.00元

让每一位研究生享受获得感

王立生

2015 年 2月，习近平总书记在中央全面深化改革领导小组第十次会议上提出要“把改革方案的含金量充分展示出来，让人民群众有更多获得感”。自此以降，“获得感”这一概念迅速引起了广泛的社会共鸣，成为研究者关注和讨论的热点。“获得感”作为新兴热点也进入教育领域研究者、从业者的视野，并延伸出“学习获得感”等相关概念，成为研究焦点。

学校教育以学生发展为中心，其使命在于让学生全面而充分地发展。学校及教师不能单以学生学业成绩为导向，而应充分关注其学习获得感。学习获得感的缺乏必将影响学生的学习投入程度和学习体验，带来过度焦虑、学业倦怠甚至休学离校等一系列问题，个别学生甚而因为看不到学习与发展的希望而做出极端行为。因此，探究学习获得感的内在机理，探寻学习获得感的提升规律，寻找学习获得感的生成路径，从而深化教学改革，推动深度学习，提升学习质量，既具有重要的理论价值，又有很强的现实指导意义。

研究生教育是我国国民教育体系的顶端，研究生是我国教育金字塔的高层次人才，研究生教育水平是国家科教融合创新水平的最高体现，肩负着服务国家总体战略、支撑各项事业发展之大任。教育部、国家发改委、财政部联合发布的《关于加快新时代研究生教育改革发展的意见》中的总体目标方面提出：“到2025年要基本建成规模结构更加优化、体制机制更加完善、培养质量显著提升、服务需求贡献卓著、国际影响力不断扩大的高水平高质量研究生教育体系；到2035年，初步建成具有中国特色的研究生教育强国。”我国研究生教育总体目标的实现，需要落实到每一个研究生培养单位，需要最大限度地提升研究生的学习获得。因此，让每一位研究生有更多的学习获得感，应该成为研究生教育的基本追求。

我国研究生教育发展迅猛，目前在学研究生已达300万人。规模迅速发展的同时，研究生就业、“延毕”等问题也越来越受到关注。关于研究生就业，有调查发现，2017年专业型硕士生“已确定就业单位”的比例为62.3%，学术型硕士生为59.3%，而博士生为48.9%①。2017年全国博士生离校调查数据显示：博士生的平均延期率为39.68%，其中有48.15%的延期时间为1年，19.05%的延期时间为2年，延期半年和超过2年的比例分别为13.01%和12.50%②。学者进一步对人文社科专业延期博士生影响因素进行探究，认为：“课程体系缺乏与导师指导缺位是博士生延期的催化剂，低效的制度执行与低迷的学术氛围是博士生延期的潜在温床。”③因此，在研究生规模快速发展的当下，尤其需要进一步重视内涵与质量建设。《关于加快新时代研究生教育改革发展的意见》提出的“坚定走内涵式发展道路，以立德树人、服务需求、提高质量、追求卓越为主线”，是新时代我国研究生教育的指导思想，高质量发展已经成为新时代研究生教育发展的总体遵循。

研究生教育高质量发展的显著特征是学生的高质量发展。学生发展全面，学习获得充分，学习获得感不断增强，是高质量研究生教育的基本样态。因此，重视研究生学习获得感是对时代诉求的回应。研究生教育需要彰显学习立场，指向学生发展，强调学生学习主观感受。正如《关于加快新时代研究生教育改革发展的意见》要求的那样，培养单位“要完善质量控制和保证制度，抓住课程学习、实习实践、学位论文开题、中期考核、论文评阅和答辩、学位评定等关键环节，落实全过程管理责任，细化强化导师、学位论文答辩委员会和学位评定委员会权责，杜绝学位‘注水’”。唯有如此，研究生学习获得感的提升和研究生教育的高质量发展才能落到实处。

笔者很高兴看到李臣之教授及其团队在研究生教育研究方面所做出的努力。呈现在我眼前的这套“研究生学习获得感”丛书，集中体现了研究生学习

① 于菲、邱文琪、岳昌君：《我国研究生就业状况实证研究》，《学位与研究生教育》2019年第6期。

② 高耀、陈洪捷、王东芳：《博士生的延期毕业率到底有多高——基于2017年全国离校调查数据的实证研究》，《研究生教育研究》2020年第1期。

③ 杨青：《博士生为什么延期了——人文社科博士生延期毕业原因及作用机制分析》，《中国高教研究》2021年第7期。

获得感研究的重要取向。《研究生学习获得感探究》一书以定量研究为主，辅以文献研究、案例研究、比较研究等方法，对研究生学习获得感的由来、立论基点进行了较为系统的分析，并自编量表检测研究生学习获得感现状，分析其核心影响因素，针对存在的关键问题提出提升研究生学习获得感的主要策略。《如何成为优秀研究生：深度学习的视角》一书主要采用定性研究，辅以比较研究、案例研究、文献研究等方法，揭示学习规划、深度阅读、课堂深度学习、深度反思、深度表达、闲暇生活与学术学习如何统一，揭示研究生学习获得感提升的重要价值，进而提出相应的改进与提升策略和路径。《研究生教育研究方法》一书则是从指导研究生“学会研究”的角度，有针对性地总结研究问题的提出、定量研究、定性研究、案例研究、行动研究、研究伦理与规范等。三本书从不同角度阐述研究生学习获得感的提升，相互联系又互为补充。

纵观国内外研究生教育研究，在政策制度、教育评价、课程教学等方面成果颇丰，但与学习获得感直接相关的研究成果并不多见。在国外，已有的研究主要分布在结果导向教育、学习满意度、主观幸福感、学习体验等领域，其中不乏有价值的值得借鉴的研究成果。在我国，获得感研究在政治学、社会学等领域已有相当丰富的成果，但在教育学领域对获得感的探究明显不足，而研究生学习获得感研究则更是一个新的领域，值得大家进一步深度探索。

我相信，学习获得感研究将成为教育研究的一个重要方向，也将为研究学生学习、教育质量提供新的视角。就目前情况看，我国研究生学习获得感研究尚处于起步阶段，虽取得了初步的成果，但仍存在诸多不足，亟待广大研究生教育研究工作者深入探究，逐步完善。

希望李臣之教授及其团队，在研究生学习获得感研究这条道路上越走越远，越走越好。

（本文作者为国务院教育督导委员会国家督学、中国教育发展战略学会副会长、教育部学位与研究生教育发展中心原主任）

前　言

高质量发展，是我国经济社会发展到新的历史阶段的新的质量追求。教育是国之大计、党之大计，教育的高质量发展更是关键所在。作为国民教育大厦的顶端，研究生教育是培养我国高层次专门人才的重中之重。因此，研究生教育高质量发展，是建设创新型国家的关键要素之一，是国家人才竞争和持续发展的重要支撑。

2020年7月，我国召开首次全国研究生教育会议。同年9月，教育部、国家发改委、财政部联合发布《关于加快新时代研究生教育改革发展的意见》，对全国研究生工作提出总体要求；国务院学位委员会和教育部发布《关于进一步严格规范学位与研究生教育质量管理的若干意见》，明确从研究生招生、培养到学位授予各个环节的质量管理规定。

中华人民共和国成立以来，我国研究生教育取得了巨大进步。2020 年在学研究生达到 300 万人，成为世界研究生教育大国。我国研究生教育质量值得重视。有调查显示，2020年研究生对研究生教育的总体满意率为82.7%，研究生对课程教学的满意率为80.4%，对科研训练的满意率为83.6%，对管理与服务的满意率为78.1%，对指导教师的满意率为90.2%。有新近研究指出，我国教育博士学位获得者不到在校学习者的50%。随着研究生培养规模的进一步扩大，研究生培养全过程的任务在加重，相应地，一些问题也会随之而来。如果研究生培养过程诸环节中出现的问题得不到及时解决，恐怕不只会影响到研究生个体学习的质量，更会影响到研究生培养系统的质量，进而影响到国家高层次人才培养的质量。因此，我国在研究生规模扩大的同时，必须走出一条研究生教育内涵式发展的道路，也就是研究生教育高质量发展之路。

研究生教育质量保障是一项系统工程。研究生招生制度、培养过程质量控制、学位论文质量保障，以及研究生学习过程中的心理健康、学术规范与伦理等都是研究生教育质量工程的关键内容。其中，研究生学习关乎培养过程的高质量，学习投入、学习环境、学习获得是高质量研究生学习必须考虑的关键要素。关注研究生学习获得感，是基于OBE教育（Outcome Based Education，也称为成果导向教育、能力导向教育等）理念，采用结果导向，促进学习过程的调节。因此，探究研究生学习获得感对于提高研究生学习质量，促进研究生教育整体质量提升，有着重要意义。

为此，笔者特撰写《研究生学习获得感探究》一书，供研究生学习及教师指导参考。本书致力于理解研究生学习获得感的演进，把握研究生学习获得感的本质内涵和关键特征；确证研究生学习获得感的立论基点，涉及主体论、实践论、过程论、人本主义学习理论、自我决定理论、主观幸福感，以及社会结构理论、社会比较理论、建构主义与研究生学习获得感的内在联系；研制研究生学习获得感测评工具，对研究生学习获得感进行描述性分析和差异性分析；考察研究生学习获得感的影响因素，包括导师指导、个体自身、课堂教学、学校环境等方面；基于已有相关研究成果，结合案例，分析研究生学习获得感的提升策略，包括学习自信感、学习愉悦感、学习希望感和学习亲和感提升的价值机理和培育策略。这些内容大致围绕研究生学习获得感是什么、有什么作用、现状怎么样、有哪些影响因素、如何提升等方面展开，大致构成研究生学习获得感研究的逻辑框架。

目 录

第一章
研究生学习获得感的演进与内涵

“学习获得感”这一概念由“获得感”衍化而来，而“研究生学习获得感”又是学习获得感在研究生群体上的具体体现。当前，关于“获得感”“学习获得感”“研究生学习获得感”的研究均处于起步阶段，本章主要介绍研究生学习获得感的演进与内涵。

第一节 研究生学习获得感的演进

2015年2月27日，习近平总书记在中央全面深化改革领导小组第十次会议上首次提出“获得感”的概念。此后，学界对“获得感”的解读纷至沓来。教育界对“获得感”的探讨，最初主要在于响应政策文件、关注高校学生思政课“获得”，并由此衍生出“学生获得感”“教师获得感”等新概念。随着研究逐步深入，“学习获得感”这一概念开始出现在公众视野中。近年来，国家对研究生教育的重视为“学习获得感”的研究提供了新热点，“研究生学习获得感”的研究开始受到关注。

一、获得感的提出

获得感的提出有着深刻的社会、历史、文化背景。在学术界，获得感研究又与自我效能感、主观幸福感、学习获得、课程获得、结果导向教育等相关研究有着内在的关联性。

（一）获得感提出的社会政治背景

“获得感”的提出有着深厚的社会政治背景，与“以人民为中心”的发展思想有着内在关联，而“以人民为中心”思想又与“全心全意为人民服务”的政治主张密切相关。

1944年，毛泽东同志在张思德烈士追悼会上发表讲话时指出：“只要我们为人民的利益坚持好的，为人民的利益改正错的，我们这个队伍就一定会兴旺起来。”这句话表明了毛泽东同志为人民服务的基本立场。

1945年，毛泽东同志在党的七大政治报告中对为人民服务的理论做了更深层次、更系统的论述。他指出军队的唯一宗旨是“紧紧地和中国人民站在一起，全心全意地为中国人民服务”。军队是这样，领导这个军队的共产党更是如此。毛泽东同志肯定了“全心全意为人民服务”是中国共产党的优良作风的核心内容，是共产党区别于其他政党的显著标志。

毛泽东同志将“全心全意为人民服务”作为党的宗旨。他认为中国共产党的出发点就是“全心全意地为人民服务，一刻也不脱离群众；一切从人民的利益出发，而不是从个人或小集团的利益出发”。进而，他提出了共产党人的言论行动的最高标准，就是“合乎最广大人民群众的最大利益，为最广大人民群众所拥护”。党的七大通过了毛泽东同志的政治报告，并正式把“全心全意为人民服务”写进了党章，此后历次党代表大会都坚持把“全心全意为人民服务”写入党章，使之成为我党一贯坚持的唯一宗旨。

习近平总书记进一步继承和发展了毛泽东同志“全心全意为人民服务”理论，主张“以人民为中心”，将此作为我国经济社会持续健康发展的核心思想。党的十八届五中全会首次提出“以人民为中心”的发展思想，这反映了人民主体地位的内在要求，彰显了人民至上的价值取向，“人民”二字在党的十九大报告全文中更是多次出现。

“以人民为中心”的发展思想落到实处，归根到底就是要让人民群众有更多的幸福感和获得感。习近平总书记在中央全面深化改革领导小组第十次会议上的讲话指出：

要科学统筹各项改革任务，协调抓好党的十八届三中、四中全会改革举措，在法治下推进改革、在改革中完善法治，突出重点，对准焦距，找准穴位，击中要害，推出一批能叫得响、立得住、群众认可的硬招实招，处理好改革“最先一公里”和“最后一公里”的关系，突破“中梗阻”，防止不作为，把改革方案的含金量充分展示出来，让人民群众有更多获得感。[①]

习近平总书记此次讲话，明确要求攻坚克难，展示改革的力量，“让人民群众有更多获得感”。2016年4月18日，在中央全面深化改革领导小组第二十三次会议

① 习近平：《让人民群众有更多获得感》，《习近平谈治国理政》（第二卷），外文出版社，2017，第102页。

上，总书记进一步对改革提出了要求，强调围绕人民的需求和期盼，推进改革，要“通过改革给人民群众带来更多获得感”，总书记指出：

改革既要往有利于增添发展新动力方向前进，也要往有利于维护社会公平正义方向前进，注重从体制机制创新上推进供给侧结构性改革，着力解决制约经济社会发展的体制机制问题；把以人民为中心的发展思想体现在经济社会发展各个环节，做到老百姓关心什么、期盼什么，改革就要抓住什么、推进什么，通过改革给人民群众带来更多获得感。①

从历史角度看，无论是长征胜利、新中国成立，还是改革开放骄人的成绩、抗击新冠疫情取得重大战略成果等，都说明人民是改革的主体，是实践的主体，是历史的创造者。凡是历史进步的事业，都和人民息息相关。“圣人无常心，以百姓心为心”，以人民为中心，为百姓谋福祉，是发展的指针，是发展的指导思想。精准把握“让人民群众有更多获得感”思想，对于全面贯彻习近平新时代中国特色社会主义思想，具有十分重要的理论价值和现实意义。

自习近平总书记提出“让人民群众有更多获得感”“通过改革给人民群众带来更多获得感”之后，“获得感”这一概念迅速成为研究者关注和讨论的热点，同时也引发了广泛的社会共鸣。当“获得感”作为新兴热点进入教育领域时，更衍生出“学习获得感”等相关概念。学生就是教育实践的主体，既是教育教学改革的直接受益者，也是教育教学改革的参与者，教育教学要以学生为中心，为学生谋发展。因此，教育工作者需要认真考量学生的发展需求，尽可能让教育教学适合每一个学生，为每一个学生的学习带来更多的获得感。

（二）获得感的相关教育背景

在教育领域，“获得感”这一概念也有一定的教育政策背景。21世纪初，我国开启新一轮基础教育课程改革，其指导思想即是“为了每一位学生的发展，为了中华民族的伟大复兴”。这次课程改革推行三级课程管理，其目的就是尽可能地增强课程的适应性。2010年，《国家中长期教育改革和发展规划纲要（2010—2020年）》颁布，文件也指出：“把促进学生健康成长作为学校一切工作的出发点和落

① 习近平：《让人民群众有更多获得感》，《习近平谈治国理政》（第二卷），外文出版社，2017，第103页。

脚点。关心每个学生，促进每个学生主动地、生动活泼地发展，尊重教育规律和学生身心发展规律，为每个学生提供适合的教育。”[①]陈宝生部长在2018年6月21日全国高等学校本科教育工作会议上强调，要坚持“以本为本”，推进“四个回归”，真正把内涵建设、质量提升体现在每一个学生的学习成果上。此处“学习成果”可以理解为学生的学习获得。这些政策及教育主张对落实学生主体地位，增强教育对学生发展的适应性起到了很好的引导作用。

二十余年的课程改革，集中体现了学生主体地位、学生立场、儿童本位等思想。在校本课程开发研究领域，学者提出“关注学生的利益”[②]、探索基于学生“学”视角的教师课堂教学自我评价[③]、注重学生的学习获得[④]、强调基于课程标准的课程实施。与此同时，裴娣娜提出的主体性教育、叶澜提出的新基础教育、朱永新提出的新教育等，也对学生主体地位的落实起到很好的指导作用。

此外，相关研究提出的自我效能感、主观幸福感、学习获得、课程获得、结果导向教育等，都在一定程度上对解释和理解获得感有所助益。

（三）获得感的含义

“获得感”一词具有极强的中国特色，是一个本土化的概念，因此在国外的理论与实践研究中尚未有与其直接对应的概念。厘清获得感的概念和内涵，是对其进行学科迁移的前提。

“获得感”一词作为改革热词，最初来自政策领域，而后在各领域以及广大人民群众之中流行起来。2015年，在著名语言文字期刊《咬文嚼字》公布的十大流行语排行榜中，“获得感”位居榜首。2016年，“获得感”一词入选了《中国语言生活状况报告》十大新词。

“获得感”是一个复合词，从字面上看，其由“获得”和“感”两个词组合

① 国家中长期教育改革和发展规划纲要工作小组办公室：《国家中长期教育改革和发展规划纲要（2010—2020年）》，http：//www.moe.gov.cn/srcsite/A01/s7048/201007/t20100729_171904.html。

② 李臣之：《校本课程开发应关注学生的利益》，《教育科学研究》2007年第3期。

③ 于晓波、李臣之：《基于学生“学”视角的教师课堂教学自我评价》，《教育理论与实践》2014年第35期。

④ 李臣之：《校本转化中教师课程领导》，《课程·教材·教法》2014年第8期。

而成。“获得”意为“取得、得到（多用于抽象事物）”①。“取得”多用于具体事物的收获；“得到”则既可用于具体事物的收获，也可用于抽象的精神、观念、情感之所得。因此“获得”可以用于表示客观物质和主观感受的所获所得。客观物质是具体的、看得见摸得着的，而主观感受则是人们先对具体事物进行感知，而后经过一定的心理加工才能得到的。在“获得”一词中，二者的共同点在于人的主动性，也就是说，人需要主动求取，才有“获得”。“感”，《说文解字》中将其解释为“动人心也”。“感”与个人的实践经验密不可分，“感”的产生需要外部的刺激，才能引起心理反应。综合来看，“获得感”作为“获得”和“感”的组合词，既要求有实实在在的“获得”，更要求在有所获得之后，人对此产生了正向心理感受。

目前，学界对于“获得感”这一概念的内涵结构有许多探讨。有学者侧重于从获得感的内容来剖析其内涵，即“获得”和“感”；而对于“获得”，又将其分为了客观获得和主观获得。这一观点通常强调“获得”与“感”之间的逻辑关系，包括因果关系和相互作用关系。强调因果关系即指先有“获得”，而后人才能对此产生“获得感”，实在的“获得”是产生获得感的前提和基础；强调相互作用关系则是对人的主观能动性的重视，也就是说，人要有积极求取的心态，在需求被满足的过程中能产生正向的心理感受，其强调的是动态生成过程。也有学者从获得感的生成机制来探讨其内涵结构，包括获得内容、获得环境、获得途径、获得体验和获得共享等几个方面②。获得感的获得逻辑包括了内在获得、外在获得及其结构规定性、“劳动—获得”逻辑、人民“获得”实现的超个体性意蕴及公共化取向③。从生成角度探讨获得感的观点更加强调获得感整体生成机制中的要素。

二、从获得感到研究生学习获得感

获得感在教育学的延伸研究，经历了从学生获得感到具体的学习获得感的演

---

① 中国社会科学院语言研究所词典编辑室编《现代汉语词典》（第7版），商务印书馆，2016，第596页。

② 谭旭运、董洪杰、张跃、王俊秀：《获得感的概念内涵、结构及其对生活满意度的影响》，《社会学研究》2020年第5期。

③ 张卫伟：《论人民“获得感”的生成：逻辑规制、现实困境与破解之道——学习习近平关于人民获得感的重要论述》，《社会主义研究》2018年第6期。

变。而获得感的主体主要为高校本科生，少部分涉及中小学生，近年来也开始拓展到研究生。

（一）学生获得感

现有研究对学生获得感的概念尚未形成统一的认识。研究者从不同角度对这一概念进行解读，主要从学生获得感的来源、内容、生成、功能及哲学范畴等方面展开。

1．来源：期望—满足。从学生获得感的来源来看，有学者将学生获得感视为学生期望得到满足之后所获得的正向体验，获得感就是“要满足学生的成长需要和期望”[①]。若学生的期望得到了满足，其获得感就会高；若其成长需要和期望未被满足，学生的获得感就将被“抑制”[②]，这一类解读的出发点是学生，直观地体现了以学生为中心的教育理念，但对于学生的需要和期望的内容本身少有涉及。

2．内容：具象—抽象。更多学者对于学生获得感概念的关注主要在于获得感的内容本身，即学生“获得什么”，并且根据学生获得感的内在内容将其分为具象的获得以及抽象的获得。具象的获得主要指物质层面的获得，相应地，抽象的获得关注的是精神层面的获得[③]。持有这一观点的学者通常将具象获得视为显性的、短期的，而将抽象获得视为隐性的、长期的[④⑤⑥⑦]。从获得感内容的角度探讨学生获得感的概念，可以直观地体现出学生“获得什么”，但这种解释却存在一定程度的概念泛化，难以厘清与学生主观幸福感、学习体验等概念的区别。

3．生成：过程—结果。关注学生获得感的生成的现有研究主要有两种取向，一种认为获得感是伴随着整个教育教学过程，是学生在此过程中的情感体验和内心

① 王利军：《关于提升药学生思想政治理论课获得感的思考》，《药学教育》2017年第5期。

② 阎国华：《高校思想政治理论课获得感的内在要素与形成机制》，《思想理论教育》2018年第1期。

③ 马娟：《高职学生获得感的调查与分析》，《温州职业技术学院学报》2018年第2期。

④ 代景华：《河北医学院校大学生获得感的调查研究》，《实用预防医学》2018年第3期。

⑤ 王继兵：《学校教育：成全“人”的“获得感”》，《中小学管理》2015年第7期。

⑥ 陶倩、易小兵：《增进思政课师生获得感的若干关系思考》，《学校党建与思想教育》2017年第19期。

⑦ 姚文忠：《教学相长：师生获得感的特殊性》，《教育科学论坛》2017年第32期。

感受[①]。另一种取向认为学生获得感生成于"获得"之后，指学生"从课堂获得知识、能力、情感、价值观的提升和成长的体验后所产生的满足感"[②]，"在满足大学生现实的或潜在的发展需求和期待后，因'获得'而产生的正向的、持续的、实实在在的心理感受"[③]。将学生获得感的生成作为学习过程的一部分，可以从整体上把握学习过程中教育活动和学生获得之间的关系；将学生获得感的生成作为学生有所获得之后进一步的情感转化，有利于辨析"获得"与"获得感"之间的关系。有学者认为"获得"与"获得感"之间具有本质的差异，前者只是一种学习的结果，具有暂时性与表层性；而后者则是一种学习的状态，具有延时性与可再生性[④]。即使学生有获得，也不一定能从中体验到获得感。

4. 从学生获得感的功能来看，也有研究将其定义为评价的一个维度。有学者认为获得感"是一种正向性、肯定性、积极性的评价……是大学生感受到学有所获、学有所用"[⑤]，也有学者认为"学生获得感是教学实力与品质的内在性'度量衡'"[⑥]。现有的研究将学生获得感作为教育"新质量时代"、优质教育、优质教学等的评价维度之一，从学生获得感的功能与价值的角度对其概念进行探讨，是一种外求的研究取向，对于学生获得感本身的构成关注较少。

5. 从哲学的角度探讨学生获得感的概念，主要有两种定义：第一种是将学生获得感视为一个历史范畴的概念，认为在不同时代对学生获得感的解读应有所侧重，现阶段需要从教育公平和核心素养的语境出发对学生获得感的内涵进行探求[⑦]。第二种是将学生获得感视为师生获得感中特殊的一部分，从学生获得感与教师获得感辩证统一于"教学相长"的角度来把握学生获得感[⑧]。学生获得感与教师

---

① 郗厚军、康秀云：《基于学生获得感的思想政治教育专业理论课教学方法转型探析》，《思想政治课研究》2017年第5期。

② 代安荣：《回归育人之道，促进均衡获得》，《教育科学论坛》2017年第32期。

③ 房广顺、李鸿凯：《以大学生获得感为核心提升思想政治理论课教学质量》，《思想理论教育》2018年第2期。

④ 龙宝新：《构筑学生有"获得感"的课堂》，《教师教育论坛》2017年第4期。

⑤ 刘富胜、赵久烟：《增强大学生思想政治理论课获得感要坚持"四个结合"》，《思想理论教育导刊》2017年第6期。

⑥ 龙宝新：《获得感：重建优质教学的内涵》，《教育科学论坛》2017年第32期。

⑦ 张江平、刘涛：《学生获得感与自主发展力》，《教育科学论坛》2017年第32期。

⑧ 马娟：《高职学生获得感的调查与分析》，《温州职业技术学院学报》2018年第2期。

获得感相互联系，相互影响，学生获得感的实现需要教师和学生共同努力①。以历史的、整体的视角看待学生获得感，在一定程度上具有合理性，但也使得学生获得感概念本身含混于其他概念和领域之中，难以得到清晰的界定。

（二）学习获得感

现有对学习获得感的研究，主要集中于思政课的学习效果研究。对学习获得感的概念探讨则多混淆于学生获得感之中，二者经常交替使用，未有明确界定和区分。其他的相关研究则主要探讨学习获得感的结构和生成机制。

1．学习获得感的结构

当前关于学习获得感的结构的观点不一，主要有以下几种（见表1-1-1）。关于学习获得感的结构的研究主要基于“获得”与“感”两个方面，探讨学习中的“获得”以及由此而产生的“获得感”。总体而言，相关研究缺乏系统、整体的严密逻辑体系，比较零碎，仍处于探索阶段。

表1-1-1　学习获得感的结构②

研究者	学习获得感的组成要素	说明	结构
周海涛等	认同程度、满足状况、参与机会、成就水平	民办高校学生获得感	非思政教育类：学习获得感的结构维度包括知识、能力和情感
张晋	社会性获得感、自立性获得感、拓展性获得感、容纳性获得感、自律性获得感、敢为性获得感、知识性获得感、兴趣性获得感	高职生获得感	
代景华	物质获得、情感获得、知识技能获得、自我成长获得	医学院校大学生获得感	
范卢明等	思想道德品质、专业知识能力、科研能力、教学能力、管理能力、心理素质与适应能力、自主学习能力	护理本科生学习获得感	
刘经纬等	表层情感获得感、内层思想获得感、深层行为获得感	高校思想政治教育获得感	思政教育类：学习获得感的结构维度包括认知、情感和行为层面
欧晓静等	实在获得感或物质获得感、意义获得感或精神获得感、行为获得感或实践获得感	大学生思想政治教育获得感	
李雪碧	心理层面的获得感、思想层面的获得感、行为层面的获得感	大学生思想政治理论课获得感	

① 朱国明：《论大学生对思想政治课的获得感及其实现途径》，《学理论》2018年第1期。

② 阮沁汐、李臣之：《学习获得感研究的进展与走势》，《教育导刊》2021年第2期。引用时有所改动。

2. 学习获得感的生成机制

部分研究对学习获得感的生成机制和提升路径进行了探讨，但主要集中于高校思政课的实效性提升；亦有个别实证研究探讨了学生获得感诸要素之间的相关性，并就其调查结果提出了建议①，亦可作为学习获得感研究的参考。关于学习获得感的生成，当前研究主要有两个路径，即供给—需求路径和师生主体间性路径。

（1）供给—需求路径，即以学生需求为核心，相应地改变教学结构，以此提升教学实效性和学生获得感。这一路径主要见于高校思政课获得感的相关研究。这一路径具有明显的经济学理论色彩，其内在逻辑同经济学中的供给侧结构性改革的研究具有相似性，将教学视为供给，将学生期望视为需求，将学习获得感视为产品，探讨作为供给方的教学与作为需求方的学生之间如何契合，以实现作为产品的学习获得感的有效生成。其逻辑关系主要从“需要什么、供给什么、怎样供给、如何保障”四个方面进行建构②，探讨影响学习获得感的因素，如“认知、配方、工艺、包装”等对应的“教学观念、内容、方法和语言”等③。亦有学者将教学态度、教学内容、教学方法和教学效果分别作为构建学习获得感的初始条件、核心要素、重要途径以及评价关键④。供给—需求路径所关注的更多是教学改革，这与供给侧结构性改革的要义不谋而合。这一路径虽强调立足于学生需求，但其对于学生需求的分析并不足够深入，更多地关注教师在课堂上须做出的转变和努力。

（2）师生主体间性路径，即将师生关系视为主体间性的关系，承认双方同时作为教学主体，相互影响、相互渗透，教师获得感与学生获得感之间密不可分。在对增进学生获得感的思考和探讨之中，研究者从师生获得感两方面着手，在提及教师获得感时指出学生获得感对其的影响，在讨论学生获得感时亦强调教师获得感对

① 周海涛、张墨涵、罗炜：《我国民办高校学生获得感的调查与分析》，《高等教育研究》2016年第9期。

② 张学亮：《论大学生思想政治理论课获得感的逻辑生成》，《思想理论教育》2017年第7期。

③ 李强、于璇、叶欢：《从获得感角度来看高职思想政治理论课实效性》，《改革与开放》2017年第24期。

④ 冯培：《学生获得感：高校思想政治理论课教学质量年的要义》，《中国高等教育》2017年第11期。

其的“基础性和引导性作用”[①]。具体到教学实践中，既强调教师方面的努力与创新，也强调学生应端正态度、客观定位自己的期望以及多参与实践等[②]。在教育领域中强调师生主体间性的学生获得感生成的探讨，是运用教育学视角对获得感的重新解读，体现了对获得感这一源于政治经济的概念的适性转化。同样，这一路径的相关研究与探讨也适用于学习获得感的生成。

（三）研究生学习获得感

研究生是从事研究的学生，一边“研究”一边“生（成）”，在研究中学习，在学习中发展。古文中，“研”有细磨之意，“究”即表示“深究”，研究生的任务就是针对研究问题，细致推敲、深度归因，大胆假设、小心求证，寻找解决问题的答案。研究生与本科生、中小学生等有着鲜明的职责差异和使命差异，这就凸显了研究生群体的独特性。

通过对学习获得感相关文献的梳理，我们发现研究者较少将学习获得感的研究重点放在研究生上。与此同时，近年来我国对新时代高等教育发展做出新部署，重点推进世界一流大学和一流学科建设。若要实现“双一流”建设的目标，必须提升我国高等教育质量，才能跨过“双一流”建设征程中的阻碍。人才培养是“双一流”建设的关键，研究生处于学历体系“金字塔”顶端，研究生群体规模的扩大也引起了人们对研究生教育质量的关注。从历史经验看，世界一流大学的崛起得益于一流研究生教育的崛起[③]。研究生教育质量的评价体系不断丰富，如研究生教育的实效性和研究生教育的满意度等，都为提升研究生教育质量提供了一定的参考依据。随着学习获得感研究的开展，研究生学习获得感的概念也随之被提出。学习获得感是研究生教育质量的风向标，提升学习获得感有利于提高研究生教育质量，落实“双一流”大学建设基本要求，为建设高等教育强国提供理论参考。

通过研究生学习获得感的实证研究发现，学习获得与学习过程中个体的学习投入以及学校、导师提供的教育资源密切相关，即受到学生主观努力、导师指导和

---

① 陶倩、易小兵：《增进思政课师生获得感的若干关系思考》，《学校党建与思想教育》2017年第19期。

② 朱国明：《论大学生对思想政治课的获得感及其实现途径》，《学理论》2018年第1期。

③ 白强：《一流大学视角下一流研究生教育的思考》，《研究生教育研究》2017年第2期。

学校资源支持的影响[①]。有调查显示，2020年研究生对研究生教育的总体满意率为82.7%，研究生对课程教学的满意率为80.4%，对科研训练的满意率为83.6%、对管理与服务的满意率为78.1%、对指导教师的满意率90.2%[②]。课程教学、科研训练、管理与服务、导师指导等因素都在不同程度上影响着研究生的学习体验和满意度，而这些因素都是来自外界的。有质性研究发现，影响研究生学习获得感的关键因素包括：导师的学术指导和为人引导、学校的资源支持、学生个人的学习行为投入及自主学习意识等[③]。这是学界对研究生学习获得感所作出的初步探索。

① 阮沁汐、李臣之、纪海吉：《研究生学习获得及其影响因素的实证研究》，《教育探索》2020年第3期。

② 周文辉、黄欢、牛晶晶、刘俊起：《2020年我国研究生满意度调查》，《学位与研究生教育》2020年第8期。

③ 李臣之、阮沁汐、纪海吉：《研究生学习获得感影响因素的质性探究》，《现代教育管理》2020年第11期。

第二节　研究生学习获得感的内涵

研究生学习获得感由学习获得感发展而来，而学习获得感由获得感发展而来。学习获得感和研究生学习获得感作为新兴的学术概念，其内涵和维度是研究者讨论的热点，但当前学界对其仍未形成共识。本节聚焦于研究生学习获得感，对研究生学习获得感的内涵（包括本质及特征）进行详细阐述。

一、研究生学习获得感的本质

研究生学习获得感以学生为主体，重在唤醒学生身份认同。究其本质，研究生学习获得感是一种积极、正向的主观感受，是研究生个体基于学习获得产生的主观感受。

（一）研究生学习获得感以学生为主体

学生是学习的主体，是教学活动的出发点和落脚点，教学质量与效果也在学生身上体现[①]。通过文献梳理和归纳总结可以发现，当前学界对学习获得感的阐述主要有两种倾向：一种重在学习获得感的“获得”，强调学生在知识与能力方面实实在在的获得，重视学生精神层面的结果感知；另一种重在学习获得感的“感”，将学生对学习生活需求的满足作为学习获得感产生的前提条件，关注学生获得的认同、肯定和成就。综观学习获得感的定义，可以发现其概念界定都离不开三个核心：第一，学习获得感是学生的一种正向心理感受；第二，学习获得感离不开学生个人的学习投入；第三，学习获得感强调学生在学习上的获得。学习获得感的相关研究仍处于初始阶段，对于“学习获得感到底是什么”这一问题，不同研究者有着

① 李秉德：《教学论》，人民教育出版社，2000，第13页。

不同的思考与表述，但都聚焦于学生，极力突出学生在学习获得感中的主体地位。

研究生学习获得感是在读研究生在学习过程中产生的一种积极、正向的个体主观体验和感知评价，是对研究生教育的一种具体化反映。研究生学习获得感以研究生为主体视角，研究生是研究生学习获得感的创造主体和感受主体。强调研究生学习获得感，本质上就是恢复和重新重视研究生在学习过程中的主体性地位。

同样，研究生学习获得感的提升也需要研究生的主动作为。Connell的自我系统过程理论（Self-systems Processes Model）认为，学生的学业成就与行为表现是学习投入、主观参与的结果[①]。研究生如要学有所获，自主学习能力和务实精神必不可少。研究生是其学习、科研的主体，把控着整个学习过程。因此，研究生自身内在的个体因素必然是能否获得研究生学习获得感的关键决定因素。研究生要提升学习获得感就必须依赖于自身的主动作为，激发学习和科研的主观能动性，端正学习态度，积极投入学习。研究生学习获得感的产生过程是极其复杂的，它关联了外在的环境、资源支持以及内在的自我决定和学习投入等。外在的环境、资源支持对研究生学习获得感的产生起到促进作用，但个体将这些外界支持内化的过程和程度也各有不同，内化为帮助自身学习、科研的条件作用也不一。如虽然物质支持是客观的，但研究生在学期间感受到的和利用到的外界支持存在个性化差异。唯有经由主动作为（如内在的自我决定和学习投入等），将外在的环境、资源支持转换成有意义的支持，才有可能实现学习获得感的真正提升。

（二）研究生学习获得感本质是一种正向的心理感受

“学习获得感”作为一个新兴的学术热点，相关研究正处于起步阶段。当前，研究者对“获得感”“学习获得感”“研究生学习获得感”等概念还未形成一个清晰、统一的表述。但绝大部分研究者均肯定了这些概念中“感”的作用，如蒋永穆、张晓磊认为获得感是指一种人民群众因“获得”产生的正向心理感受，强调把人民的主观感受作为评价的标准[②]；又如，周海涛、张墨涵、罗炜指出学生获得感

① Pierson L.H. and Connell J.P., “Effect of grade retention on self-system processes, school engagement, and academic performance,” *Journal of Educational Psychology* 84, no.3（1992）: 300-307.

② 蒋永穆、张晓磊：《共享发展与全面建成小康社会》，《思想理论教育导刊》2016年第3期。

是“学生在求学期间，因学校提供的教育服务满足了学生学习和生活的概况，获得了参与机会，得到了认同，并取得了一定成就的正向综合心理感受”[①]；张强也提出大学生的获得感指“学生在上学期间，建立在学校提供的教育服务和学生参与的社会实践活动满足大学生群体学习和生活需求的基础上，并得到他人的认同以及取得一定的成就，从而产生的一种积极的心理感受”[②]。这些研究虽有不同的表述，但都将“学习获得感”视为一种正向的、积极的心理感受，“研究生学习获得感”的表述同理。

研究生学习获得感就其本质而言应当是一种研究生个体基于学习需求得到满足、求学期间客观实在获得而形成的主观心理感受，反映了研究生个体对外部学习、科研环境的体验，与个人价值实现的程度、状态、水平息息相关。可以认为，研究生学习获得感不仅是一种价值取向，更是研究生对自身学习、科研情况的现实、客观的一种心理状态反应。与此同时，研究生学习获得感作为一种心理感受因各类形式、各种方面的实在收获、自身需求得到满足等而起，因此其必然是积极、正向的，不可能同时接纳相对剥夺感、被排斥感、不平衡感、自卑感、挫败感等负面情绪。研究生学习获得感的本质是一种正向的心理感受，因此研究者在进行测量和观察时还须充分借鉴心理学和心理测量学的研究成果。

（三）研究生学习获得感重在唤醒学生的身份认同

富特（Nelson Foote）认为，身份认同是“对某一特定身份或一系列身份的占有和承诺”，认同的概念是有关自我的产物，认同同时特别强调对立面，也就是重要他者的认可[③]。研究生学习获得感对研究生的作用在于使其感受到自我的价值和进步，唤醒和增强研究生的自我身份认同。

研究生的身份认同来源广泛，可能包含研究生对其身份的认同、对所学专业的认同、对所从事的科研工作的认同、对导师与本专业其他任课教师的认同等。研究生身份认同对于研究生的学习和科研具有较为明显的动机促进作用。身份认同程度越高，研究生的学习投入和学习动力就愈发明显，其研究生学习获得感自然逐步

---

① 周海涛、张墨涵、罗炜：《我国民办高校学生获得感的调查与分析》，《高等教育研究》2016年第9期。

② 张强：《当代大学生获得感研究》，硕士学位论文，山西师范大学教育学系，2018，第7页。

③ 孙频捷：《身份认同研究浅析》，《前沿》2010年第2期。

提高。与之相反，身份认同程度较低的研究生可能是只为一纸文凭而接受研究生教育，对学习和科研的热情低下，因此研究生学习获得感无法得到有效提升。

当研究生的身份认同被唤醒后，研究生会更有意识地向着优秀研究生的方向努力，会为自己制订更高的学习目标和更翔实的学习规划。对于自身专业能力和研究能力的肯定与认同会进一步转化为研究生的自信感；对于所学专业和所做科研的肯定与认同会进一步转化为研究生的希望感；对于专业学习和专业课程学习的肯定与认同会进一步转化为研究生的愉悦感；对于导师和同学、同伴的肯定与认同会进一步转化为导生亲和感和同伴亲近感。

二、研究生学习获得感的特征

了解研究生学习获得感的本质后，还须继续探讨研究生学习获得感的特征。研究生学习获得感与其他相近概念的主要区别体现在其特征上，因此研究生学习获得感的特征亟待挖掘和详述。本书认为，研究生学习获得感有二元性、过程性、相对性三个主要特征。

（一）二元性

研究生学习获得感的二元性体现为其既具有主观性，也具有客观性，是主观与客观融合状态下产生的心理感受。从生成机理来看，学习获得感是一种正向的心理感受，一方面其产生离不开切实的学习行为与随之而来的收获。研究生个体真正、实在地实施学习行为、参加学习活动，才有机会和基础生成学习获得感。如田旭明在解读“让人民群众有更多获得感”时指出，获得感是利益得到维护和实现之后产生的一种实实在在的满足感和成就感，是幸福感、归属感和安全感的前提，涉及经济、政治、教育、医疗等各个方面[①]。据此可以说，客观获得是产生获得感的关键基础。另一方面，学习获得感的生成离不开研究生的主观情感。研究生个体对客观学习获得做出的心理感知，会受到其他客观因素的影响，如家庭因素、生活因素等。周海涛等人在进行民办高校学生获得感研究时首先指出，学生获得感就是指学生在求学期间，因学校提供的教育服务满足了学生学习和生活的概况，获得了参与机会，得到了认同，并取得了一定成就的正向综合心理感受，且学生获得感与学习

① 田旭明：《“让人民群众有更多获得感”的理论意涵与现实意蕴》，《马克思主义研究》2018年第4期。

力、能力发展、情绪管理、创新素养等有显著的正相关关系[①]。这说明个体心理层面的学习获得感不等同于学习过程最后的学习获得、学习产出、学习结果，是在客观基础上融合主观情感后生成的感知。因此，总的来看，研究生学习获得感是学习过程后，个体立足于学习客观获得的主观感知，是兼具主观性与客观性的产物。

（二）过程性

研究生学习获得感与研究生主观幸福感和研究生学习满意度等相近概念存在一些较为明显的区别，其中一点便是研究生学习获得感的过程性。翟慎良提出，获得感是实实在在的幸福指数，与幸福感和参与感密切关联，需要积极参与、努力奋斗，强调一种实实在在的得到[②]。研究生学习获得感的过程性体现在其强调研究生的自身付出和劳动参与。张卫伟认为，获得感是“个体基于现实生活境况（比如物质生活水平的改善、精神生活丰富与提升等）的乐观感受和良好体悟”，蕴含着“劳动—获得”的必然逻辑，马克思主义的劳动价值论和劳动价值展现出的生产力可以对此进行科学的解释[③]。研究生学习获得感包含个体必须积极投入、钻研奋斗的意识，需要个体积极发挥主观能动性，在学习科研中“不抛弃，不放弃”，努力寻求和创造获得，体现出“付出—获得”的逻辑。没有研究生个体对学习科研的沉浸参与和积极投入，就没有研究生学习获得感的生成。因此，研究生学习获得感的产生是一个漫长的过程。浅层的研究生学习获得感可能更多地依赖于从外界获取的各项利益和学习需求的满足，而更为深层的研究生学习获得感还需要通过个体的创造性劳动实现。但是，研究生学习实在获得的水平与学习获得感的水平并不能完全画等号，因为，究其本质研究生学习获得感还是一种个性化的主观心理感受。

（三）相对性

研究生学习获得感具有相对性，是因为“感”本身来源于心理层面的比较，个体不仅有进行比较的动机，而且比较对最初的学习获得感有一定的影响。

首先，从比较的动机来看，研究生需要通过比较来增强心理安全感。心理安全

---

① 周海涛、张墨涵、罗炜：《我国民办高校学生获得感的调查与分析》，《高等教育研究》2016年第9期。

② 翟慎良：《重“获得感”，亦重“参与感”》，《新华日报》2016年3月11日。

③ 张卫伟：《论人民“获得感”的生成：逻辑规制、现实困境与破解之道——学习习近平关于人民获得感的重要论述》，《社会主义研究》2018年第6期。

感是指“个体可充分地表现真实的自我，而不用担心这种行为会对其形象、地位和职业生涯产生负面影响的感知”[①]。大多数学者都认同心理安全感有两个主要来源，即对环境是否安全的认知和自身是否有能力去应对改变的判断[②]。研究生通过与群体内不同学习成员进行比较后，进一步明确自身的学习状态及在群体中的处境，这种清晰的自我认知，不仅有助于个体更好地展现、提升自己，更有助于增强个体应对外部环境变化的自信心。

其次，从比较的标准来看，复杂的外部环境提供了多元的比较标准。研究生的学习获得感不会单因某一方面的获得而得到整体提升，每一名研究生在学习获得感各个维度上的主观感知也是不均衡的，且对同一学习阶段所生成的学习获得感也会因为比较标准的改变而发生变化。在访谈中我们发现：有的研究生可能有较为丰富的学术科研产出，但学习获得感水平仍不高；有学生的科研和学术水平受到其他同学的称赞，导师也对其科研成果持积极、肯定的态度，但其“既对自己的计划完成度不满意，也对自己的学习状态不满意”，自信感和成就感水平极低。

最后，从比较的结果来看，研究生学习获得感的生成受比较的影响而增强或削弱。一方面，比较形成的相对获得感有助于增强研究生原本的学习获得感。在群体比较过程中，当比较者个体通过比较发觉被比较对象比自身获得更少的学习收获，这将带给比较者一种正向、积极的心理感受，即相对获得感。这种相对获得感与个体原本的学习获得感相结合，会融合形成一种新的学习获得感。另一方面，比较形成的相对剥离感会降低已有的学习获得感，或使个体产生消极情绪。由此可见，研究生学习获得感的相对性不仅是因为个体有进行比较的动机，更是因为比较标准、比较结果的不同对原本的学习获得感具有正向或负向的影响。

① Kahn W.A., “Psychological conditions of personal engagement and disengagement at work,” *Academy of Management Journal* 33, no.4 (1990): 692-724.

② Aran zamendez, et al., “Finding antecedents of psychological safety: A step toward quality improvement,” *Nursing Forum* 50, no.3 (2015): 171-178.

第三节　研究生学习获得感的结构

研究生教育的关键在于高质量，而高质量的研究生教育需要研究生在学期间有高质量的获得。研究生学习获得感因研究生的学习获得而起，以结果为导向，受到自身学习体验、参与程度以及导师指导、学校环境等各方面因素的影响。

世界上任何一种事物都具有结构[①]。研究生学习获得感与其他大多数概念与事物相同，可以进一步细化构建出诸多要素：从研究生在读期间的自我认知方面看，在学习和科研中收获的正向自我认知是对其自身专业能力和研究水平的一种肯定，又叫自信感。从研究生在读期间对学习科研的认知态度看，在学习过程中能够理解学习及科研的意义与价值，并且认定在将来进行持续的投入是对所学专业“意义”和“价值”的获得，又叫希望感。从研究生在读期间认知过程的积极情感看，学生在学习、科研过程中对自身学习状态产生的持续、愉快、喜悦的心理状态，又叫愉悦感。从研究生在读期间的人际交往方面看，包含导师与同学、同伴两类主要交往对象，从二者收获的是和谐、亲和的人际关系获得，又叫导生亲和感和同伴亲近感。二者虽都基于研究生人际关系的获得产生，但导生关系和同学、同伴关系属于完全不同的两种关系联结，因此要将二者分开论述。综上所述，从研究生主体角度出发，研究生学习获得感的组成大致有五个模块，即自信感和希望感、愉悦感、导生亲和感和同伴亲近感。

① 刘少杰：《国外社会学理论》，高等教育出版社，2016，第164页。

一、自信感

研究生学习获得感产生的主要动力源泉就是研究生在学习中的自信感。《现代汉语词典》对“自信”一词的解释是“相信自己”。马斯洛的需求层次理论认为，自信心是在自尊需求得到满足时产生的一种情感体验。研究生在学校进行学习时有着自尊的基本需求，希望自身能够得到外界的积极肯定。研究生的自信感能让其充分感受到学习的意义和自身特有的价值，满足其自尊，达到真正的自我实现。研究生学习获得感中的自信感反映了研究生在学习和科研中的正向自我认知，是对自身能力和水平的肯定。这一概念表述与前人学者的表述存在一定共性，如卢家楣等就将自信感定义为“对自己的学习能力确信的情感”[①]。研究生在学习中的自信感包括了对自身专业学习情况感知到的自信感、对自身专业能力和研究能力水平感知到的自信感、对自身学习目标达成情况感知到的自信感、对自己学业成绩感知到的自信感等。

资源有限理论认为，人可利用的认知资源总是和唤醒联系在一起。当研究生在学习中有较高的自信感水平，那么其观察、推理等认知活动也会大大增加，对于研究生学业成果的产出和研究生学习获得感的提高有着极大的积极作用。与此相反，若研究生在学习中没有一定的自信感，而对自身的专业学习和科研感到自卑、沮丧，那么他将极易受到外界因素的干扰，无法专注于专业学习及科学研究，研究生学习获得感自然偏低。提到自信感，不得不提自我效能感。自我效能是指个体对成功地达成特定目标所需行动过程的能力预期、感知、信心或信念，而不是行为本身或能力本身[②]。研究生学习获得感中的自信感与自我效能感相近，重在突出研究生心理层面的自我认知，而非展现其实际的能力水平。虽然研究生学习获得感强调研究生要在学习过程中有实实在在的获得，但自信感的形成十分复杂，因此也有可能出现科研成果较为丰硕的研究生因受到导师的肯定较少而自信感偏低，学业成绩一般的研究生因受到导师的肯定多而自信感偏高的个别情况。

---

① 卢家楣、刘伟、贺雯、袁军、竺培梁、卢盛华，等：《我国当代青少年情感素质现状调查》，《心理学报》2009年第12期。

② 郭本禹主编《当代心理学的新进展》，山东教育出版社，2004，第9页。

二、希望感

研究生学习获得感中有关研究生个人积极情绪的要素便是希望感。研究生在学习上的希望感体现在其作为学习者和科研工作者，能够理解学习及科研的意义与价值，并且在将来进行持续的投入。《现代汉语词典》对“希望”一词的解释是“心里想着达到某种目的或出现某种情况”或“愿望”。斯奈德（Charles Richard Snyder）的希望理论（Hope Theory）提出，人的希望感与其心理健康密切相关，希望这种积极的动力状态能够促使人朝着目标前进，寻求路径，克服困难。只有当研究生个体真正理解学习的意义和价值时，才会产生设定学习目标的冲动，这种冲动会让学习者产生学习动力和实现目标的策略设想，并持续伴随着目标实现的全过程。积极心理学之父马丁·塞利格曼（Martin E.P. Seligman）同样强调了理解“意义”的重要性，他将“意义”的特征解释为“通常会觉得自己的行为是有价值的”，不仅是一种单纯的主观感受，更是较为冷静和客观的判断①。研究生学习获得感中的希望感包含专业认同感、研究生身份认同感等多种认同感，同时也包含研究生对自身学术产出的期望程度、自愿投入到学习科研中的时间与精力多少，等等。

研究生在其专业学习和科研工作中必然会遇到许多难题和考验。研究生拥有希望感意味着其具有面对难题和考验的勇气。希望感是个体对自身发展的积极期望，它能增强积极情绪，抑制消极情绪，促进研究生个体做出更为积极的应对行为。在学习上希望感水平较高的研究生在面临学业压力时仍能坚定地认为自己需要进行持续的学习投入来达成学习目标，尽管过程并非一帆风顺，但当前的学习和科研是充满积极意义的。而在学习上希望感水平较低的研究生在面临学业压力时则更容易胆怯和退缩，甚至在学业上自暴自弃，用消极和负面的情绪对待学习与科研。因此，研究生是否能够理解学习及科研的意义与价值并且在将来进行持续的投入十分重要，其对研究生学习产生的影响不容忽视。

三、愉悦感

研究生学习愉悦感是指研究生在学习、科研过程中持续产生的一种愉快、喜悦

① 马丁·塞利格曼：《持续的幸福》，赵昱鲲译，浙江人民出版社，2012，第16、25页。

的心理状态。研究生在学习过程中的愉悦感是研究生学习获得感构成中非常重要的积极情感成分。《现代汉语词典》对“愉悦”一词的解释是“喜悦”。马丁·塞利格曼认为，积极情绪（positive emotion）起到基石的作用，是快乐或愉悦的要素，包含了高兴、狂喜、舒适等[①]。在研究生的学习和科研中，愉悦感体现了研究生在这期间开心、愉悦的情绪状态，描绘了研究生所感知到的学习幸福程度。但与此同时，研究生的愉悦感不仅仅是一种令人快乐的短暂感觉，也并非来自轻松的学习和科研任务。真正的研究生愉悦感是研究生在学习过程中完成某些新的学习任务、达成某些新的学习目标后产生的积极情感，这种愉悦感是深层的，更多地来自认知获得的结果。研究生能否全身心地投入学习、享受学习、期待学习新知识等均可反映出其学习获得感水平的情况。

在研究生学习和科研的过程中，其愉悦感水平高低也在一定程度上体现出了其参与学习和科研活动的深度和广度。在学习过程中，愉悦感水平较高的研究生大多对学习与科研十分专注，能沉浸其中，能够切身感受到发现问题、提出问题、解决问题带来的快乐。当然，研究生的愉悦感也有可能来自符合预期或超越预期的学业表现，来自导师、学界、家人、同学与朋友甚至社会的认可。在愉悦、兴奋、快乐等积极情绪状态下，个体更倾向于探索新事物，主动寻求与外界环境的联结。因此，研究生在学习科研时，是否产生足够的愉悦感是衡量其研究生学习获得感的重要维度。

四、导生亲和感

研究生学习获得感中的重要关系支柱便是人际关系的亲和感，对于研究生而言在学校中最重要的人际关系便是导生关系和同学、同伴关系，因此人际关系方面的亲和感也应包含导生亲和感与同伴亲近感两个要素。

师生关系是“教师和学生在共同的教育和教学活动中，通过相互的认知、情感和交往而形成的人际关系”[②]。师生关系具有普通人际关系的共性，又具有其自身的特殊性——教育性，其中教育教学活动是师生关系形成的基础与核心。同时，师生关系本质上是一种心理关系，是师生双方以情感为中介，以个体为立足点的选择

① 塞利格曼：《持续的幸福》，第15页。
② 李瑾瑜：《关于师生关系本质的认识》，《教育评论》1998年第4期。

结果，是彼此心理距离的反映①。研究生师生关系的核心是导学关系，“即研究生在导师指导下完成课程学习、参与课题研究、撰写学位论文，并在此过程中学会做学问、学会做人所形成的一种教学关系”②。研究生与导师的导学关系与一般的师生关系相比更为亲密，这与我国研究生培养实行导师负责制有关，“导师对研究生学习、科研、品德以及生活各个方面进行个别指导并全面负责”③。导生亲和感反映了研究生在导师处的人际关系获得，这种人际关系获得是亲密、和谐的。

研究生与其导师的导生关系是研究生教育质量的关键，极大程度上影响研究生的学习获得感。良好的导生关系应在情感上充分交融，在人格上民主平等、相互欣赏，在相处上独立自在、理解共情，在专业上教学相长、合作共赢。当前研究生师生关系出现的诸如功利、松散、紧张、从属等多种异化现象，既有体制上的原因，如研究生的招生与考核问题，导师负责制下研究生培养监督问题等，也有导师或研究生个人的问题，如导师的道德失范、指导不力，研究生的入学动机不单纯、学习态度不端正等。研究生师生关系对研究生培养质量有重要影响，其异化为研究生培养敲响警钟——务必重申研究生导生亲和感的重要意义。

五、同伴亲近感

研究生学习获得感中除“导生亲和感”外的另一重要关系支柱便是“同伴亲近感”。《现代汉语词典》对“亲近”一词的解释是“双方亲密”“关系密切”。生生交往是指研究生同学之间在平时的学习和生活中，通过接触和沟通，分享彼此的信息、想法和情感，相互影响、相互学习的过程。在研究生在校期间的主要交际对象中，其身边的同学是关键对象。马斯洛的需要层次理论强调了感情的重要性，对于处于青壮年时期的研究生而言，其与同辈之间的友善、友爱、互信关系无法被任何情感联结替代。亲和、积极的生生关系能为研究生带来丰富和充实的学校生活，深刻影响其学习投入、学习体验等。研究生的同伴亲近感反映了其在同学处的人际关系获得，这种人际关系获得同样也是亲密、和谐的。这种同伴亲近感反映了研究

① 闵容、罗嘉文：《师生关系研究综述》，《教学研究》2006年第1期。

② 林伟连、吴克象：《研究生教育中师生关系建设要突出“导学关系”》，《学位与研究生教育》2003年第5期。

③ 于峰、张勇：《研究生师生关系的非均衡现状及其影响和调整》，《学位与研究生教育》2012年第12期。

生在同学情谊获得方面的实在感知、研究生对自身同伴关系的评价、研究生同学间的合作与交流情况，等等。

人际关系强调积极的关系，是发展蓬勃人生的重要依靠。研究生的同伴亲近感是研究生感受到“群”“己”联结的一种体现，它不仅能丰富研究生的学习和社会生活，也能为研究生带来更多的主观幸福感和学习满意度。亲密、和谐的同伴亲近感更有助于研究生取得卓越的学业和科研成就，在情感上获得被爱与被关心、亲善感和被认同感，从而获得更多的研究生学习获得感。

第二章
研究生学习获得感的立论基点

研究生学习获得感有其自身的立论基点：从哲学角度看，主体论、实践论、过程论与研究生学习获得感密切关联。从心理学角度看，自我决定理论、人本主义学习理论、主观幸福感与研究生学习获得感有内在联系。从社会学角度看，研究生学习获得感的研究离不开社会结构理论、社会比较理论、建构主义等理论的支撑。

第一节　主体论、实践论、过程论与研究生学习获得感

“获得感”是习近平总书记在中央全面深化改革领导小组第十次会议上提出的崭新概念：“把改革方案的含金量充分展示出来，让人民群众有更多获得感。”这一概念反映了中国共产党治国理政的马克思主义价值取向。要探讨研究生学习获得感的立论基点，有必要从马克思主义的主体论、实践论和过程论思想入手。

一、主体论与研究生学习获得感

外因需要通过内因起作用；师傅领进门，修行靠个人；世上无难事，只要肯登攀……诸如此类的观点很多，这些都说明任何活动的成功，都需要充分发挥活动主体的主观能动性，研究生学习获得感也是这样。因此，主体论是理解研究生学习获得感形成的内在机理的关键。

主体论萌发于古希腊主体自我意识，在欧洲文艺复兴和启蒙运动时期集中体现为人的解放思想，在德国古典哲学时期则体现为高度思辨的主体反思。同样，在我国古代也出现了有关人的主体性的萌芽思想。

19世纪中叶，马克思、恩格斯在论著和手稿中留下了大量关于主体论的论述，人们从“个体主体性”“集体主体性”“类主体性”“社会主体性”出发，对马克思的主体论进行探讨。本节试图立足于马克思主体论中关于人的主体性论述，对研究生学习获得感进行深入分析。

（一）主体论思想的发展历程

在马克思和恩格斯以前，学者对人的主体性问题的探讨与认识并没有真正关注人的现实生活，往往都是脱离实际的为理论而理论。马克思曾批判他们："这些哲学家没有一个想到要提出关于德国哲学和德国现实之间的联系问题，关于他们所作的批判和他们自身的物质环境之间的联系问题。"①因为他们没有关注到哲学和现实之间的关系，自然而然也不可能发现生活在现实的"人"。

1．马克思以前关于人的主体性的历史考察

从人类有自我意识的那一刻起，人对自身的追问与探究就成了人类历史上一个永恒的话题，人的主体性在这其中也成为一个常被讨论到的主题。从历史的长河看，对人的主体性的认知在不同的时期各有不同。

古希腊时期，哲学家在探索自然世界的存在本原的同时，也开始了认识自我的探究。普罗泰戈拉认为："人是万物的尺度，是存在者存在的尺度，也是不存在者不存在的尺度。"②这一思想把人的位置提升到万物之上，对于哲学转向有重大意义。苏格拉底强调"自己"成为认识的对象，提出"认识你自己"的著名观点。虽然古希腊学者用逻辑推理来探讨人的主体性的方式不够科学，但他们开启了人类社会对"人的问题"的探索，具有开创性的划时代意义。

在中世纪时期的西方，人的价值被否定，上帝被认为是万能的，如经院哲学家托马斯·阿奎那（1225—1274）就宣扬上帝统治一切，一切现存的事物都是由上帝安排的。此时人的主体性依附于上帝，人本身处于神性光环笼罩下的遮蔽状态。

文艺复兴时期，人文主义者高举人文主义旗帜，提倡自由与平等，歌颂人的伟大力量。恩格斯这样描述文艺复兴运动："这是一次人类从来没有经历过的最伟大的、进步的变革，是一个需要巨人而且产生了巨人——在思维能力、热情和性格方面，在多才多艺和学识渊博方面的巨人的时代。"③可以看出，这一时期人的自由解放意识觉醒，他们开始团结联合起来，向上帝"宣战"，宣扬人的个性，反对神

① 马克思、恩格斯：《德意志意识形态》，中共中央马克思恩格斯列宁斯大林著作编译局译，人民出版社，1961，第13页。

② 叶秀山：《前苏格拉底哲学研究》，人民出版社，1983，第39页。

③ 马克思、恩格斯：《马克思恩格斯选集》（第4卷），中共中央马克思恩格斯列宁斯大林著作编译局译，人民出版社，1995，第261-262页。

学。文艺复兴的先驱但丁讴歌人的尊严与价值，他说："人类作为一个整体而言，其本分工作是不断行使其智力发展的全部能力。"[①]文艺复兴人文主义者之父彼特拉克在《秘密》一文中说道："我不想变成，或者居住在永恒中，或者把天地抱在怀抱里。属于人的那种光荣对于我就够了，这是我所祈求的一切。我自己是凡人，我只要求凡人的幸福。"[②]彼特拉克已经认识到人在世俗世界具有特殊的意义。同样，莎士比亚在《哈姆雷特》中大胆赞美人的高贵与尊严："人是多么了不起的一件作品！……宇宙的精华，万物的灵长！"[③]文艺复兴运动打破了神学宗教的禁锢，赞扬人的高贵与价值。文艺复兴运动之后，近代哲学家在资本主义迅速发展的时代背景下，对人的主体性理解分成了经验论和唯理论两个派别，开启了对人的主体性认识的新篇章。

近代，培根（1561—1626）作为西方近代经验论哲学的开创者，率先提出"知识就是力量"，他认为人的认识从自身感官中来，因而认识的主体是人本身。笛卡尔是唯理论的第一位哲学家，提出的"我思故我在"体现了人的主体性自我意识的觉醒。"我思"即我的思想活动，"我在"即我是一个实体，"故"则将"我思"和"我在"联系起来。笛卡尔认为，"我"是一个能进行思考的实体。这开辟了一个思想领域，"我思"成为人的本质和理性象征。德国古典哲学创始人康德提出"自然界的最高法则必然在我们心中，即在我们的理智中"[④]。他强调主体自我意识，进一步宣扬人的主体性。费希特是康德哲学的继承者，他提出"自我是人的本质，作为认识主体的自我是用想象力构造世界，而作为实践主体的自我则用实在的行动来变革与创造世界。因为注定付诸行动，所以我们才认识"[⑤]。也就是说，人的本质是自我，自我能够构造世界、改变世界。我们能看出，人在此时已经被看作是具有主观能动性的实体，具有自由发展的意志。

在我国古代也有关于人的主体性的思想萌芽。孔子重视人的现实走向，提出

---

① 转引自王世珍《略论欧洲文艺复兴时期人文主义思想》，《沈阳教育学院学报》2003年第6期。

② 同上。

③ 同上。

④ 康德：《实践理性批判》，韩水法译，商务印书馆，1999，第177页。

⑤ 费希特：《人的使命》，梁志学、沈真译，商务印书馆，1982，第78页。

“人能弘道，非道弘人”[①]。可见，孔子高度重视人的主体性。孟子的“富贵不能淫，贫贱不能移，威武不能屈”[②]强调了人应有自己的独立人格，强调精神上的主体性。老子所说的“天道无亲”[③]、庄子所说的“万物殊理，道不私”[④]都强调了“道”必须在人的生命运转中体现出来。陆九渊说：“女（汝）耳自聪，目自明，事父自能孝，事兄自能弟（悌），本无欠缺，不必他求，在自立而已。”[⑤]这些说法都是站在唯心主义的立场上强调人的精神独立、意志自由，有一定的局限性。

马克思和恩格斯与传统哲学家不同，他们通过对人类社会历史的考察，运用辩证唯物主义和历史唯物主义的立场、方法和观点，发现了现实社会中的“人”，科学地阐明了人的主体性问题。

2．马克思关于人是人类历史的主体的论述

人是人类历史的主体。马克思在《神圣家族，或对批判的批判所做的批判》一书中批判黑格尔以及青年黑格尔派，他对青年黑格尔派所宣称的历史上一切伟大的活动之所以不成功和没有实际成效是由于唤起了群众的关怀和热情进行了有力的驳斥：“如果说革命是不成功的，那末，并不是因为革命‘唤起了’群众的‘热情’，并不是因为它引起了群众的‘关怀’，而是因为对不同于资产阶级的绝大多数群众来说，革命的原则并不代表他们的实际利益，不是他们自己的革命原则，而仅仅是一种‘观念’，因而也仅仅是暂时的热情和表面的热潮之类的东西。”[⑥]也就是说，资产阶级革命不成功的原因在于，革命只为了资产阶级的利益，并不是为了广大人民群众的利益，只有切实维护人民群众的利益的革命才能成功。

马克思和恩格斯明确地指出，“人是全部人类活动和全部人类关系的本质和基础”，“历史什么事情也没有做，它‘并不拥有任何无穷尽的丰富性’，它并‘没有在任何战斗中作战’！创造这一切、拥有这一切并为这一切而斗争的，不是‘历史’，而正是人，现实的、活生生的人。‘历史’并不是把人当作达到自己目的的

---

① 朱熹：《四书章句集注》，中华书局，1983，第167页。

② 同上书，第266页。

③ 陈鼓应：《老子注释及评介》，中华书局，2009，第340页。

④ 陈鼓应：《庄子今注今译》，中华书局，2009，第737页。

⑤ 陆九渊：《陆九渊集》，中华书局，1980，第399页。

⑥ 马克思、恩格斯：《马克思恩格斯全集》（第2卷），中共中央马克思恩格斯列宁斯大林著作编译局译，人民出版社，1957，第4页。

工具来利用的某种特殊的人格。历史不过是追求着自己目的的人的活动而已”①。这里的“人”，指的是每个人，既包括统治者即奴隶主、地主、资产阶级，也包括被统治者即奴隶阶级、农民阶级和工人阶级。马克思从人的主体性角度出发，提出人是人类历史的主体，人创造历史。

3. 马克思关于人的主体性实质的论述

什么是人的主体性？在1845年至1846年撰写的《德意志意识形态》中，马克思把《1844年经济学哲学手稿》中提出的“自由的、自觉的劳动”明确表述为“自主活动（Selbstbetaetigung）”，“各个人必须占有现有的生产力总和，这不仅是为了实现他们的自主活动，而且从根本上说也是为了保证自己的生存”②。人有自主活动意味着人有权利和可能对自然界、社会和自己进行独立自由的支配，这就是人的主体性的主要内涵。简而言之，参考马克思、恩格斯的著作以及袁贵仁教授对人的主体性的研究③，本书所指的人的主体性就是人在活动中，作为主体所表现出来的自主性、能动性与创造性。对于研究生而言，研究生作为学习的主体，不分贫富贵贱，都可以进行学习这项活动。研究生具有主体意识，觉醒的主体意识促使其进行学习与科研，这就涉及研究生即人的主体性具有自主、能动和创造三方面的内涵。人的自主、能动、创造表现在以下三个方面：

人是自然界的主人。作为有血有肉的个体，为了维持生命和延续种族，人必须利用自然界，但人与动物不同，动物只能被动地生存，而人能够依靠自己的自由意志改造自然界，成为自然界的主人。在学习和科研的过程中，研究生要完成课题、学习任务需要通过利用自然界为自己服务，尤其是理工科的研究生，需要通过做实验的方式满足自身的学习需求。研究生能够自由而有意识地改造自然界，完成课题、学习任务并获得正向、积极的感受。

人是社会的主人。在进行社会实践活动的过程中，人会与社会发生这样或那样的联系。人应当根据自身的需要改造世界，牢牢控制社会生存的各种条件，使自己

① 马克思、恩格斯：《马克思恩格斯全集》（第2卷），第118-119页。

② 马克思、恩格斯：《马克思恩格斯文集》（第1卷），中共中央马克思恩格斯列宁斯大林著作编译局译，人民出版社，2009，第580-581页。

③ 袁贵仁、韩震：《论人性、人的本质和人的主体性的相互关系》，《求索》1988年第4期。

成为社会的主人。研究生处在社会环境中，特别是在学校时，其学习会受到导师、同伴等的影响：当研究生能够牢牢控制学校生存的各种条件并获得其他人的嘉奖、认可时，其学习获得感会增强；当研究生难以与学校中的人保持良好的关系时，学习需求难以得到满足，其学习获得感不可避免会下降。

人是自己的主人。人们借助社会实践与他人展开交往，把自己从动物界分离出来，成为活动的主体。人能够合理地行使自己的权利，能动地选择自己的奋斗目标与方法，发挥自身的潜能，合理地设计自己的发展路径，最大限度地发挥自己的力量，在社会实践中按自己的选择思考和行动。研究生作为国家建设的重要后备力量，其高水平的学习获得感表现在其能够能动地选择理性认识，能够自主地自我定向、自我选择、自我设计和自我创造，实现自身的全面自由发展。

在教育界，裴娣娜谈及主体教育的主体性时也认为，人的主体地位表现在人与自然的关系中，是人对自然的认识、改造以及人与自然和谐统一、共生共存的科学观的确立；表现在人与社会的关系中，是人的对象性关系的全面生成，人对社会自由度的提高；表现在人与自我的关系中，人既是主体，又是客体，人的自主意识以及个性的自我完善①。研究生在实现其主体性的自由发展的过程中，不是被动地从属于某种外在强制，而是能够按照自身的需求，有能力、有选择地认识和改变自然界、社会和自己，从而得到自由全面发展。这也是马克思和恩格斯阐述的“个人全面发展”学说中关于人的本质的内容。

（二）对研究生学习获得感研究的启示

基于马克思关于人的主体性思想分析研究生学习活动的内涵，有助于我们更好地理解研究生学习获得感。

1. 研究生教育肩负着高层次人才培养和创新创造的重要使命

我国是社会主义国家，坚持“以人民为中心”的发展思想是中国共产党的鲜明特征和独特优势。以毛泽东同志为代表的中国共产党人将人民群众的利益放在第一位：“战争的伟力之最深厚的根源，存在于民众之中”②，“群众的意见与经验

① 裴娣娜：《主体教育理论研究的范畴及基本问题》，《教育研究》2004年第6期。
② 毛泽东：《毛泽东选集》（第二卷），人民出版社，1991，第511页。

一定要作为我们政策的基础”[①]。“从群众中来，到群众中去”的理念早就根植于共产党人心中。中国特色社会主义进入了新时代，以习近平同志为核心的党中央将“全心全意为人民服务”的根本宗旨贯彻于社会主义现代化建设事业的方方面面。“必须坚持人民主体地位，坚持立党为公、执政为民，践行全心全意为人民服务的根本宗旨。”[②]党的根基在于人民，力量源于人民，为广大人民美好生活而奋斗是中国共产党人不变的誓言。“以人民为中心”的思想是人民群众获得感的直接理论来源，让人民有更多、更直接、更实在的获得感是中国共产党人对群众深厚情感的体现。

2020年，习近平总书记对研究生教育工作做出重要指示，强调要高度重视研究生教育，加快培养国家急需的高层次人才，为坚持和发展中国特色社会主义、实现中华民族伟大复兴的中国梦做出贡献。研究生作为中国人民群众的一分子，又作为国家培养的高层次人才，受到国家的高度重视。研究生的获得感主要来源于学习。学习是研究生的主要任务，在学习过程中，研究生因各项学习需求得到满足，有了一定的学习、科研的实在获得后，才能产生一种正向、积极的主观感受，这是研究生学习获得感的表现。

2．研究生学习是一项自主、能动和创造的活动

研究生学习是一项自主的活动。研究生在学习或从事科研工作时，不管是做课题还是学习专业知识，都是经过深思熟虑后做出决定。研究生会经历一系列心智活动：选择、判断、决定、深思、计划、反思[③]。也就是说，研究生学习的思想和行为是由其独立的心智活动尤其是理性反思自我决定的，不受到其他人的干涉和影响。

研究生学习是一项能动的活动。研究生应具备自主探究、独立判断、反思批判的能力，应重视自身搜集信息、处理信息、建构观点、表达思想的意识和能力。因此，研究生在学习过程中，能且需要对学习内容、学习方式、学习工具等进行能动

① 中共中央文献研究室编《毛泽东年谱（一八九三——一九四九）》（修订本）（中卷），中央文献出版社，2013，第576页。

② 习近平：《决胜全面建成小康社会 夺取新时代中国特色社会主义伟大胜利——在中国共产党第十九次全国代表大会上的报告》，人民出版社，2017，第45页。

③ Dearden R.F., *Autonomy and education*, (London: Routedge & Kegan Paul, 1972), p.461.

的选择和主动掌握，甚至创新。

研究生学习是一项创新与创造的活动。作为研究活动的主体，研究生正是在研究性活动中进行探索，综合运用多学科知识、方法，探究学科专业领域的奥秘，并做出创造性的贡献。研究生的学习活动应具有创造性，方能被授予学位，这也是学位的意义。

3．研究生学习获得感与研究生的主体性息息相关

主体性强调的是从被动到能动的进程，从重复性到创造性的过程①。新时代的研究生生活条件较好，具有强烈的自我意识，视野开阔，思维活跃，同时重视自身的发展，能够进行独立的思考与行动。

研究生从刚入学的新生到发挥主体性顺利毕业获得学位，体现在他们能够自主、能动和创造地学习，接受符合自身主体意识的专业知识，能够主动地对自己原有的思想认知进行不断改造，不断调整自身学习状态，加速实现自我教育和自我发展，建构自己的学科知识图谱、学术人际脉络，形成高阶思维，最终获得学业成功。研究生在这一过程中彰显主体性，满足了学习兴趣，获得了一定的学业成果，产生了真切、愉悦的精神体验，由此从学习获得进一步转化为学习获得感。相反，研究生在学习中如果失去了主体性，则会遇事不决，本能地依附、崇拜权威者，趋同于外界，或习惯于跟风随大流，或盲目听从他人的意见，因而愈加不自信和自卑。如此一来，研究生就会失去自信，甚至失去独立人格，失去自我，最终对学习抱以负面消极的情绪，无法获得较高水平的学习获得感。

二、实践论与研究生学习获得感

实践与理论是一对范畴，二者的关系是交互、循环、递进的。研究生学习获得感源于学习获得，学习获得源于学习实践的真实发生。实践论的相关主张对于理解研究生学习获得感及其提升有实在的意义。

（一）实践论的发展历程

古希腊时期，苏格拉底首次提出和使用“实践”一词，他认为“实践”与“运动”有关。亚里士多德将实践的概念划分成两种，分别为“生产”（making）和

① 蔡冲：《新时代大学生思想政治教育获得感提升研究》，硕士学位论文，河南大学哲学系，2020，第32页。

“行动”（acting）。二者的区别在于，生产是受人们的理智所指导的，人们可凭借理智对相关行为所产生的结果进行判断；行动则在很大程度上决定于人们实践的智慧。通过实践智慧，人可以在生产、生活中避免或者选择事物，并有技巧地运用行为达到自身行动的目标。

在此基础上，德国哲学家康德认为实践活动之所以和事物的其他形式有所区别，其根本原因是人的自由意志。也就是说，只有在理性的实践过程中，人的理性才具备自由的特点，并可以根据自身意志完成道德活动和基于道德活动的政治与法律活动，即发出或完成实践活动①。费尔巴哈认为，实践不是主体积极地改造客体的活动，而是客体强加于主体，主体消极被动地应付客体的活动②。费尔巴哈的思想在一定程度上体现了实践的唯物主义性质，但他并未认识到人自身作为实践主体的能动性，这也使得其对于实践的认识和理解受到了一定的局限。高清海认为，马克思主义哲学出现以前，此前的哲学家把实践看作具有下述特点的活动：（1）实现目的性的活动；（2）具有自主性的活动；（3）能动的创造性活动；（4）主观改造客观的活动；（5）感性的活动，等等③。马克思通过对前人的观点进行提炼和批判，在《关于费尔巴哈的提纲》中集中阐述了他对于实践的观念与思想，具体为以下三点：

1. 全部社会生活在本质上是实践的

马克思提出：“全部社会生活在本质上是实践的。凡是把理论引向神秘主义的神秘东西，都能在人的实践中以及对这个实践的理解中得到合理的解决。”④也就是说，马克思认为实践是社会发展的动力，是整个社会生活存在的基础。所有的事物、感性、现实从其本质上来看都是实践的产物、要素、现象，立足实践之外根本看不到事物的本质。根据这一理论，学习本质上也是研究生实践的产物，学习获得感是研究生进行学习这一实践后获得的正向、积极的情感体验。

---

① 杨小龙：《马克思主义实践观及其当代价值研究》，硕士学位论文，长春工业大学哲学系，2019，第9页。

② 姚何煜：《马克思主义实践观探究》，硕士学位论文，安徽大学哲学系，2002，第50页。

③ 高清海：《论实践观点作为思维方式的意义——哲学探进断想之二》，《社会科学战线》1988年第1期。

④ 马克思、恩格斯：《马克思恩格斯选集》（第1卷），中共中央马克思恩格斯列宁斯大林著作编译局译，人民出版社，1995，第56页。

2. 把人的活动“当作实践去理解”的辩证唯物主义的能动反映论

马克思在《关于费尔巴哈的提纲》中指出：“从前的一切唯物主义（包括费尔巴哈的唯物主义）的主要缺点是：对对象、现实、感性，只是从客体的或者直观的形式去理解，而不是把它们当作感性的人的活动，当做实践去理解，不是从主体方面去理解。因此，和唯物主义相反，唯心主义却把能动的方面抽象地发展了，当然，唯心主义是不知道现实的、感性的活动本身的。”①马克思肯定了费尔巴哈的理论发展了人的能动性，但同时批判费尔巴哈没有看到制约人的认识的客观条件，过度夸大了人的主观能动性。马克思主义认识论克服了上述弊端，能够结合主观和客观两个方面理解社会实践。研究生的学习获得感源于学习这一实践，学习既受研究生的主观能动性的影响，也受到客观因素的影响，如实验设备、图书资源和学校环境等。因此，我们只有从主观和客观两个方面认识学习，才能正确理解学习获得感。

3. 实践是检验真理的标准

马克思在《关于费尔巴哈的提纲》中指出：“人的思维是否具有客观的真理性，这不是一个理论的问题，而是一个实践的问题。人应该在实践中证明自己思维的真理性，即自己思维的现实性和力量。”②也就是说，只有通过实践的检验才能证明自己的思维是否是真理。这一观点为人们提供了判断真理的标准，对近现代社会的发展意义重大。

在我国，“实践”的含义与西方有所区别。宋代吴泳在《鹤林集·上邹都大夫书》中首次使用“实践”一词，即“实践真知，见于有政”③。其中，“实践”的意思为实地履行。但如果谈及“实践”的内涵，则早在古典文献《尚书·说命中》中就出现了有关实践的命题记载：“非知之艰，行之惟艰。”④与西方学者不同的是，我国古代学者对实践的研究并不局限于这个词的概念本身，更多地体现在围绕实践的具体活动上，如《尚书·洪范》载“日月之行，则有冬有夏”⑤，这是客

① 马克思、恩格斯：《马克思恩格斯文集》（第1卷），中共中央马克思恩格斯列宁斯大林著作编译局译，人民出版社，2009，第499页。

② 同上书，第499-500页。

③ 四川大学古籍整理研究所编《宋集珍本丛刊》，线装书局，2004，第237页。

④ 周秉钧：《白话尚书》，岳麓书社，1990，第302页。

⑤ 同上书，第100页。

体事物本身的运动；如明代王廷相提出“笃行实践”[①]，强调的是人自身的活动；《孝经·开宗明义》载“立身行道，扬名于后世”[②]，强调的是人的品行、道德行为；王阳明提出“知者行之始，行者知之成”[③]，强调知对行有指导的作用。可以看出，中国古代学术语境下的实践就是“行”，我们现在所说的“认识”与“实践”的关系，就是“知”与“行”的关系。

毛泽东在继承中国传统哲学的知行观和马克思主义哲学的基础上，结合中国国情，发表了《实践论》。在《实践论》中，他把“实践”等同于中国传统哲学中的“行”，使得“行”带上了马克思主义哲学“实践”概念的基本特征，即客观性、直接现实性、自觉能动性和社会历史性等[④]。此后，其他党和国家领导人都对实践提出了肯定的态度。邓小平虽然没有有关实践的著作，但他提出了著名的“猫论”。他说：“刘伯承同志经常讲一句四川话：‘黄猫黑猫，只要捉住老鼠就是好猫。’这是说的打仗……现在要恢复农业生产，也要看情况，就是在生产关系上不能完全采取一种固定不变的形式，看用哪种形式能够调动群众的积极性就采用哪种形式。”[⑤]这段话清楚地表明了邓小平主张用社会实践去检验政策的正确与否。江泽民指出：“实践没有止境，创新也没有止境。我们要突破前人，后人也必然会突破我们。这是社会前进的必然规律。”[⑥]这提出了人的认识要在实践中与新的时代、新的时期、新的时机相适应。习近平强调“空谈误国，实干兴邦”的思想，也就是说要通过实际行动实现民族复兴。

对于研究生来说，空谈理论学习而不进行实践，是无法检验自己的学习成果有效与否的。正所谓“纸上得来终觉浅，绝知此事要躬行”，只有不断地进行研究，在探索中前进，才能发展自身的认知，进一步提高自己的学习获得感。诚如荀子所言：“不闻不若闻之，闻之不若见之，见之不若知之，知之不若行之。”[⑦]这说明

---

① 王廷相：《王廷相集》，中华书局，1989，第832页。

② 孔子：《孝经》，吕平编，新疆青少年出版社，1996，第1页。

③ 王阳明：《传习录》，张怀承注译，岳麓书社，2004，第39页。

④ 何燚：《马克思主义实践观研究》，硕士学位论文，合肥工业大学马克思主义理论与思想政治教育专业，2004，第29页。

⑤ 邓小平：《邓小平文选》（第二卷），人民出版社，1994，第356页。

⑥ 江泽民：《全面建设小康社会，开创中国特色社会主义事业新局面——在中国共产党第十六次全国代表大会上的报告》，人民出版社，2002，第15页。

⑦ 荀子：《荀子》，叶绍钧选注，宛志文校订，崇文书局，2014，第33页。

了行之于知的重要性。不过，荀子还认为“学至于行之而止矣”[①]，这一说法则有待商榷。毕竟，学问到“行”并不一定就达到了极点。但是研究生的学习如果不通过“行”，则难以到达“知”。

（二）对研究生学习获得感研究的启示

基于实践论理解研究生的学习活动和学习获得，可以很好地理解研究生学习获得感的发生过程。

1. 研究生学习本质上是一种实践活动

研究生作为学习主体，本质上是实践的，其学习内容和学习方式亦具有实践属性。

（1）实践属性是研究生学习的根本属性

从学习主体来看，实践属性是研究生的根本属性。首先，研究生作为人，其存在是一种物质性的客观存在，这是其自然属性；其次，研究生作为理性的存在，从事的学习和科研活动都遵循理性指导，这是其理性属性；最后，研究生总是在复杂的社会关系之中从事现实的实践活动，这是其社会属性。在实践过程中，研究生作为客观存在，在从事活动中遵循自己的理性指导，同时与一定的社会群体完成实践活动。这充分体现了自然属性、理性属性和社会属性的有机统一。

（2）研究生的学习内容具有实践属性

研究生的学习内容，即知识，来自人类的实践活动。正如马克思所说，“思想、观念、意识的生产最初是直接与人们的物质活动，与人的物质交往，与现实生活的语言交织在一起的”[②]。由此可见，知识虽然呈现在书本之中，但也是人们在社会实践中通过处理人与自然、人与社会、人与自己的关系而获得的经验。从本质上来说，知识是人类群体在不断变化发展的生活中实践得到的经验积累。因此，一方面，研究生所学习的专业知识是通过间接经验得到；另一方面，研究生在科研时所获得的知识是动态生成的，具有实践性。

---

① 荀子：《荀子》，第33页。
② 马克思、恩格斯：《马克思恩格斯选集》（第1卷），第72页。

（3）研究生的学习方式具有实践属性

马克思主义哲学认为，人的对象化活动可以分为两类：实在性的和象征性的[①]。实在性的对象化活动处理的直接对象是感性的实在，即实践具有直接现实性，而象征性的对象化活动“所处理的直接对象是符号，它是经由操作符号来形塑对象的”[②]，具有间接性。对于研究生来说，知识获得的途径也分为两种：第一种是通过学习现有知识获得，即象征性对象化活动；第二种是研究，它是研究生最主要的知识获得方式，研究围绕问题进行，问题通过个人的实践（研究）解决，即实在性对象化活动。研究生要全面获得知识，实践是必不可少的途径之一。

2. 研究生学习获得感来源于实践

首先，人的实践和认识息息相关。根据毛泽东的实践观，思想认识不能离开实践，认识依赖于人的社会实践而存在[③]。人的正确思想认识必然是从社会实践中，从社会的生产斗争、阶级斗争和科学实验等实践中来的。也就是说，认识是人的头脑对于客观事物的直接反映，因此认识是从实践开始的。研究生学习获得感是一种主观感受。研究生通过深入学习这一实践活动获得感性认知，这一感性认知就是学习的主观感受，当研究生的学习主观感受是正向、积极的，研究生在学习中就有学习获得感。

3. 研究生学习获得感是随着学习的变化而不断发展变化的

根据毛泽东的观点，随着实践的不断发展和变化，人们的认识也将处于不断的变化之中，而实践的发展则取决于整个社会的不断发展，故以实践为基础的认识更是处于不断的发展变化当中[④]。学习是一个实践的过程，研究生学习获得感是随着学习的不断变化而变化发展的。研究生在学习的过程中有一定的实在获得后，对学习产生了相应的主观感受，对学习的主观感受又促使研究生下一阶段的学习实践。在这个过程中，上一阶段的学习和学习获得感会影响下一阶段的学习。高效的学习会带来主观、积极的学习感受。同样，学习感受的良好也促进更高效的学习，并促

① 李文阁：《回归现实生活世界哲学视野的根本置换》，中国社会科学出版社，2002，第245页。

② 同上。

③ 毛泽东：《毛泽东选集》（第一卷），人民出版社，1991，第286页。

④ 杨小龙：《马克思主义实践观及其当代价值研究》，硕士学位论文，长春工业大学哲学系，2019，第19页。

进学生个人的发展。

4．研究生学习获得感与学习要“知行合一”

王阳明提出了“知行合一”说。他说：“知者行之始，行者知之成。圣学只一个功夫，知行不可分作两事。”[①]这说明了知是行的前提，以知为行。同时，他揭示了知和行统一且不可分离的关系。毛泽东继承了王阳明的观点，提出：“我们的结论是主观和客观、理论和实践、知和行的具体的历史的统一。”[②]研究生在学习这一“行”中要以“知”为基础，即基于认知进行学习，对学习有明确的目标、规划，而不是盲目学习；同时，也不能仅有正确的认知而不付诸实践，而是要将正确的认知与实践统一起来，这样研究生才能有真正的学习获得感。

三、过程论与研究生学习获得感

事物的产生、发展需要过程。冰，水为之而寒于水；青，出于蓝而胜于蓝。研究生的学习也是一个过程，是一个由无数子过程构成的全过程。学习获得感的产生非一朝一夕之功，同样需要过程。过程论是解释研究生学习获得感的形成的理论基础。

（一）过程论思想的发展历程

过程论，是关于过程的主张。世界的本质存在于过程之中，世界的存在就是过程，世界本身并没有预先存在一个实体等着人们去发现，人们是在世界不断地生成的过程之中去感受世界的奥秘。过程论形成于过程中，有其鲜明的主张。

1．过程论的发展历程

西方学术界的过程论思想是研究生学习获得感的理论来源，因此我们有必要梳理西方的过程论思想演变。

在西方历史上，古希腊的赫拉克利特首次提出过程论思想。他说过一句家喻户晓的话：“我们不能两次踏进同一条河流。”[③]这一观点承认了事物是变化的，无论这种变化是我们能够直观感受到的还是肉眼不可察的。恩格斯肯定了赫拉克利特这一朴素的观点：“这种原始的、朴素的，但实质上正确的世界观是古希腊哲学的

① 王阳明：《传习录》，第39页。

② 毛泽东：《毛泽东选集》（第一卷），第296页。

③ 北京大学哲学系外国哲学史教研室编《西方哲学原著选读》（上卷），商务印书馆，1982，第23页。

世界观，而且是由赫拉克利特最先明白地表达出来的：一切都存在，而又不存在，因为一切都在流动，都在不断地变化，不断地生成和消逝。”①

在近代，黑格尔继承了赫拉克利特的过程观，他说：“赫拉克利特把绝对本身了解为这种过程——了解为辩证法本身。”②从中可以看出，黑格尔认为过程作为本体也就是辩证法，在他的辩证法中，自然和人类世界也是一个过程，把“绝对和自然看作一个动态的过程，人类也是一个过程——一个辨证的过程”③。黑格尔将整个自然和人类世界都看成一个过程，并且这个过程是在不断运动变化的。

在当代，怀特海第一个明确将过程作为本体研究。怀特海的过程哲学认为过程就是实在，过程与实在同一，“整个宇宙是由各种事件和实际存在物相互连接、相互包含而形成的有机系统”④。所有的事物都与其他事物在相互碰撞中不断地运动，这一运动是一种过程，这个运动过程最终形成了整个宇宙。他还提出“实际存在物”，无数的实际存在物在不断地相互碰撞、生成和消亡，这些无时不在的活动构成了我们面前的世界。由怀特海创立的过程哲学，在一定意义上继承和发展了过程论思想。

从上述多位哲学家对过程的表述可以看出，过程论思想作为一种基本原则贯穿于人类精神发展史。但综合观察这些过程观，可以看出这些观点仍旧是以一种静止的立场考察世界，并没有动态发展地看待世界的过程性。马克思、恩格斯改变了考察世界的方式，提出了用过程论思想开启哲学研究。虽然他们没有提出一套明确的理论体系，但他们的多部著作都体现了过程论思想的内涵及其重要意义。

2. 世界是过程的集合体

马克思主义哲学认为：“当我们深思熟虑地考察自然界或人类历史或我们的精神活动的时候……一切都在运动、变化、产生和消灭。”⑤可以看出，无论是自然界还是人类历史，一切事物都作为过程而存在。我们所处的自然世界和人类世界是由无数过程共同组成的。研究生与学习作为世界的一部分，也在不断地运动、变化。

① 恩格斯：《社会主义从空想到科学的发展》，人民出版社，1997，第50-51页。

② 同上书，第50页。

③ 斯通普夫、菲泽：《西方哲学史》，丁三东、张传有、邓晓芒等译，中华书局，2005，第464页。

④ 杨富斌：《怀特海过程哲学思想述评》，《国外社会科学》2003年第7期。

⑤ 同注②。

第一，自然世界里的一切是一个运动过程。正如恩格斯在《自然辩证法》中指出："我们所面对的整个自然界形成了一个体系……这些物体是互相联系的，这就是说，它们是相互作用着的，并且正是这种相互作用构成了运动"①。这些物体相互联系并相互作用构成的运动表现为一种过程。

第二，人类社会是一个发展的过程。在马克思以前，人们研究人类历史时常常不能进行正确解读，甚至有时会歪曲解读。从研究人类历史的角度出发，马克思批判以往的历史观忽视了现实基础，忽视了现实中的人。马克思从社会的本质出发，指出"现时的社会不是坚实的结晶体，而是一个能够变化并且经常处于变化过程中的有机体"②。这个有机体是通过人的劳动而诞生的，是一个生成的过程。同样，研究生学习获得感是研究生通过学习而诞生的生成性过程，它与研究生的学习生活密切相关。学习并不是固定不变的，而是因应研究生个体而变化并且经常处于变化的过程。因此，学习获得感的产生基于不断变化的学习，其强弱程度也在不断地变化。

第三，马克思和恩格斯除了发现社会是一个处在变化过程中的有机体，还揭示了人的存在的过程性本质。马克思终身为之奋斗的目标是人的解放。在探索人的解放这一目标中，他发现了人通过自身现实的感性活动创造实现自己的最终价值的条件和环境的过程③。人只有通过感性活动才能够证实自己的存在。人们周围的感性世界并不是本身就存在的，而是通过感性活动过程创造出来的。可见，学习获得感本身并不存在，而是研究生根据学习这一活动创造出来的，是历史发展的产物。学习这一活动的产生是学习获得感出现的必要前提。

3. 过程是实践的过程，实践是过程的实践

"全部社会生活在本质上是实践的。凡是把理论引向神秘主义的神秘东西，都能在人的实践中以及对这个实践的理解中得到合理的解决。"④生活中某些难以理解的现象，我们能够从实践中找到答案。实践是马克思主义哲学首要的和基本的观

① 恩格斯：《自然辩证法》，人民出版社，1972，第209页。

② 马克思、恩格斯：《马克思恩格斯选集》（第2卷），中共中央马克思恩格斯列宁斯大林著作编译局译，人民出版社，1995，第102页。

③ 刘红琳：《西方过程思想的演进及马克思过程观的当代价值研究》，博士学位论文，辽宁大学哲学系，2014，第88页。

④ 恩格斯：《路德维希·费尔巴哈和德国古典哲学的终结》，人民出版社，1997，第36页。

点，实践性是马克思主义形成和发展的基本特性①。在马克思看来，过程是实践的一个根本特性，人通过实践改造世界，这本身就是一个不断发展的过程，而过程又以实践作为前提不断生成。因此，马克思认为世界的本质就是过程，表现为人的实践，人通过实践改造自然、改造社会、改造人与人的关系，这些实践活动是一个不断生成和发展的实践过程。学习是一项实践，这项实践是在不断地发展的，研究生在幼儿园、小学、中学、大学接受教育后，其学习的主观感受也随着年段的升高而发生变化，这就构成了研究生现今的学习获得感。

4．一种实践过程思维方式

所谓实践过程思维方式，就是现实、感性的人为了满足自己的需要通过一定手段而进行的主体活动。人、自然、社会都处于生成性的实践过程中，体现着否定性的自我统一，通过创造而实现进化②。马克思的实践过程思维方式是马克思主义哲学理解一切哲学问题、理解世界、解释世界的根本思维方式。这一思维将自然、社会和人的发展看作一个生生不息的过程。用实践过程思维方式理解研究生学习获得感，即研究生为了满足自身需求，把学习的主客观条件、本质和现象等都看成一个整体，研究生、学习、学习获得感都处于生成性的实践之中，通过创造而实现进化。

（二）对研究生学习获得感研究的启示

根据马克思的过程论思想，研究生的存在具有过程性，其实践过程的思维方式形成了发展中的学习获得感。

1．研究生存在的过程性本质

首先，学习是一种实践过程。马克思在《资本论》中对劳动过程论进行了系统的阐述，他将劳动的本质视为一种过程。马克思明确指出："劳动首先是人和自然之间的过程，是人以自身的活动来引起、调整和控制人和自然之间的物质变换的过程。"③学习是人通过自己与外界的交换来获取知识的过程。在学习过程中，研究生不断地吸收、整合以往的学习经验。其次，人本身就具有过程性，并能通过实践

① 黄楠森：《马克思主义哲学史》，高等教育出版社，1998，第44页。

② 闫顺利、范静：《从思辨过程思维方式到实践过程思维方式——对马克思哲学变革的实质的理解》，《理论学刊》2009年第3期。

③ 马克思、恩格斯：《马克思恩格斯全集》（第23卷），中共中央马克思恩格斯列宁斯大林著作编译局译，人民出版社，1972，第201页。

活动不断地实现自我。研究生作为一个过程性的存在，不是固定不变的人，而是通过学习这一实践活动不断证实自己、实现自我的人。此外，研究生的过去、现在和未来都构成了其具体的生活过程，由此可见研究生的存在的过程性本质。

2. 学习获得感是过程集合体

在马克思看来，任何事物包括人本身都没有固定不变的本质，一切都在未完成的布展中[①]。思维也是过程。马克思认为："思维过程本身是在一定的条件下生长起来的，它本身是一个自然过程。"[②]既然思维是一个过程，作为思维产物的思想也必然有一个形成、发展、转变的过程。研究生在学习过程中，其思维不断发散、活跃，进而产生学习感受——学习获得感。学习获得感随着学习不断更新，在形式上表现出由低级到高级、由简单到复杂的发展过程。在马克思主义过程论看来，任何所谓的终极真理是不存在的，一切停滞、凝固的观点都是错误的。学习获得感会经历产生、发展和灭亡阶段。虽然"灭亡"一词略显奇怪，但具体来说，就是会有比学习获得感更高级的东西来代替它，这是学习获得感发展的更高阶段。学习获得感发展是一个过程。因此，当学习获得感弱时，研究生切不可急躁冒进，做到量力而行、实事求是，坚持循序渐进，准确把握学习节奏，学习获得感自然而然就会提升。

3. 研究生的实践过程思维方式生成学习获得感

生成性是实践过程思维方式的重要特性。生成性表明存在由可能到现实的逻辑，表达了有和无循环转化的辩证法。"任何一个'有'都向'无'敞开着，每一'是'都与无数'不是'相连，每一此时此地的此态都以无数未登场、未凸现、'未成为'的彼态的永远湮没为前提。"[③]研究生的实践过程思维方式作为一种生成性的思维方式，是研究生为学习展开的有意识、有目的的行为过程。在这一行为过程下，我们要用批判、革命、动态的眼光看待学习获得感，看到学习获得感从"无"到"有"、从"不是"到"是"的转化，否定原来的那种脱离现实实践的、抽象和僵化的眼光，将学习获得感看作实践过程思维方式下的产物。

① 敦鹏：《论马克思的实践过程辩证法》，硕士学位论文，燕山大学哲学系，2010，第9页。

② 马克思、恩格斯：《马克思恩格斯全集》（第48卷），中共中央马克思恩格斯列宁斯大林著作编译局译，人民出版社，2007，第541页。

③ 孙美堂：《从实体思维到实践思维——兼对存在的诠释》，《哲学动态》2003年第9期。

第二节　自我决定理论、人本主义学习理论、主观幸福感与研究生学习获得感

心理学是研究心理和行为规律的一门科学①。研究生学习获得感是研究生因学习中实实在在的获得而产生的积极情感体验。因而，探究研究生的学习心理和学习行为离不开心理学理论的支撑。作为人类社会的一员，研究生具有人类普遍存在的三大基本心理需要，是积极向上的有机体；研究生教育要把学习者看成一个个独立而完整的个体，研究生的学习过程理应是认知和情感交融的过程；研究生学习获得感具有主观性，依赖于个体的主观评价，聚焦学习者的积极情感体验。因此，本节从自我决定理论、人本主义学习理论、主观幸福感三个角度论述研究生学习获得感的心理学基础，分析研究生学习获得感的心理学基础架构。

一、自我决定理论与研究生学习获得感

自我决定理论（Self-determination Theory，简称SDT）由美国心理学家爱德华·L. 德西（Edward L. Deci）和理查德·M. 瑞安（Richard M. Ryan）提出。该理论以积极心理学为背景，认为每个个体都是积极向上的有机体，具有与能力、兴趣、自主相联系的内部心理需要，具有很强的主观能动性②。这一理论的相关研究可以追溯到20世纪70年代，但首次对该理论进行相对系统阐述是在20世纪80年代

① 车文博：《当代西方心理学新词典》，吉林人民出版社，2001，第407-408页。

② Edward L. Deci, Richard M. Ryan, "The 'What' and 'Why' of Goal Pursuits: Human Needs and the Self-Determination of Behavior," *Psychological Inquiry* 11, no.4（2000）: 227-268.

中期[①]。自我决定理论包含六个分支理论，即认知评价理论、有机整合理论、因果定向理论、基本心理需要理论、目标内容理论和关系动机理论。在以上六个分支理论中，最先得到发展的是认知评价理论，由德西和瑞安在1975年提出[②]。在此基础上，他们于1985年提出有机整合理论和因果定向理论。2000年，基于对影响个体内在动机心理需要的总结和归纳，又提出了基本心理需要理论[③]。2017年，两位创始人进一步发展自我决定理论，提出目标内容理论和关系动机理论[④]。

（一）六大分支理论要点与教育

自我决定理论的六大分支理论论述个体内在动机的影响因素、外在动机的内化、个体的自我决定倾向、个体的基本心理需要等心理现象，对回答好如何激发学习者内在学习动机，如何指导学习者将外部学习动机内化为内在学习动机，如何提升学习者的自我决定倾向，为什么要满足学习者的基本心理需要等教育问题有重要指导作用。

1. 认知评价理论

认知评价理论（Cognitive Evaluation Theory，简称CET）考察影响个体内在动机的因素，认为奖励、惩罚、评估、反馈等外部社会环境刺激对人的内在动机有影响。有研究者认为，当个体动机与外部环境背景结合时，可将外部环境刺激分为三种不同事件类型："自主支持性的事件促进个体内在的因果知觉与胜任感，由此提高个体内在动机的水平"，例如自由选择、交流、得到反馈等这些外部因素都能增强内部动机；"控制性的事件产生的是一种压力，提高个体外在因果知觉的水平，降低自主的感觉，从而削弱内部动机"，例如奖励、惩罚这些外部因素会削弱内部动机；"去动机事件意味着无效的事件，经历着去动机的个体产生无胜任力

① Edward L. Deci, Richard M. Ryan, *Intrinsic Motivation and Self-Determination in Human Behavior* (Berlin: Springer Science & Business Media, 1985), pp.9-10.

② 方慧：《胜任需要挫败对个体内在动机的影响机制研究》，博士学位论文，广东工业大学管理科学与工程系，2018，第18页。

③ Richard M.Ryan, Edward L.Deci, "The Darker and Brighter Sides of Human Existence: Basic Psychological Needs as a Unifying Concept," *Psychological Inquiry* 11, no.4 (2000).

④ Richard M.Ryan, Edward L.Deci, *Self-determination theory: Basic psychological needs in motivation, development and wellness,* (New York: The Guilford Press, 2017), pp. 272-316.

的感觉，这种感觉削弱内部动机”[①]。按照这个观点，在学习活动中要增强学习者的内在动机，尊重学习者的主体地位，给予学习者选择学习内容、学习方式的主动权，以及与教师、同伴交流和表达自我的机会。但从中也可发现，不管是通过奖励还是惩罚的方式来强化学习行为，都会削弱内部动机。

另外，研究者发现，外部刺激与个体内在需要的匹配程度也会影响内部动机。当这些外部激励与个体的自主心理需要不一致时，内部动机会被削弱；而当外部激励支持个体需要的满足时会增强内部动机。因此，增强学习者的内部动机要提供与学习者内在需要一致的外部激励。如魏连娣认为，除了自主需要和胜任感会影响内部动机外，个体的关联需要也会影响其内部动机，但影响力较弱[②]。如果教师忽视学生与他人互动的需要，那么学生参与课堂学习的内部动机就会降低，课堂表现不积极。由此可看出，满足学习者自主需要、提高学习者胜任感、创建亲和的导生关系和亲近的同伴关系能对学习者内部动机产生积极影响，这种持续加强的内部动机将直接推动学习者的学习活动。

2. 有机整合理论

有机整合理论（Organismic Integration Theory，简称OIT）主要内容是划分外在动机的类型，并探讨促进外在动机内化的条件。有机整合理论是对认知评价理论的进一步发展，它认为外在动机可内化与整合成内在动机，进而对个体行为产生积极作用。内化是“个体对外在价值的‘吸收’，是个体试图将社会赞许的道德态度和要求转化成为个体赞同的价值与自我调节的一种积极、自然的过程”，整合是“调节的进一步转换”，使外在价值“成为个体的自我成分”[③]。

依据内化程度不同可分为以下几种调节方式：外在调节（external regulation）、内摄调节（introjected regulation）、认同调节（identification regulation）、整合调节（integration regulation）。内化程度最低的外在调节是指个体行为的发生往往是为了获得奖励或避免惩罚，完全受制于外部事件，这是一种会削弱内部动机的调节方式。整合调节是外部动机内化程度最高的一种调节

① 张剑、郭德俊：《内部动机与外部动机的关系》，《心理科学进展》2003年第5期。

② 魏连娣：《自我决定理论视角下未来时间透视与学习投入的关系研究》，博士学位论文，东北师范大学发展与教育心理学系，2012，第18页。

③ 张剑、郭德俊：《内部动机与外部动机的关系》，《心理科学进展》2003年第5期。

方式，它不仅认同行为的重要性，而且能把这些认同内化到个体的自我价值体系中①。外在调节和内摄调节被称为控制性动机；认同调节、整合调节被称为自主性动机②。有机整合理论的焦点问题已不在于辨析不同性质的外在刺激是否会对内部动机产生积极或消极的影响，而是关注如何将学习者的外部动机转化为内部动机，从而对学习者的行为产生积极作用。

3．因果定向理论

因果定向理论（Causality Orientations Theory，简称COT）是指个体感知外部活动的自我决定程度倾向。该理论将因果定向方式划分为控制定向、自我决定倾向、非个人定向等，这三种方式是相对独立的，每个个体都同时具备这三种定向方式，但是每个个体在这三种定向方式的呈现水平上是存在差异的③。

控制定向是指个体能更易感知到自己的行为受外部因素控制，控制定向水平越高的个体越倾向于依赖外部引导和他人指令，更容易向别人妥协，更在意钱权名利等外部因素，习惯于用外在虚名和物质来标榜自己。自我决定倾向指个体更容易感知到行为是由自己控制的，自我决定倾向越高的个体越期望能行使自主权和选择权，更勇于挑战自我、勇于开拓创新、敢于为自己的行为负责，体现出坚强的意志、勇气和韧性。非个人定向的个体往往觉得自己无法把握结果，抱持平和甚至偏消极的心态，安于现状、随遇而安，容易将满意的结果归因于运气等因素。这三种因果定向方式最理想的状态是自我决定倾向水平"一家独大"，控制定向和非个人定向水平尽可能低。

该理论认为个体具备向有利于自我决定的环境进行定向发展的倾向④。也就是说，正如认知评价理论所认为的那样，外部因素会削弱内在动机，而每个个体都有向理想状态发展的倾向，教育和学习的目的就在于帮助个体追寻这一天生的倾向，让个体享有更多自主权，提升个体对自我决定倾向所带来的积极体验的向往。

---

① 魏连娣：《自我决定理论视角下未来时间透视与学习投入的关系研究》，博士学位论文，东北师范大学发展与教育心理学系，2012，第18页。

② 暴占光、张向葵：《自我决定认知动机理论研究概述》，《东北师大学报》2005年第6期。

③ Edward L. Deci, Richard M. Ryan, *Intrinsic Motivation and Self-Determination in Human Behavior*, （Berlin：Springer Science & Business Media，1985），pp.149-177.

④ 同注②。

4. 基本心理需要理论

基本心理需要理论（Basic Psychological Need Theory，简称BPNT）虽然在2000年才被提出，但它是自我决定理论最重要的内容。该理论认为每个个体都有与生俱来的发展需要，这也是人类最基本的需要，包括自主需要、能力需要和归属需要①。自主需要是指个体希望自己的意愿不受外界限制，希望对自己甚至对外部环境拥有绝对的控制权，可以根据自己的意愿自主选择和自由决策，拥有对所从事活动的自主选择权。能力需要与自我效能感意义相似，是指个体希望能在从事某项活动时感受到自己能胜任或掌控任务。归属需要指个体希望自己能感受到身处某一群体中，并能被这个群体所接纳，能与群体中的成员们友好互动，收获成员们的关心和关爱。

基本心理需要理论具有普适性，几乎所有的个体都有这三种基本的心理需要，并有为满足这些需要而努力的倾向。伴随着基本心理需要的满足，个体会产生积极的情感体验。对于学习者而言，这些积极的情感体验往往会激发其内在学习动机。因此，要尽可能给学习者的学习活动创造有利条件，包括把学习者置于主体地位，给学习者设置阶梯式难度的学习任务，创设和谐友好的学习氛围等。

5. 目标内容理论

目标内容理论（Goal Content Theory，简称GCT）认为每个个体追求的目标内容是有差异的：追求内在目标的个体更看重自我实现、自我成长、亲密的社会关系等，体现出个体以基本心理需要为目标，是自我决定倾向水平高的个体；追求外在目标的个体更看重荣誉、金钱和权力等，是控制定向水平高的个体。相较而言，内在目标比外在目标更容易满足个体的基本心理需要。因此，目标作为希望感的核心要素，个体在制订时应充分考虑，注重个人追求，而不是外界的期盼。就如学习目标的制订，应该体现学习者个人内在对“我想成为什么样的人”的憧憬，而不是反映“社会期盼我成为什么样的人”的要求。当然，根据有机整合理论，社会期盼作为一种外在动机，也可以被内化成内在动机，个体可以选择将社会期盼所要求的内

① Richard M.Ryan, Edward L.Deci, “The Darker and Brighter Sides of Human Existence: Basic Psychological Needs as a Unifying Concept,” *Psychological Inquiry* 11, no.4 (2000).

容整合到自己的价值体系中，约束和指导内在目标的制订。

6．关系动机理论

关系动机理论（Relationships Motivation Theory，简称RMT）认为基本心理需要中的归属需要是一种追求内在目标的需要，个体都倾向于追求亲密的关系。归属需要的满足对于个体的成长和幸福感的获得至关重要，归属需要得不到满足会导致个体出现不健康的状况[①]。个体与个体之间或者团队内部是否能建构高质量的人际关系，个体的归属需要能否得到满足，与个体胜任需要和自主需要息息相关。该理论再次重申归属需要的重要性，强调三大基本心理需要是相互影响、相辅相成的关系。归属需要是对亲密人际关系的向往，于研究生而言，最主要的人际关系是导生关系和同伴关系，这两者关系的亲密程度是本书研究考察的对象。

（二）对研究生学习获得感研究的启示

“自我决定理论认为三种基本心理需要具有先天性、普遍性、跨情境性和跨文化性。”[②]基本心理需要理论被认为是自我决定理论的核心理论，与自我决定理论的其他五种分支理论联系非常紧密。在本书研究中，我们以基本心理需要理论为主，结合其他分支理论论述研究生学习获得感的理论框架。

具体到学习情境中进行分析，自主需要诉求的是学习者在学习活动中的自由选择权能得到满足。当自主需要得到满足时，学习者的行为是自愿的、自主选择的，且不依赖于外界环境。即使认知评价理论认为影响内在动机的外界因素是消极的，但有机整合理论指出，因外在因素产生的动机能被整合内化成内在动机，而成功整合和内化外在动机的学习者往往能成为因果定向理论所认为的自我决定倾向水平高的学习者。这些学习者的自主学习行为并不是以获得某种奖励或者规避某种惩罚为目的，而是因为“人类先天就有自我管理行为的倾向，自主是机体健康运转的一个必要条件”[③]。国家和社会期望培养的研究生即是这样一个机体可以健康运转的个

① Richard M.Ryan, Edward L.Deci, *Self-determination theory: Basic psychological needs in motivation, development and wellness,* (New York: The Guilford Press, 2017), pp.272-316.

② 魏连娣：《自我决定理论视角下未来时间透视与学习投入的关系研究》，博士学位论文，东北师范大学发展与教育心理学系，2012，第16页。

③ 迟翔蓝：《基于自我决定动机理论的教师支持对大学生学习投入的影响机制研究》，博士学位论文，天津大学管理科学与工程专业，2017，第10页。

体。当研究生个体在学习过程中感受到自身意志与自身行为表现一致时，其自主需要得到满足，心理机能处于最佳状态，进而激发自主学习动机，并触发自主掌控未来的学习活动的冲动，即体现为研究生学习获得感中的希望感。自主需要的满足让研究生充分理解学习的意义与价值，并决定在将来进行持续的投入，持续发挥自主能动性。

归属需要是学习者在学习活动中渴望能与导师和同伴形成亲密友好的关系，体验关爱与被关爱的情感需要。当学习者能与群体内的其他个体建立亲密和谐的人际关系，并在群体中感受到人文关怀时，学习者的归属需要就能得到满足。在研究生学习活动中，研究生的人际关系更多发生在与导师、同学的交流互动中，因此带来的积极感受是“导生亲和感”和“同伴亲近感”，这体现出研究生个体期望与导师和同学在学习活动中拥有亲切和睦关系的情感态度。

能力需要是学习者在学习活动中掌握知识、应用知识、拓展技能，并从中感受到“我能行”的心理需要。在满足能力需要的过程中，研究生个体能感知到自己有能力让自身行为得到有效实施，这种“能力感”是学习者与外部环境交互的累积结果，能给学习者未来的学习活动提供动力支持，让学习者相信自己有能力成功完成某项学习任务或达成某个学习目标，从而产生自信感。

在满足自主需要、归属需要、能力需要的过程中，学习者会全身心经历一种积极体验，这种积极体验会给学习者带来持续的愉悦感，体现为学习者在学习过程中持续保持欢乐、喜悦的心理状态。学习者在这种愉悦的积极感受中激发内部动机，建立内在目标，提高自我决定倾向的水平，促进研究生学习获得感的产生。

综上所述，研究生作为学习的主体，其自主需要能在自主学习活动中得到满足，同时在学习活动过程中，研究生与同伴、导师之间会以各种形式发生情感互动，由此带来归属需要的满足。自主需要和归属需要的满足会给学习者带来积极的学习体验，让学习者相信自己通过学习能胜任各种知识和能力的习得，从而带来能力需要的满足。这三种基本心理需要得到满足后将激发学习者的内在动机，从而对研究生学习获得感的形成产生积极的促进作用。

二、人本主义学习理论与研究生学习获得感

20世纪五六十年代，人本主义心理学产生于资本主义高度发达的美国。二战后

的美国社会，一方面科学技术快速发展，物质财富空前富足，另一方面精神扭曲、人性异化，严重的社会问题日益增多，失业率、吸毒人数、犯罪率、精神疾病患者人数、种族冲突事件等逐步增加。人本主义心理学正是在这样的背景下应运而生，它是对高度发达的技术革命的一种反思，研究的是人的内心体验和主观意识，关心的是人的精神生活与真实感受。早期的科学心理学不考虑人的生活经验，不考虑人的内在意识[①]，把人当成动物来研究，不愿触及人类复杂多变的内心体验和主观意识。为此，人本主义心理学登上心理学的历史舞台后，尽管很敬重行为主义对心理基本过程的研究，但不同意其将对动物的研究结果推论到人的精神特征。人本主义心理学与精神分析心理学都关注人的主观内心体验，但前者倾向于关注人的积极面，关注健康人格的研究。

（一）人本主义学习理论要点

马斯洛（Abraham H. Maslow）和罗杰斯（C.R.Rogers）是人本主义心理学的创始人，他们更多地从哲学和人文的角度关心人的价值。在这一理论视角下，个体通过满足自我实现的需求激发内部动机，进而发展为一个“充分发挥作用的人”，一个可以“自由选择”的独特个体，最终实现人格完善和自我价值。在这一理论的指导下形成的“以学生为中心”的学习模式，关注学生的主体性和自我实现的需要，主张把情感教育和认知学习结合在一起进行“情知教育”和“融合教育”[②]。情感和认知伴随学习者学习活动的全过程，脱离情绪感受而孤立进行的学习活动是不存在的。“在儿童的学习过程中，情感的教育与对数学、阅读的指导同等重要。”[③]因此，人本主义学习理论认为，学习不仅是为了能理解和运用知识，更重要的是能将获得的知识和品德融为一体，使学习者的人格日趋完善。学习是情感与认知相结合的精神世界活动，研究生学习也是如此。研究生的学习活动不仅是专业知识、专业技能和科研能力的认知活动，还包含了情感、态度、价值观的体验过程。因此，研究生的学习获得也不仅是对知识和能力的认知，还包括情感体验。本

① 陈宝凯：《人本主义心理学导论·中译本前言》，载夏洛特·布勒、麦琳·埃伦《人本主义心理学导论》，陈宝凯译，华夏出版社，1990，“中译本前言”第3页。

② 杨韶刚：《人本主义心理学与教育》，黑龙江教育出版社，2003，第4页。

③ 丹尼尔·戈尔曼：《情感智商》，耿文秀、查波译，上海科学技术出版社，1997，第284页。

书研究提出“研究生学习获得感”正是对“情知教育”的回应，强调要关注研究生在学习过程中及因学习有实在收获所产生的内部情感体验，而不仅关注研究生学习的外部、客观获得，这与人本主义心理学的逻辑是相通的。当然，研究生学习获得感研究的不是人类复杂多变的各种性质的情感，而是与人本主义心理学一样，只专注于情感的积极面，研究积极情感，包括导生亲和感、同伴亲近感、愉悦感、希望感、自信感。

1. 马斯洛的内在学习论强调“需要导向”

人本主义心理学的内在学习论（internal learning）与行为主义的外在学习（external learning）理论有所区别。马斯洛指出，外在学习是一种仅依赖外部环境来强化，通过条件作用来训练巩固的学习模式。外在学习与被动、机械的填鸭式教育相对应，它关注的不是学习者的理解。马斯洛倡导的“内在学习”依靠学生内在驱动、充分开发潜能，从而达到自我实现，是一种自觉、主动、有创造性的学习模式[①]。所以，内在学习论强调学习是一种“需要导向”的活动。

首先可以明确的是，每个学习者都有自我实现的需要，这与马斯洛的需要层次理论是相通的。内在学习发生的关键在于如何引导学习者发现自己的需要，依靠“需要”的力量主动追求自我价值的实现。从这个意义上来说，学习者希望通过学习活动获得的应该正是他们所需要的，只有获得在一定程度上满足了需要，并由此产生了积极的情感体验，才能促使学习者主动学习。

正是基于学习者有自我实现的需要这一基本论点，人本主义强调“以学生为中心”，教育的任务在于给学习者创设能推动其主动追求自我实现的情境。在这一情境里，由学习者内在需要引导学习活动进程，教师的任务是帮助学习者发挥自身潜能以识别和适应情境中的变化，而不是通过外在的强化训练来塑造和控制学习者的行为。学习者与教师不是服从关系或从属关系，因为教师教学遵从“以学生为中心”的原则；学习者之间不是竞争关系，因为每个学习者都有其独特的内在需求，追求的是个性化发展；学习者不是被动记忆学习材料，因为这是一种主动学习模式，学习材料应该“为我所用”；学习者不会在学习中迷失自我追求，因为所有学习活动都是为了满足自我实现的需要。学习者在这样的教育情境中获得的应该是人

① 车文博：《人本主义心理学》，浙江教育出版社，2003，第441页。

际关系间的亲和感、亲近感，对自身能力的自信感在学习任务中产生的希望感，以及贯穿于整个学习过程的愉悦感。

2. 罗杰斯的意义学习论强调“情感教育”

人本主义心理学的意义学习论（significant learning）区别于行为主义的机械学习理论，同时也区别于认知心理学的意义学习（meaningful learning）。奥苏伯尔（David Paul Ausubel）认为，意义学习是学习者将所学新知识与认知结构中原有的旧知识建立非人为、实质性的联系。它是以学习者对事物的理解为基础，以事物间的内在联系为依据所进行的学习，所描述的是一种“颈部以上的学习”，“但这种排斥右脑情感参与的学习对学习者是无意义的”①。罗杰斯认为，意义学习是指所学知识能够引起变化、全面地渗入人格和人的行动之中的学习，是“一种能引起学习者情感和行为发生变化的学习”②。这些变化主要有以下11种：

（1）学习者用不一样的方式看待自己；（2）学习者更完整、全面地承认和接受自己的情感；（3）学习者对自己更有信心，变得更加独立；（4）学习者变得更像自己喜欢的那种人；（5）学习者的知觉多了些灵活，少了些僵化；（6）学习者给自己拟订的目标更加现实；（7）学习者的行为方式更加成熟；（8）学习者能改掉长期以来的陋习；（9）学习者变得让别人更容易接受；（10）学习者能更加开朗乐观地看待发生在自己身上或别人身上的事；（11）学习者能循着建设性的道路，改变内在的个人特性③。

由此可知，人本主义心理学的意义学习关注德智融为一体的人格教育和价值观熏陶④。在学习结果层面，意义学习不仅关注学习者原有的认知结构是否更精细、更丰富，认知水平是否得到提高，还更多地关注学习者的学习活动是否深入内在情感世界，教师和学生、学生和学生、学生和环境是否发生全方位的情感互动。“知情分离学习的结果就是学生人生意义的不和谐，成长的不健全”⑤，和睦愉悦的学习环境才能有效地提高学习质量，使学习成为一种赏心悦目的、快乐的活动。因

① 刘宣文：《人本主义学习理论述评》，《浙江师范大学学报》2002年第1期。

② 车文博：《人本主义心理学》，第441页。

③ Rogers C.R., *A tentative scale for the measurement of process in psychotherap*，转引自车文博《人本主义心理学》，第441页。

④ 车文博：《人本主义心理学》，第441-442页。

⑤ 刘宣文：《人本主义学习理论述评》，《浙江师范大学学报》2002年第1期。

此，人本主义心理学的基本原则是重视学习者的意愿、情感、价值观等因素对学习的作用。罗杰斯认为，学校教育要避免“知情”分离，要以培养能够应对所有变化的“完整的人”为宗旨，促进学习者的情感活动和认知活动有机融合。他特别强调情感教育的重要性，如果学习活动只强调认知而摒弃与之关联的情感，那么就相当于否认了自身最重要的部分[①]。而对情感教育的评价正是我们现行教育制度的欠缺所在。因此，基于罗杰斯的意义学习论，考察学习者情感获得的重要性和必要性就不言而喻了。

（二）人本主义学习理论对学习获得感研究的启示

1. “学习获得”取决于学习主体的“内在学习需要”

学习者“需要什么”很大程度上会影响学习者对“获得什么”的感知。对于获得感而言，“获得”是一种实实在在的收获，“感”是一种基于实实在在的收获而产生的情感体验。“获得”是产生获得感的前提条件，但“获得”与获得感并不成正比，获得感的强弱取决于学习主体的需求和获得的一致性程度。即便参加同一项学习活动，“是否获得”“获得什么”“获得多少”对于不同获得者而言也是不一样的，“获得”取决于主体的“需要”。可见，并不是所有的外在刺激都能让主体有所“获得”，并不是所有的“获得”都能产生获得感，只有能在一定程度上满足主体期待和需求的“获得”，才有可能使主体产生获得感[②]。那如何确定主体真正的需求是什么呢？因社会期待而产生的需要不一定是主体真正的需要，确定主体真正的需要必须通过其内在心理活动进行确认，这种需要往往就是主体自我实现的需要。

对研究生的学习获得感而言，学习获得取决于其学习需要，只有在有所需求的情况下，研究生才会内在、自发地产生求知欲，进而生发为满足需求而主动努力的动力。因此，学校教育需要关注学生的学习需求，“以学生为中心”，引导学生与自己对话，发现自己的真正内在需求。倘若以教师为中心，过分强调知识传递，以外在激励为主，那么对学生内在学习需要的关注难免会大打折扣，进而抑制学生的

① 车文博：《人本主义心理学》，第463页。

② 黄小红：《大学生思想政治教育获得感研究》，硕士学位论文，闽南师范大学思想政治教育专业，2019，第12页。

内在动机发展[①]。只有让学生清晰地知道自己需要什么，学生才不会把知识学习当成艾宾浩斯实验中无意义音节的背诵，教师的教学活动才有意义，学生才有可能感知到学有所获。对感知到的学习获得产生的主观心理体验往往是复杂多变的，但从人本主义心理学关注人格积极面的立场出发，研究生学习获得感关注的也是积极的情感体验。

学习获得感除了和学习获得与学习者内在需求的匹配程度相关外，还与比较相关，包括纵向比较和横向比较。纵向比较是个体把当下的获得与过去的获得、未来预期的获得做比较，判断与过去相比是否有所进步，预估未来获得是否更为乐观；横向比较时，个体对比付出与回报、自己与他人，比较的结果影响获得感的强弱[②]。为此，本研究的调查问卷设置了与比较相关的部分题目，如“我觉得我的专业能力比大多数同学强”“我的研究能力在读研期间得到了不小的提升”等。每个个体的学习体验都有其独特性，带来不同性质的获得，进而带来不同程度的主观感受。但不管获得的各种主观感受程度如何，只有愉悦、满足、自信等积极主观心理状态，才是学习者期待获得的。

2. 学习获得感关注意义学习引起的情感变化

“学习是个人对知觉的解释过程”[③]，一千个读者就有一千个哈姆雷特，每个个体都会对信息进行选择性过滤，而这种选择性跟每个人的生活经验息息相关。因此，有着不同经验的人在知觉同一事物时，往往会出现不一样的反应。罗杰斯认为，因为每个人对知觉的解释不同，所以他们对这个世界的反应也不同。从这个意义上来说，即使教育者、学校环境、同伴以同样的方式向学习者提供同样的外部经验，也不可能保证每一名学习者都能学到同样的东西。所以，只关注客观的外界刺激显然不足以了解学习者的学习，只有从学习者对外界情境或刺激的反应与解释中才能准确掌握其学习获得。

基于罗杰斯意义学习论的观点，本书把研究生学习现状的研究重点从关注研究

① 李子建、尹弘飚：《课堂环境对香港学生自主学习的影响——兼论“教师中心”与“学生中心”之辨》，《北京大学教育评论》2010年第1期。

② 王玉荣：《以大学生获得感为中心的思政课教学改革路向研究》，硕士学位论文，南昌航空大学马克思主义理论系，2019，第9页。

③ 佐斌：《论人本主义学习理论》，《教育研究与实验》1998年第2期。

生接受到的外界客观刺激转向探索研究生对这些外界刺激的感知结果，关注他们对刺激的解释，也就是关注研究生学习获得感，而“感”也正是罗杰斯的“意义学习是一种能引起学习者情感和行为发生变化的学习”这一论断的关注点所在。因而，研究生的学习会引起哪些情感变化正是我们研究关注的焦点话题。从情感的角度来说，学习者会和学习材料、自身、同伴、教师产生某种情感联结，包括：自信感，如前文“学习者对自己更有信心，变得更加独立”，即学习者相信自己有能力成功完成某项学习任务或达成某个学习目标；愉悦感，如前文“学习者能更加开朗乐观地看待发生在自己身上或别人身上的事”，即学习者在学习过程中持续产生欢乐、喜悦的心理状态；希望感，如前文“学习者能循着建设性的道路，改变内在的个人特性”，即学习者理解学习的意义与价值并且在将来进行持续的投入；导生亲和感和同伴亲近感，前者指学习者与教师亲切相处的情感态度，后者指学习者与同学和睦相处的情感态度，如前文“学习者变得让别人更容易接受”，这正是与他人和睦相处的前提。本研究以这“五感”为基础构建研究生学习获得感的理论框架，关注研究生的情感教育，关注“完整的人”的培养。

三、主观幸福感与研究生学习获得感

在20世纪50年代，主观幸福感（Subjective Well-Being）相关研究在美国兴起，并于20世纪80年代中期以后逐渐引入我国。在第二次世界大战以后，战争的残酷使很多人患上精神或心理疾病。为此，心理学工作者将研究重心集中在治疗心理及精神疾病上。受精神分析学的影响，心理学集中关注情感的负性情绪研究，如忧郁、焦虑等。心理学变成了对心理问题进行评估、矫正和治疗的一门科学，但这其实属于病理性心理学的范畴。随着马丁·塞利格曼、劳拉·金（Laura King）和谢尔顿（Kennon M. Sheldon）对积极心理学的倡导，心理学逐渐开始将研究重心转向研究个体的积极行为和心理品质等正向情绪①。正向情绪和负向情绪具有相对独立性，它们不是分属一个坐标轴的两端，而是分属于两条不同的坐标轴，两者应该分开来研究。积极心理学强调积极情感体验的重要性，认为心理学研究应该推动人们走向幸福。

① 姚一玲：《学生主观幸福感及其对数学成绩的影响》，博士学位论文，华东师范大学课程与教学系，2016，第34页。

（一）幸福的类型界定

以幸福的界定标准为参考，可将幸福分为以下三种主要的类型[①]：

（1）以外界标准为参考的幸福。这意味着主体本身幸福与否建立在旁观者的价值标准之上，也就是受限于别人认为你幸不幸福，而不是从个体的自我判断出发。也正因为如此，一个人幸福与否，以及幸福的程度如何是无法确定的，因为每个旁观者的价值标准都是不一样的。如以一句网络流行用语为例，是“坐在宝马里哭”的女孩更幸福，还是“坐在自行车后座笑”的女孩更幸福？如果旁观者认为拥有了丰富的物质生活就是真正的幸福，那么他会认为前者更幸福；如果旁观者认为情感上的快乐、开心这些正向情绪的体验才是真正的幸福，那么他会认为后者更幸福。所以，不同评价者对个体幸福与否、幸福程度的评判结论是不同的，这种幸福的界定标准忽略了主体的主观感受，具有一定的片面性。

（2）以内在情绪体验为参考的幸福。依照这一标准，幸福等于各种积极情感与消极情感的简单叠加，这一标准注重个体不同性质情绪的占比[②]。如上述的例子，“坐在宝马里哭”的女孩与“坐在自行车后座笑”的女孩，这一描述关注的是女孩的内心体验所外化出来的情绪表现，即“哭”与“笑”；前者是一种负面情绪体验，因此，情绪主体偏向不幸福；后者是一种正向情感，因此主体是幸福的。但这一幸福与否的判断仍然是由旁观者得出的，个体幸福与否及幸福程度如何仍然无法确定，甚至会得到矛盾的判断。例如，倘若旁观者认为前者的“哭”是喜极而泣，那么他就会做出女孩仍然是幸福的判断。因此，虽然这种幸福的判断标准已经在一定程度上关注了个体的情感体验，但仍然是一种“被冠名”的幸福，是旁观者所认为的幸福，并没有关注到个体如何对自己的内心体验做出评价，它仍有一定的局限性。

（3）以个体自我评价为参考的幸福。这种幸福是以个体自己的价值观为标准，对自己的生活进行整体的主观评价[③]，这就是主观幸福感。个体是否幸福是由个体自行判断的，是“我认为我……”的表述方式。这种判断标准与人本主义的思

---

① 何瑛：《主观幸福感概论》，《重庆师院学报（哲学社会科学版）》1999年第4期。
② 同上。
③ 同上。

想是相通的，它强调个体的主体性及其情感体验的主观性。总的来说，这种判断幸福的标准比前两者更能体现人文关怀，也更为科学全面。

（二）主观幸福感本质特征及其启示

主观幸福感研究的是人们的内心体验，是人们如何评价自身的生活状况，即个体的心理过程。根据现代心理学的观点，个体心理过程由认知过程和情感过程两个基本方面构成①。认知过程是个体获取和运用知识的过程，情感过程是个体与外部环境交互时因自身需要是否得到满足而产生体验的过程。当所有能被个体知觉到的外部事物进入其心理体验过程中后，个体会依据自觉或不自觉的认知判断生成一系列的心理状态。因进入体验过程的外在对象于个体而言是不等质的，因此其对应"输出"的心理状态也是不等质的，这些心理状态分布在负向情感到正向情感的连续体上②。个体的内心体验不仅因人而异，还因事、物而异。

本研究考察的研究生学习获得感也是一种内心体验，是研究生学习活动的心理过程。研究生学习获得感同样具有独特性，因个体和学习生活的人际圈不同，因修读专业、学习内容、学习经历等的不同而不同。分析研究生学习获得感的整体现状，分析研究生个体人口学特征的差异，更有利于我们洞悉一些潜在规律，剖析差异存在原因，探讨针对性的提升策略。

主观幸福感由三个部分组成：生活满意，令人愉快的情感和低水平的不愉快情感。主观幸福感以快乐论为哲学基础，Subjective Well-Being相比Happiness是更为科学规范的术语。也就是说，虽然主观幸福感针对的是个体内心体验，这种体验分布在一个从负向到正向的连续体上，但是主观幸福感的幸福概念主要指快乐的主观体验③。主观幸福感还是由令人愉快的情感主导，这与研究生学习获得感的取向是一致的。获得感与幸福感两个概念虽不尽相同，但获得感往往会给个体带来愉快、满足、幸福等积极心理体验。有研究通过关联分析发现获得感与幸福感意义相

---

① 邢占军：《主观幸福感研究：对幸福的实证探索》，《理论学刊》2002年第5期。

② 同上。

③ 苗元江：《心理学视野中的幸福——幸福感理论与测评研究》，天津人民出版社，2009，第30页。

近，且存在显著的正相关关系①。因此，有关幸福感的研究对于建构研究生学习获得感的结构模型具有启发意义。具体而言，可结合主观幸福感三个典型特征进行阐述：

（1）主观性。主观幸福感仅依据个体的观念进行评判，而不是由旁观者评定，不强加外在参照标准。因此有关主观幸福感的测量主要采用自我报告法，需要收集来自被调查者的第一手资料。研究生学习获得感的研究方法借鉴了主观幸福感的主观性特点，采用自我报告法来评定研究生的学习获得感，利用调查问卷收集研究生读研期间内心体验的自我评定数据。

（2）整体性。主观幸福感是个体对整体生活质量的综合评价，体现个体对生活的总体满意感，包括各种性质的情感。它不过多关注抑郁、绝望、焦虑这些令人不愉快的心理状态，而是更关注人们的幸福状态。研究生学习获得感的维度结构的确立与主观幸福感侧重点一致，关注的是积极情感状态。基于整体性特点，本研究限定在对研究生读研期间学习生活的综合评价。从这点来看，本研究属于在主观幸福感的基础上进一步的聚焦和具体化。

（3）相对稳定性。主观幸福感研究的是个体跨时间、持续的心理状态，而不是瞬间的情绪状态。虽然个体在评定幸福感时会在一定程度上受到当时情感状态的影响，但是主观幸福感并不会在短时间内发生重大变化②。因此，主观幸福感的考察不仅要关注个体的自我评定，还要关注主观幸福感的阶段性、持续性。研究生学习获得感研究同样具有阶段性和相对稳定性，考察的是学习者读研阶段产生的相对稳定的学习获得感。

（三）主观幸福感相关理论及其启示

活动理论认为，主观幸福感产生于活动本身而非活动目标的达成③，如跑步本身能比跑到终点带来更多的快乐。因此，探讨研究生学习获得感时，我们注意到，研究生的学习是一种活动，学习获得感从“学习”到“获得”再到“有感”，体现为学习活动的过程性，因而具有时间维度，既体现学习者对过往学习经历的感知，

① 王俊秀、刘晓柳：《现状、变化和相互关系：安全感、获得感与幸福感及其提升路径》，《江苏社会科学》2019年第1期。

② 何瑛：《主观幸福感概论》，《重庆师院学报（哲学社会科学版）》1999年第4期。

③ 段建华：《主观幸福感概述》，《心理学动态》1996年第1期。

也包括学习者对未来学习获得的期待。因此，本研究关注的是学习者对学习过程中内心体验的自我评价，而不是对学习成果的量化的自我评价，如问卷中即设置了题目“我很享受学习的过程”。

判断理论认为，主观幸福感产生于现实条件及个体与某些标准的比较①。当以其他个体作为比较标准时，这就是社会比较理论的视角。当自己的境地优于他人时会更幸福，反之则幸福感较低。也就是说，个体对主观幸福感的判断可能会因比较个体的不同而不同。此时，个体的主观幸福感是一种“相对而言”的幸福感。以过去作为参考标准是适应理论的判断标准，当现在的现实条件优于过去，个体就会感到幸福。以个体自我概念为准绳是自我理论的判断标准，只有当“理想的我”与“现实的我”和谐统一时，个体才会产生较高的主观幸福感。因此，在设计研究生学习获得感的调查问卷时，我们从这三个角度来设计相应的题目：基于社会比较理论设计题目“我觉得我的专业能力比大多数同学强”；基于适应理论设计题目“我的研究能力在读研期间得到了不小的提升”；基于自我理论设计题目“我能达成自己确立的学习目标”等。

有研究认为社会关系是主观幸福感重要的影响因素之一，包括家庭关系、婚姻关系、朋友关系、同事关系、同学关系等②。当个体能感受到这些社会关系的支持，能在其中找到快乐感，那么这些社会支持会提高个体的正向情感③。人的社会性意味着人需要生活中一定的群体中，人有关系需要，渴望在群体中找到个体的归属感。尤其是在中国提倡集体主义的社会文化背景中，个体有满足他人需要的期望，在这种社会期望的影响下，个体与他人保持良好的社交关系将有利于其体验到更高水平的主观幸福感④，而良好的人际关系是主观幸福感的重要情感指标。因此，本研究考察研究生与导师的导生亲和感、研究生同学之间的同伴亲近感。此外，积极心理学认为，主观幸福感是个人内心的一种持久的满足感、愉悦感和健康

---

① 段建华：《主观幸福感概述》，《心理学动态》1996年第1期。

② 同上。

③ 陈姝娟、周爱保：《主观幸福感研究综述》，《心理与行为研究》2003年第3期。

④ 郑雪、王玲、邱林、严标宾：《大学生主观幸福感及其与人格特征的关系》，《中国临床心理学杂志》2003年第2期。

感[1]。因此，在探讨研究生学习获得感时考察他们的愉悦感是必要的。

索尼娅·柳博米尔斯基（Sonja Lyubomirsky）在马丁·塞利格曼的观点的基础上提出了一项幸福感公式：幸福感=50%的遗传+10%的环境+40%的个体行为[2]。基因是我们每个人都无法改变的，但环境的作用还有一定的提升空间。因此，在研究生学习获得感的影响因素分析中，我们考察了学生的学习环境，从“导师指导因素”“学校环境因素”“课堂教学因素”等不同层面分析学习环境对研究生学习获得感的影响。从公式中也可以看出，个体的行为可以控制和改变40%的幸福感。因此，幸福的关键在于个体主观意识和行为，个体自身因素是不能忽略的一大重要因素。

关于学习获得感的分析是多维的，即使获得感和幸福感不完全等同，但都关注个体的积极内心体验，关注个体对内心情感的自我评定。因此，在提升研究生学习获得感的实践中，可以借鉴幸福感公式，加强对个体行为的干预和指导，激发其积极情绪的产生。

① 刘儒德：《教师的幸福在哪里》，《人民教育》2010年第19期。

② 同上。

第三节　社会结构理论、社会比较理论、建构主义理论与研究生学习获得感

由于生产生活的需要，人类很早就开始对自然展开科学研究，相较而言，有关社会科学的研究起步较晚。从最初哲学、政治和伦理观点中的社会思想到社会学的产生，社会学成为一门十分庞杂的学科，小到人际互动，大到社会变迁，都在其研究范畴之内。研究生学习获得感源自学术生活需求的满足，源自社会性学习活动，源自实在、客观的获得，再结合个体主观意识的投入，最终生成一种正向积极的主观感受，可见研究生学习获得感的研究与社会学理论密切相关。由于社会学相关理论繁多，本节仅选取其中与研究生学习获得感最为相关的具有代表性的理论展开分析，包括社会结构理论、社会比较理论、建构主义。

一、社会结构理论与研究生学习获得感

为了对社会结构理论与研究生学习获得感的关系有更全面、清晰的认识，我们先阐述社会结构理论发展过程中的代表流派和观点，以便从思想发展脉络上理解社会结构理论。

（一）社会结构理论的发展历程

在社会结构理论发展之初，以孔德（Auguste Comte）、涂尔干（Émile Durkheim）等为代表的学者，从不同角度阐述社会结构的具体内涵，推动了社会结构理论的丰富和发展，催生出马克思的社会结构理论。基于我国社会学研究的特点，我们将社会结构理论发展历程分为非马克思主义与马克思主义两部分进行阐述。

1. 非马克思主义社会结构理论的发展历程

在研究复杂社会现象的历史过程中，非马克思主义社会结构理论研究学者形成了独特的研究视角，具体体现在以下几个方面：

从阶级分析走向阶层分析。社会分层视角问题是社会学界一直以来的争论热点。随着社会发展的加快，各国社会转型的深入，对变化中的社会结构进行观察、描述和分析是众多社会学家关注的焦点。一般将社会分层分析模式分为阶级分析与阶层分析两种[①]，前者的代表是传统马克思主义的阶级分析模式，阶层分析则以马克斯·韦伯（Max Weber）等人的社会分层分析模式为代表。从二者的联系来看，一般将阶级结构视为社会结构的延伸，将阶层结构视为阶级结构的延伸[②]；从影响范围与流行趋势来看，在当代中国社会学界，源自韦伯等人的社会阶层分析较为流行，其分析视角具有多元性，主张从财富、权利、声望等多个角度对社会结构进行分析。目前，学界已逐渐将非阶级意义上的阶层分析当作社会分层的主要内容。

从生物有机体到社会有机体。社会结构论学者经常以生物有机体类比社会有机体，从而发现、论证社会结构的规律性。这是社会学发展初期的特点，且在该阶段已出现一些十分重要的观点，例如分化与整合、同质性和异质性转化等。学者们从人类社会的内在因素角度探讨社会结构的形成和发展，如孔德尝试从整体与部分的关系角度解释社会结构这一概念，把社会结构视为一个有机整体，该整体与各部分之间存在一种和谐的关系，并且社会有机体与生物有机体有很大的相似之处，都是由有规律的结构组成，如家庭、社区和阶级组成了社会这一有机体。

从社会本位转向个人本位。历代社会思想家一直关注个体与整体的相互关系，并从二者的关系上观察社会，如：社会怎样塑造个体？单独的个体又是如何互相联系并改造社会？在社会学早期发展历史上，以涂尔干为代表的一派学者，强调社会高于个体，个人的主观意识、行为、态度和价值观念都是社会环境的产物[③]；另一派以马克斯·韦伯为代表的学者，强调个人本位，认为个体是社会的组成部分，应

① 戴桂斌：《阶级与阶层：社会分层的两种模式》，《宁夏社会科学》2007年第1期。
② 庞树奇：《普通社会学理论新编》，上海大学出版社，1998，第271页。
③ 黄勇、苏莹荣：《社会情景中的个人及个人行动》，《贵州社会科学》2002年第1期。

该将个体的社会行动视为社会学研究的基础[①]。虽然马克斯·韦伯本人已将研究重点由社会转移到个体上，但受时代的局限，其当时的研究分析大多仍属静态、抽象的分析，此后的学者对其理论进行了进一步拓展，在研究分析中增添了经验性、事实性。

非马克思主义的社会结构理论研究社会现象的独特视角为我们探究研究生学习这一行为现象提供了研究思路：关注研究生个体的学习获得感，这是将教育质量评估转向个人本位；考虑到研究生学习获得感不是单一、独立的变量，从“社会有机体”视角思考，分析和探究个体自身、导师指导、学校环境、课程教学因素对研究生学习获得感的影响。

2. 马克思主义社会结构理论发展历程

在同一时代背景下，马克思在不断地批判与自我批判之中，发现以往社会结构理论的缺陷正是与现实生活的联系不够紧密。理论不是源于现实，便难以解释现实中存在的诸多问题。因此，他对社会结构的论述分析转向历史唯物主义，通过社会现象逐渐深入探究社会本质。马克思及其后来的学者不断丰富发展马克思主义社会结构理论。基于已有学者的分类和我国国情的特点，主要可以将其发展历程分为以下三个阶段。

（1）早期阶段。大部分学者都认为马克思主义社会结构理论的早期阶段是在1842年后，当时马克思在《莱茵报》担任主编并撰写了多篇文章。他对当时的社会、生产、劳动进行了深入观察、分析与研究，并发表相关文章表达个人思想，其中以《关于林木盗窃法的辩论》和《摩塞尔记者的辩护》等文章为标志[②]。在早期阶段，马克思通过论述国家与社会、私有制以及个人利益之间的关系，指出存在一些客观关系支配着个人及个别政权的意志和行动。虽然此时马克思尚未明确指出这种客观关系的内容，但他已经意识到社会生活并非是简单的主观意识活动，社会与国家的关系成为马克思关注的重点，这也成为马克思主义社会结构理论发展的萌芽。

① 刘晶：《新制度主义的理论内核及其对廉政建设制度实践的启示意义》，《东南学术》2013年第1期。

② 殷民娥：《马克思社会结构理论与和谐社会的构建》，硕士学位论文，安徽大学马克思主义学系，2006，第5页。

（2）成熟阶段。马克思主义社会结构理论的成熟，经历了漫长且艰苦的探索过程。早期阶段的探索之后，马克思无暇顾及研究所有的社会关系与社会结构，于是将目光转向关注社会关系中的生产关系，在社会结构中探究社会的经济结构，由此推动马克思主义社会结构理论的发展①。马克思在1845年到1846年所写的《德意志意识形态》，比较完整地提出和概括了他的社会结构理论，论述了人类社会总的结构（生产力—生产关系—政治上层建筑—社会意识形态）及其相互之间的关系，这是马克思社会结构理论体系的初步形成②。在社会结构理论体系初步建立后，马克思展开更加深入的研究，且共产主义运动的失利也促使马克思开始反思，对自己的思想观点做了进一步的检验和完善，通过政治经济学深入批判、剖析经济的奥秘，推动马克思主义社会结构理论不断走向成熟。

（3）中国化阶段。“理论在一个国家实现的程度，总是取决于理论满足这个国家的需要的程度。”③自唯物史观传入中国后，即便是持不同政治立场的先进知识分子，都秉持救亡图存的理想，对唯物史观进行了广泛的介绍和宣传，中国共产党人也开始自觉运用马克思主义社会结构理论指导中国的革命和社会建设事业，这不仅为中国的革命和社会建设事业提供了理论指导，更促使马克思主义社会结构理论在中国大地上取得了新的发展。中华人民共和国成立前，中国的先进知识分子，如李大钊、瞿秋白、李达、陈独秀等人，通过吸收、解读马克思主义社会结构理论思想，明确在阶级社会中，必须依靠人民群众的力量，必须通过阶级斗争和无产阶级专政来解放生产力。正如陈独秀强调“新文化运动影响到产业上，应该令劳动者觉悟他们自己的地位，令资本家要把劳动者当作同类的‘人’看待，不要当作机器、牛、马、奴隶看待。新文化运动影响到政治上，是要创造新的政治理想，不要受现实政治底（的）羁绊”④。

中华人民共和国成立后，党的领导人对中国社会结构的状况进行了多方面的探索，使马克思主义社会结构理论真正开始在中国得到运用和发展。毛泽东深入运用

① 庞树奇：《普通社会学理论新编》，第268页。

② 李青：《论马克思的社会结构理论及其当代价值》，硕士学位论文，内蒙古大学马克思主义学系，2011，第5页。

③ 马克思、恩格斯：《马克思恩格斯文集》（第1卷），第12页。

④ 陈独秀：《陈独秀文章选编》（上），生活·读书·新知三联书店，1984，第516页。

马克思主义社会结构理论解决中国革命的具体问题，强调认清中国社会的性质，指出“认清中国的国情，乃是认清一切革命问题的基本的根据”①。从邓小平强调解放生产力到当前习近平在治国理政理论中提出要协调中央与地方的关系，从而发挥大国的优越性，可以看出以习近平同志为核心的党中央在继续推进马克思主义社会结构理论的中国化。自党的十八大以来，党形成并积极推进“五位一体”建设总体布局和“四个全面”战略布局，且提出了两者协调推进的思想。这两大战略布局相互促进、统筹联动，“深化了我们党对社会主义建设规律和社会有机体各组成要素内在关系的认识和把握，是马克思主义社会结构理论的新形态”②。可见我国在发展过程中既吸收了马克思主义社会结构理论的精华，又推动其在本国土壤上有了新的发展。

研究生学习获得感的提出不是空想唯心主义，而是从唯物史观视角看待研究生切实的学习经历、学习收获，并认识到学习获得感不是绝对的客观存在，因个体主观对客观存在的学习获得具有一定的评价判断，由此生成的学习获得感既具有主观性，也具有客观性。社会结构理论的不同流派，尽管在具体的研究视角、看法、主张上存在一定的差异，但它们对社会现象深层结构与社会关系的探究，有助于我们探究研究生学习获得感背后的组成要素与相关的影响因素。

（二）对研究生学习获得感研究的启示

社会结构理论对社会结构、社会关系的理解，以及对人这一主体重要性的认识，为研究生学习获得感研究提供了启示：研究生学习获得感的形成不是简单的认知变化，而存在着深层的关系交织；其强弱与个体自身主观能动性的发挥具有紧密联系；学习获得感具有社会结构的特点，是动静和谐的主观感受结合体。

1. 学习获得感是关系的映射

社会结构主义主张“社会结构是由人们赖以生存的一整套社会关系所构成的”③。社会结构是关系的结构，处于社会结构中的人是与其相关关系的总和，而

---

① 毛泽东：《毛泽东选集》（第二卷），第633页。

② 夏文斌、张懿：《习近平新时代中国特色社会主义思想是马克思主义中国化的时代典范》，《陕西师范大学学报（哲学社会科学版）》2018年第4期。

③ 李善峰：《“地方性知识”与农村高危人群自杀行为的社会环境——一个基于田野调查的研究报告》，《民俗研究》2017年第6期。

研究生学习获得感也是多种相关关系在心理层面的映射：

一是学习投入与学习产出的关系。研究生学习获得感是学习后的主观感受，需要个体进行学习投入，最后才会获得学习产出。大量研究表明，在控制无关变量干扰的情况下，学生的学习产出（或学习收益）与学习投入成正比[①]，而学习获得感与学习产出的关系还不够清晰。这是因为学习产出只是学习获得，而不是学习获得感，学习获得感不是单一学习产出所对应的产物，它更是学习投入与学习产出整个关系的映射，个体需要在把握自身学习投入与学习产出的基础上，形成最终的学习获得感。

二是总体和部分的关系。部分与整体二元论可以从哲学角度上解读世界的事物，从社会结构领域关系角度看，研究生学习获得感也存在部分与整体这一关系，它是“总”的学习获得感，不是对一个角度、一段经验、一个因素的感知，而是综合了多种关系后的主观感受。

三是主观和客观的关系。一方面，研究生学习获得感是建立在客观实在的学习获得基础上的主观感知；另一方面，对已有的学习获得做出主观感知会受到其他客观因素的干扰，如家庭因素、生活因素等。如有研究表明“家庭月收入越低，学习获得感越少”[②]，这是因为家庭经济条件越差的学生，在学习方面能够获得的经济支持、学习环境支持及可自由支配的学习时间越有限，在一定程度上降低了学习者的学习获得感。

总的来看，研究生学习获得感是研究生经历学习过程后，立足于实在学习获得的主观感知，这种主观感知是投入与产出、整体与部分、主观与客观等多重关系在心理层面的映射。

2．研究生是学习活动的主体

马克思认为人是社会有机体的主体，反对将“社会有机体视为脱离主体而存在的自在客体”[③]。正是这些在自然界从事实践活动的人，相互交往，构成了社会有

① 李梦颖、刘子超：《在校大学生学习性投入的调查与研究——对南京林业大学本科生的抽样调查》，《北方经贸》2017年第3期。

② 石梦希、杨青松：《心理资本对大学生学习获得感的影响：感恩的调节作用》，《衡阳师范学院学报》2020年第6期。

③ 黄刚：《从马克思社会有机体理论透视社会建设的哲学意蕴》，《理论与改革》2008年第4期。

机体，社会有机体才有存在的价值。研究生不是抽象的概念，而是现实的人，是社会有机体中的人，也是学习活动的主体。研究生学习获得感不是凭空而来的，也不是教育者、学校直接强加在研究生身上的，而是研究生通过充分发挥自身在学习活动中的主体作用获得的，所以研究生要正确看待自身在学习活动中的地位与作用。

研究生学习获得感是在整个学习活动后的主观感受，而学习活动三阶段论与研究生学习获得感的高低密切相关。学习活动开展前的准备工作是否妥当，会关乎随后学习活动的开展是否顺利，这是整个学习活动开展的关键。研究生在这一阶段的学习掌握情况，直接与最终的学习获得挂钩。学习活动后的延伸拓展与反思总结，也有利于研究生学习获得感的延续。在学习活动开展的不同阶段中，其主要的学习目标和重点略有不同，但共性是需要研究生正确认识自身主体性地位，充分发挥学习主动性，如在学习前充分查找阅读相关文献，学习中积极主动地与导师、同学进行沟通，学习后复盘总结等，充实的客观学习活动体验将为学习获得感的生成奠定基础。

3．学习获得感是动与静的和谐

社会结构理论研究者对不同社会的结构模式有着不同的看法，但能达成一个共同的认识，即社会结构是动态与静态的平衡，它的静态是暂时性的均衡，随着社会成员的流动、新知识的增长、社会分工的出现等，社会结构都会发生动态的变化[①]。研究生学习获得感同样具有社会结构的特点，即是动静和谐的主观感受。一方面，具有静态终结性。横向探究研究生学习获得感，学习获得感是个体对自身当下做出的一种自我评判，具有静态性、终结性。另一方面，具有动态生成性。纵向上，站在不同时间点对同一阶段的学习获得进行评判，所生成的学习获得感会存在些微差异，这是因为从“获得”到“获得感”是一个内化、转变、提升的过程，需要主体自觉参与其中[②]。由此可见，研究生学习获得感是研究生主体在参与客观世界的学习后，自我综合评估的主观感受，正是因为主体意识观念的加入，它不是简单静态地由某些要素构成，而是处于一个动态生成过程，兼具静态终结性和动态生

① 庞树奇、范明林：《普通社会学理论》（第三版），上海大学出版社，2000，第260页。

② 潘建红、杨利利：《习近平“人民获得感思想”的逻辑与实践指向》，《学习与实践》2018年第2期。

成性。

因此，我们在认识研究生学习获得感的时候，要理解它是关系集合的产物，由研究生主体感知判断，又由于其既具有静态终结性，也具有动态生成性，因此我们需要辩证地认识。在教学实践过程中，教育者不只要注重提供客观的物质资源，如改善学校环境、改进课堂教学等，还需要关注研究生个体的身心状态，引导其形成正确的归因模式，从而更加理性客观地看待自己的学习收获，从而生成更强的学习获得感。

二、社会比较理论与研究生学习获得感

学习获得感是个体对自身学习需求得到满足后的综合感知，个体在感知学习获得状态的过程中，难免会与他人或过往的自己进行比较，而比较结果直接影响个体主观学习获得感的高低。在社会比较理论研究者看来，任何社会行为的发展和改变，都与社会比较相联系。因此，从社会心理学中的社会比较视角探讨研究生学习获得感这一社会行为的产生与发展，是非常有必要的。

（一）社会比较理论发展历程

美国社会心理学家费斯廷格（Leon Festinger）最早在1954年提出了社会比较理论，认为人具有想拥有能清楚评价自己能力和观点的能力的动机，如果不能通过客观途径达到目的时，人们往往倾向于在和相似他人的比较中来评判自己的观点和能力[①]。之后，沙赫特（Stanley Schachter）等学者不断丰富社会比较理论，将费斯廷格的经典社会比较理论，从能力、观点维度拓展到情绪领域，如伍德在1996年认为社会比较是一个思考与自我相关的他人的信息的过程，这个过程包括：获取社会信息，该信息可以来自相似的他人，亦可来自想象中的他人；思考社会信息，指观察和思考他人与自己的相似点和不同点；对社会信息做出反应，这一阶段涉及到一系列认知、情感和行为反应[②]。经过60多年的理论和实证研究，社会比较理论已经发展成为一个完整的理论体系，且在随后的几十年内，广泛地应用在各个领域。

---

① Festinger L., “A Theory of social comparison Processed,” *Human Relation* 7（1954）: 117-140.

② 张兴贵：《青少年学生人格与主观幸福感的关系》，博士学位论文，华南师范大学心理学系，2003，第76页。

随着研究的进一步深入，各国学者的研究关注点主要集中在比较动机、比较标准、比较效果。

1．关注动机的社会比较理论

一般认为社会比较的动机主要有三种——正确进行自我评价、有效实现自我满足、努力实现自我进步。泰勒（S. E. Taylor）等人在1996年的文章中讨论了第四种比较动机——合群需求，指在受到威胁的情况下，人们会设法寻求与自己相似处境的他人形成联盟，主要目的在于评估自己的情绪状态[①]。从不同动机出发产生的社会比较行为，通常会形成三种模式：上行比较、平行比较和下行比较。

向上比较是指在一个特定的方面，将自己与比自己更幸运、更有能力或更强的人进行比较，如孔子曰“见贤思齐焉”，个体此时往往追求自我提高。通常来看，“个体在未受威胁的情境下一般习惯于进行上行社会比较”[②]。平行比较是指“个体倾向于与自己能力和观点相似的他人进行比较”[③]，因为相似的他人可以提供更多真实、有效的信息，从而帮助个体了解自己的观点和能力，此时个体往往是在追求正确进行自我评价。自我评价动机的主要目的是实现自我界定和自我了解，个体只有在与他人进行适当的比较之后，才能更加准确地了解自我。如果既没有客观标准，也没有相似的他人进行比较，那么个体对自己的观点和能力评价是不稳定、不精确的。下行比较是指将自己与不幸运、能力较弱或无能力的人进行比较，个体此时的内在动机通常是追求自我增强。下行比较对个体有着较好的调整作用，能增强其适应能力，因为下行比较是个体与比自己水平低的其他个体就某一方面进行社会比较，有利于维持比较主体的幸福感和自尊水平。相关研究发现“高自尊者在上行比较中倾向于产生同化效应，其自我评价得到提升；而低自尊者在下行比较中会提升其自我评价，产生对比效应”[④]，尤其是当在学业、生活、工作方面遭遇失败等

① 黎琳：《大学生的社会比较与情绪健康》，博士学位论文，华东师范大学心理学系，2006，第11页。

② Gerber, P.J., Wheeler, Ladd., Suls, Jerry, “A social comparison theory meta-analysis 60+ years on,” *Psychological Bulletin* 2 (2018): 177-197.

③ 邢淑芬、俞国良：《社会比较研究的现状与发展趋势》，《心理科学进展》2005年第1期。

④ Aspinwall L.G, Taylor S.E, “Effects of social comparison direction, threat, and self-esteem on affect, self-evaluation, and expected success,” *Journal of Personality and Social Psychology* 5 (1993): 708-722.

消极生活事件时，个体会更倾向于和比自己处境更差的人比较，以此来维持其自尊和主观幸福感。

2．关注标准的社会比较理论

社会比较的结果会受到所选择的比较标准的影响。大部分学者将比较标准分为绝对和相对两个维度，基本可以概括已探究与尚待探究的所有标准对象。个体常用于进行比较的标准一般限于下述三类。而在实际社会比较过程中，个体通常是在认知层面进行反复、多维度比较，如将自己和他人过去的表现先进行纵向对比，再进行横向对比。

（1）横向与他人比较。

横向与他人进行比较是比较标准中最为常见的一种。人们生活在社会中，在构建比较标准时，一方面会选择同一社会群体中的相似他人，如同年龄层次的他人进行比较，这是因为个体在面临“危机”或“问题”时，需要寻找共同的群体来获取归属感，通过以他人为参考坐标明确自身的处境，并积极寻求下一步的发展出路。另一方面是与自己不相似的他人进行比较，通过“反面”比较确认自己目前的状态，从而加强自我评定的可信度。横向与他人比较作为一种社会比较的辅助手段，可以帮助个体认识自我。

（2）纵向与过去比较。

纵向与自己过去或早期生活的同等行为比较，能够让个体在现实处境的对比中获得强烈的感触。1977年艾伯特（S. Albert）通过对费斯廷格的社会比较理论的概念转换，建立了自己的“时间比较理论”①，将时间比较看成是社会比较的一个补充。如果个体现在的学习获得感要明显高于过去某一时间节点的自己，通常会使个体对过去某一时间节点到现在这一阶段中的学习行为持有较高的赞同。这一比较标准以客观现实为参考对象，将自己当前的客观状态与过去的客观状态进行比较。但这种比较标准也不存在绝对性，因为个体学习获得感的高低，与个体当下生活的客观现实条件没有必然关系。通过与过去的学习获得感状态相比较来明确当下学习获得感的高低程度，这一比较标准也反映了社会比较的相对性。

---

① 丁倩：《社交网站使用对青少年自我评价的影响：基于社会比较理论》，博士学位论文，华中师范大学心理学系，2017，第5页。

（3）现实与理想比较。

心理学家马斯洛把人的需要分为五个层次，其中最为基础的需要是生理需要，最高层次的自我实现需要则是理想层面、精神层面的追求。这种划分方式跟古德莱德的课程五层次论也有相通之处。在古德莱德的观点中，学生对课程的感知来自个体的经历与体悟，理想化的课程与学生切实感知的课程之间存在差距。个体生存的意义不仅在于满足当下的生理需要，也在于追求理想化的生活。因此，社会比较不仅可以跟过去做比较，也可以跟理想处境进行对比。但现实与理想比较所产生的落差，最终带给个体的是积极影响还是消极影响，则具有不确定性。这是因为落差作用的发挥与更多因素有关，如落差的大小、落差的可实现性等。

3．关注效果的社会比较理论

学界一般将社会比较产生的结果分为同化效应（assimilation effect）与对照效应（contrast effect）。同化效应是指个体的自我评价随社会比较的进行而与比较目标相趋同的现象，对照效应是指个体对自我的评价随社会比较的进行而与比较目标相背离的现象[①]。根据前文所述的比较动机和比较效果，可知在理论状态下，当上行比较发生同化效应时，个体的自我评价与比较目标相趋同，从而使个体对自己未来的发展持较为肯定、积极的态度，有助于激发其自信心，带来较为愉悦的情绪，帮助个体维持稳定的行为模式；当上行比较发生对照效应时，个体的自我评价与比较目标相背离，会使个体对自己未来的发展持较为消极的态度，间接影响到个体的进一步行为。

但现实生活中的不同比较效应远复杂于理论模型，社会比较动机、类型与比较标准、比较内容等对应关系的不确定，以及外在影响因素的不可控，使得个体最终产生的对比效应难以确定。我国关于社会比较的研究起步较晚，而且已有研究的重点之一在于探讨社会比较与其他因素对个体心理产生的综合影响。如梁静通过两个实验研究了社会比较与控制感对青少年幸福感的影响，结果发现："无论在现在的时间维度下，还是在未来的时间维度下，比较方向对幸福感的影响没有必然的对应关系，其影响作用不显著。"[②]并且，大量的研究也反映更多的变量，如人格中的

① 李光普：《社会比较研究概况》，《科教导刊（中旬刊）》2011年第4期。

② 梁静：《社会比较与控制源对青少年幸福感的影响》，硕士学位论文，西南大学心理学系，2006，第27页。

自尊、自信等变量也影响着最终的比较效应。

从社会比较理论来看，个体处于复杂的社会环境中，出于内部动机需要，个体会不自觉地进行社会比较。研究生处于学校与社会环境中，同样会自觉或不自觉地进行社会比较。这是因为研究生身心发展已经较为成熟，他们一脚踏在学校，在大学校园中学习，一脚踏入社会，以社会现象、问题为研究对象；当处于复杂且不断变化的环境，研究生需要主动地了解外部环境、进行社会比较，从而获得更多信息，帮助其做出决策。在校园环境中，研究生个体更多的是进行学习比较，通过横向与他人、纵向与自己、现实与理想等不同比较方式，帮助个体更好地确定自身学习状态，从而调整、修改学习规划，以促进个体在研究生学习生涯中收获更多成果。

（二）对研究生学习获得感研究的启示

本书以研究生为研究群体，以研究生学习获得感为研究对象，发现社会比较理论的核心思想与研究生学习获得感有共通之处，主要体现在以下几点：

1．研究生学习必然存在比较

社会比较理论认为，个体具有评价自己的内驱力，在缺乏客观的、非社会标准的情况下，人们往往借助与他人的比较来完成自我评价。受自我评价内驱力的影响，研究生个体会不自觉地进行比较，以确定自身的学习状态。一是研究生会主动进行学习比较。研究生学习行为的展开、学习活动的推动主要受自身因素的影响，当研究生不确定自己接下来的学习计划和方向，或处于高压力、新变化、竞争性强的环境中时，出于调动自我学习动机、明确自身学习规划、了解当前学习状态的需要，其会主动进行比较，以判断自己目前的学习情况。二是研究生会被动进行学习比较。个体生活在社会环境中，在与他人的社会互动中生存并发展。教育教学活动和学习活动是社会性活动，社会性学习本身就存在社会比较。无论是评优评先，还是评分排名，外部的社会环境都需要对学习者进行比较。当发展机会与人数不是等额时，受社会大环境的影响，学习者需要与他人进行比较，从而适应社会环境。由此可见，社会比较存在于社会生活的方方面面，研究生学习活动也难以避免。因此，由学习获得主观感知生成的学习获得感也带有社会比较性。

2. 社会比较影响学习获得感

社会比较的内容包括价值、道德、能力等各方面的比较，对比较主体而言，比较结果既可能带来正面情绪，也可能带来负面情绪。当要求研究生自评学习获得感高低程度时，研究生已经在认知上和过去的自己、现在的同伴进行了比较。由此可知，研究生学习获得感受社会比较影响。

在认知层面开展的社会比较，由于分类标准的不同，也存在差异，如按照比较对象分为自我比较和他人比较，按照比较内容分为物质比较和精神比较。比较的类型虽然不一，但可以确定的是比较结果会影响学习者的学习获得感。一方面，比较形成的相对获得感有助于增强研究生学习获得感。相对获得感是指个体或者群体将自己的实际获得与相似或者同等条件的参照群体进行比较之后，对自身获得优势情况的感知体验及伴随产生的正向情绪感受①。相对获得感对比较前的学习获得感具有一定的增强作用，学习获得感与比较后所带来的正向情绪相结合，会融合形成新的学习获得感。可以说学习获得感与社会比较主观情绪有关。另一方面，比较形成的相对剥离感会降低已有的学习获得感。相对剥夺感是指当人们将自己的处境与某种参照物相比较后，发现自己处于劣势时所产生的受剥夺感②，从而降低原本的获得感，使个体产生消极情绪。不论研究生采取何种比较标准，最后比较得到的相对获得感或剥离感都会对原先的学习获得感产生影响。

3. 学习获得感的绝对与相对

费斯廷格的经典社会比较理论认为，唯有客观、具体的自我评价尺度不存在时，社会比较才会发生。而之后的学者认为，即使存在客观尺度，社会比较也会发生。这是因为人们对自己的某一特征进行评估时，往往不是如实按照评估标准进行评估，由于个体认知存在差异，对评估标准的理解也存在差异，据此做出的判断评价并不能达到绝对真实或客观。社会比较具有绝对性和相对性，尽管比较标准的出现反映了比较存在绝对性，但更多人认为相对性更显著，这是因为个体接受、采纳的比较标准随现实世界的变化而不断发生变化。

---

① K.Kawakami, K. L. Dion, “Social Identity and Affect as Determinants of Collective Action: Toward an Integration of Relative Deprivation and Social Identity Theories,” *Theory & Psychology* 4 (1995): 551-577.

② 默顿：《社会理论和社会结构》，唐少杰、齐心译，译林出版社，2006。

研究生学习获得感也存在绝对性和相对性，基于之前哲学、心理学、社会学的讨论，可以发现学习获得感的形成基础是客观事实，这是学习获得感生成的起点，无论以何种尺度衡量，这一客观事实确实存在，所以无法回避学习获得感的绝对性。只是研究生在绝对、客观的标准基础上生成的学习获得感，会因个体主观意识的选择和理解，导致最终感知的学习获得感与最初的感知存在差异。之所以强调相对的、主观的学习获得感，是因为研究生学习离不开与社会和外界的接触，关注研究生学习的相对性会促使我们更加尊重研究生个体的需要和主观意识；关注研究生学习的绝对性则会推动教育教学等朝着更加务实的方向发展。

研究生学习必然存在比较，由此生成的学习获得感受相对获得感、相对剥夺感的影响，因此我们需要关注学习者的身心状态，帮助其形成正确、积极的得失观和荣辱观，这有助于研究生在面临失败、挫折时，选择勇往直前、迎难而上。多样化的比较标准与比较方式，有助于研究生在反复比较中了解自己的学习收获，从而更好地制订学习规划。因此，当前研究生培养应注重引导研究生学会辩证地看待学习成果，使其能够从中反思提炼出更多的学习经验，从而不限于当前的成就，追求更高的学习获得感。

三、社会建构主义与研究生学习获得感

社会建构主义，又称科学知识社会学、社会建构论，主张个体在社会文化背景下借助各类工具和符号，通过与他人的互动、社会的协商，在“内在自下而上的知识”的基础上，转换、吸收外来“自上而下的知识”，主动建构自己的认知与知识，实现“有意义的社会建构”[①]，而研究生学习获得感的形成也是客观体验与主观感知建构生成的主观感受。

（一）社会建构主义发展历程

20世纪下半叶以来，在后现代主义潮流的推动下，建构主义思潮在西方人文社会科学领域较为盛行，为哲学、教育学、史学、心理学等学术领域的发展提供了新的思路，推动各学科学派百花齐放。要理解社会建构主义及其对研究生学习获得感

① 刘晓峰：《基于社会建构主义学习理念的教师角色定位》，《湖南农业大学学报（社会科学版）》2008年第6期。

研究的启示，须先了解该理论的发展脉络。

1．理论发展

古希腊时期，苏格拉底、柏拉图的教学理念就蕴含着建构主义思想的雏形。苏格拉底的教育教学主张，便是教师通过提问、追问，引导学生思考、讨论，从而使学生在与外界互动的过程中，主动建构知识。柏拉图认为真理是靠理性而不是感性认识来把握的。这些观念都强调了知识来源于理性建构[①]。尽管苏格拉底、柏拉图等早期先哲的思想主张蕴含着建构主义思想元素，但还不够成熟。近代西方哲学的认识论转向和启蒙运动的发展，催生了建构主义思想的萌芽，其中以康德、维科和黑格尔为代表。18世纪早期意大利哲学家维科在他的《新科学》中便表明“真理是被制造出来的”，康德也指出“理智的（先天）法则不是理智从自然界得来的，而是理智给自然界规定的”[②]，主张知识来源于个体的思维建构。近代西方哲学家们开始追求理性的知识建构，尽管依然存在唯心主义的弊端与不足，但他们为后来建构主义理论体系的完善与社会建构主义的发展提供了新的研究方向。

在黑格尔之后，伴随19世纪末的学科分化，建构主义思想被引入到多个学科领域，在心理学、教育学、历史学、人类学、社会学、文化研究、修辞和文学研究等领域都出现了不同形式的建构主义，甚至有学者认为，有多少个建构主义者，就有多少种建构主义理论。这是因为所有的建构主义者都坚信：“知识不是由认知主体被动获得，而是由认知主体主动建构的结果。”[③]受启蒙运动、现代主义思潮、后现代主义思潮等影响，米德（George Herbert Mead）的符号互动论、维果茨基（Lev Vygotsky）的辩证发展与建构主义、索绪尔（Saussure）的结构主义等可视为是社会建构论的前奏及阶段性成果，而皮特·伯格（Peter Ludwig Berger）和托马斯·卢克曼（Thomas Luckmann）在1966年出版的《现实的社会建构》明确提出“社会建构”（social construction）一词，因此被学术界视为社会建构论的奠基之作。以社会建构为思想基础展开的主题研究涵盖社会的各方面，旨在凸显人的主体性在各领域的作用与意义，哲学家哈金（Ian Hacking）在《社会建构什么》

---

① 冒从虎主编《欧洲哲学通史》（上卷），南开大学出版社，1985，第101-113页。

② 康德：《任何一种能够作为科学出现的未来形而上学导论》，庞景仁译，商务印书馆，1982，第93页。

③ 陈威：《建构主义学习理论综述》，《学术交流》2007年第3期。

一书中列举了24项社会建构研究的不同主题，可见当时社会建构主义思潮的盛行。菲利普（Philips）把当代建构主义分为心理（学）上的建构主义和社会（学）上的建构主义，并提出了当代建构主义的二阶分类（如图2-3-1所示）。

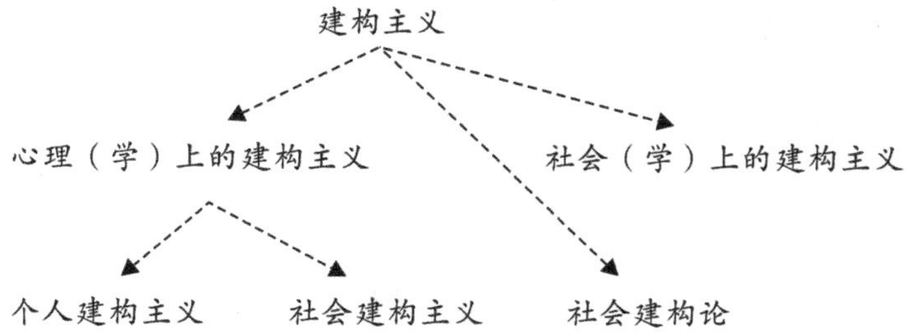

图2-3-1　建构主义的二阶分类

20世纪70年代，随着对社会学研究的深入发展，部分学者将科学知识视为研究主题，他们将建构主义思想引入对科学知识的内容分析，开启了科学知识社会学（the Sociology of Scientific Knowledge，简称SSK）的研究浪潮。科学知识社会学突破了古典知识社会学的局限，将建构主义纲领纳入对科学知识内容的分析，部分学者主张用社会因素解释技术的有效性，有时被称之为新康德式的建构主义①。

2. 基本主张

上文我们对社会建构主义发展历程进行了简要的介绍，可见社会建构主义理论研究主题甚广，总体来看它们的基本主张可概述如下：

（1）肯定性主张。

其一，肯定知识是社会建构生成的。社会建构主义认为知识，尤其是社会科学的知识，是一种社会建构，是人们在社会生活中“发明”出来的，而不是通过所谓的客观方法“发现”的。皮亚杰（Jean Piaget）虽主张知识是建构出来的，但其提出同化、顺应、图示理论，指出个体学习知识的过程是内在建构的过程。但社会结构理论认为知识的建构不是内在的，而是外在的，是社会建构、人际互动的结果。因此，社会建构主义以social constructionism为名称，而非constructivism，以显示其观点与皮亚杰等建构主义者的观点的差异。

其二，肯定人格、态度、情绪等心理现象是文化历史的产物，是社会建构的结

① Sismondo S., “Some social construction,” *Social Studies of Science* 23（1993）：515-553.

果。社会结构理论学者认为在不同的场合，人们存在不同的行为表现，在这个场合自信、健谈的人，在另一个场合可能会腼腆、心虚，这说明个体的外在行为是和情景相联系的，是人际互动的结果。人格、态度、情绪等心理成因不是某种稳定的存在，而是动态的“过程性存在”，是特定文化的话语的建构①。

其三，肯定语言为思维表达提供了基础。社会建构主义认为建构是社会的建构，而不是个体的建构。社会建构的过程是通过语言完成的，因此该理论十分关注对语言的研究。在他们看来，语言本身就存在着情绪、意志、动机等范畴，如我国对汉语词汇分褒义词、贬义词与中性词，在运用语言表达思想的时候，我们受限于语言本身的含义，不断地选择合适且准确的表达方式。这说明语言既为我们认识世界和自身提供基础，也约束着我们的思维表达。

其四，肯定知识具有相对性。社会建构理论认为心理学的知识是相对的，认为心理学的研究是对现有的心理生活形式进行历史和文化的分析，然后找出其产生的社会原因，所以心理学家应该看到心理学知识、结论的相对性，因为研究结论本身是一种社会建构的产物，只对特定社会存在适用或不适用两种情况。

其五，肯定语言的作用。社会建构主义大体上可分为社会学的社会建构主义、后现代的社会建构主义和新实在论的社会建构主义，而“这三种形式的建构主义的共同点是都承认语言/话语在现实的社会建构中的中心重要性”②。所以，社会建构理论认为心理学家应该着重分析话语与行为的内在联系，从而挖掘是哪些话语通过其操作特点导致行为的产生。与其他社会建构理论的经验纲领相比较，“文本和话语分析没有直接去解构科学知识的合理性，而是间接地通过解构自然科学和社会科学文本和话语的合理性达到解构科学合理性叙事的目的”③。

（2）否定性主张。

其一，反对经验主义和实证主义。社会结构理论肯定语言为思维表达提供了基

① 况志华：《人性观的后现代转向对心理学研究范式的冲击》，《南京理工大学学报（社会科学版）》2006年第4期。

② Hruby G.G, “Sociological, postmodern, and new realism perspective in social constructionism: Implications for literacy research,” *Reading Research Quarterly* 1 (2001): 48-62.

③ 赵万里：《科学的社会建构——科学知识社会学的理论与实践》，天津人民出版社，2001，第279页。

础，因此认为事实是通过语言“建构”的，是社会互动的产物和协商的结果。经验主义、实证主义者则坚持一种经验信条，认为通过经验方法（如观察等）就可以获得“客观真理”，这使得他们无法接受有关社会结构这一客观外部实体的预设。这在科学研究层面上是不合适的，因为没有不变的知觉、经验和事实，也没有一成不变的理论范式。

其二，反对本质主义。本质主义主张世间万事万物存在一个普遍的本质或定义，人们可以在多样性中发现统一性，在个性中挖掘共性，尤其是在人的心理研究领域。但社会结构理论认为人并不存在内在、恒定的普遍本质，所谓的人的内在本质实际上是特定历史时代的认识论建构，是社会建构的产物。

其三，反对基础主义。社会建构主义反对心理学中的基础主义观点，认为不存在一个所谓的心理现象的普遍基础，任何心理现象都是社会建构的产物①；主张人的认识活动是一种社会性行为，个体的认识与文化、历史存在密切联系，所以没有恒定不变的客观基础。

其四，反对个体主义。个体主义是传统西方心理学的一个典型特征，即心理学研究者从个体本身的内在因素中寻求心理或行为的原因②。而受马克思关于人的本质论述的影响，社会建构主义反对心理学的个体主义传统，主张人格、态度、情绪等心理成因是由社会生活的人际互动构成的。

虽然社会建构理论的肯定性、否定性主张繁多，但其核心观点在于建构，不认同本质、单一属性，认为知识的获得是对话协商的结果，所谓对话协商，不但是学习者的自我对话协商，更是学习者与外部环境、学习对象等的对话协商，是一种“社会性的对话”。研究生学习获得感不等同于研究生的学习获得，前者是在后者的基础上建构生成的。同样，研究生学习获得感也不是独立于社会之外的自我感知，尽管其客观性来源于实在的学习获得，主观性来源于自我感知，但同样也会受到外界的影响。因为学习活动本身就是社会性活动，由此而取得的实在获得即具有社会性，而对学习获得的主观感知，会受到同伴学习成就、导师学业要求（期望）

① 张文江、伍小东、葛万华：《对社会建构主义心理学的初步探讨》，《社科纵横》2007年第3期。

② 叶浩生：《现代心理学的困境与出路》，《国外社会科学》2002年第4期。

等因素的影响，因此所建构生成的学习获得感也带有社会性。

（二）对研究生学习获得感研究的启示

不同学派的社会建构主义学说在学习理论上的最大共同点就是形成了独特的知识观、学生观和学习观，而基于社会建构主义的学习理论在核心思想上与研究生学习获得感的构建、发展有着内在联系。

1. 学习获得感来源于社会的意义建构

社会建构主义认为，“知识是在人类社会范围里，通过个体间的相互作用及其自身的认知过程而建构的，是一种意义的建构”①。这一观点强调个体获得知识具有三大特性。

一是建构性。知识的获得不是呆板的刺激反应形成联结的过程，而是有个体参与且依赖于个体主观性发挥而掌握的过程。研究生的学习过程不是直接将学习材料、学习内容往大脑上“安装”，学习获得感的高低也不是将学习材料量化后的产物。知识学习需要研究生运用已有的知识体系对新知识进行消化、吸收，最终完成知识的建构；学习获得感也需要研究生结合自身实际情况与学习过程、学习结果，最终对学习获得形成综合感知。

二是社会性。研究生的学习不是“单打独斗”，“独学而无友，则孤陋而寡闻”，这句话适用于各阶段的学习活动，尤其适合研究生。这是因为研究生开展的研究性学习活动，离不开研究对象，而不同学科、不同主题的研究所指向的研究对象又有所不同，有时是物，有时是人，但不管研究对象是人还是物，都需要研究生与社会展开互动。尤其是大部分研究生缺乏足够的社会经历，需要借助多方资源才能与研究性学习的目标构成联系，所以说研究生的学习过程是社会性互动的过程，而研究生学习获得感也不可避免地带上了社会性。

三是意义性。一方面，研究生学习获得感的意义性是学位制度的内在规定，研究生与大学生、中学生等指代学生的用词的区别，就在于“研究”二字。最终授予研究生对应的学位是肯定其学习期间的研究发现为其学科发展提供了新的观点或帮助。另一方面，研究生学习获得感与有意义学习理论相通。意义的建构过程是人的

---

① 郑东辉：《社会建构主义学习理论述评》，《宁波大学学报（教育科学版）》2004年第6期。

内部认知与外部环境交互行为的共同作用的结果①。奥苏贝尔强调有意义的学习是建立在已有认知结构与学习材料的联系基础上，而以罗杰斯为代表的人本主义学习理论强调有意义的学习不局限于认知与学习材料的联系，更关注学习内容与整个人（全人）的联系，由此可见学习本身是有意义的建构过程，尤其是研究生这一学习群体，单靠简单的死记硬背、机械式的学习，难以应对研究性学习的需要。

2. 研究生应在社会情境中发挥主动性

社会情境是学习者进行互动的重要场所。学习者通过与社会情境互动、与其他学习者互动，在互动交流的过程中增进自己对知识的理解，促进自身学习。而研究生在社会情境中需要充分发挥主动性，这是由学习获得感的生成逻辑所决定的。

首先，学习获得感来源于研究生自身的内在学习需求。无论是依据马克思主义关于人的自由全面发展理论，还是马斯洛的需要层次说，我们都可以得出学习者的主观需求是获得感生成的内在推动力。因此，研究生需要正确认识自己的处境，明确自身的真实心理需求，然后在现实处境与预期需求之间，充分发挥主动性，使自己投入到学习实践过程中。

其次，学习获得感来源于学习过程中的客观实际获得。不同学者对获得感的定义、解释存在差异，但大多认同获得感以具体实践为依据。而研究生客观、实在的获得，一方面来自学业上的收获与进步，如学分绩点的提高、科研论文的发表等，另一方面来自生活上阅历见识的增长与提升，如第一次申请项目、参与高级别学术会议论坛、实现人生的突破等。无论是哪方面的实在获得，都是在社会环境中充分发挥主动性所得，也都是研究生学习获得感产生的客观基础。

最后，学习获得感来源于研究生主观的综合感受。获得感，本质而言应当是一种个体的、主观的心理感受，反映个体对外部环境的体验，特别是个人需求的实现程度，所以必然存在积极与消极两种情感感知。受学习者内在需求激发的学习主动性，使个体在与社会环境互动中有客观获得，但最后形成的主观感受取决于学习者自身的综合判断。不同学习者在取得同一学习成果时的内心感受不一，而本书所主张的研究生学习获得感更倾向于是正向的心理感受，能否获得这一正向、积极的心

① 任磊、杜一、马帅、张小龙、戴国忠：《大数据可视分析综述》，《软件学报》2014年第9期。

理感受，是否拥有足够的主动性是一个重要影响因素。

3．学习活动是社会协商过程

在社会建构理论中，社会协商是社会建构主义解释学习的一个重要概念，指个体通过与社会之间的互动、中介、转化，以建构、发展知识来学习①。

研究生学习获得感的生成离不开社会协商这一过程。一是因为学习活动本身就存在协商。研究生开展学习活动一方面可以自我协商，比如在学习时间、学习方式、学习目标等条件上，通过这一方式，达到个体身心的和谐状态。举例而言，研究生在梳理已有研究后，对研究的核心概念做出明确界定，使研究思路更加清晰、明朗，即是一种自我协商。另一方面，研究生可以与外界协商，这里的外界主要是指非自身的其他条件，如论文发表刊物级别的选择等。与外界的社会协商是研究生学习活动的主要内容之一。这是因为真实的日常生活，很少是脱离一定的情境单独存在的，研究生的学习活动离不开与导师、同学、研究对象等打交道，所以需要在社会协商中寻求生活与学习的和谐统一。二是话语等中介在社会协商中占据重要作用。社会建构主义理论和维果茨基的社会文化理论都将协作或对话过程视为教育过程的核心②。学习活动本身就存在协商，无论是自我协商，还是与外界协商，都需要借助以话语为代表的中介工具。研究生开展学习活动离不开话语这一工具，理解作者的观点、表达自己的观点，都需要以话语建构预设的意义，可以说对话是研究生开展学习活动或社会协商的主要途径。因此，研究生的学习不只是社会性活动，更需要不断地进行社会协商。在这一互动过程中，凭借通过社会协商开展的研究性学习活动，个体最终生成学习获得感。

① 郑东辉：《社会建构主义学习理论述评》，《宁波大学学报（教育科学版）》2004年第6期。

② 肯尼·J. 杰根：《社会建构和教育过程》，载莱斯利·斯特弗、杰里·盖尔主编《教育中的建构主义》，高文译，华东师范大学出版社，2002，第14-19页。

第三章 研究生学习获得感现状考察

认识研究生学习获得感的演进、本质特征及理论基点之后，我们有必要进一步考察研究生学习获得感的现状，以便对研究生学习获得感有深入实在的了解。在本研究中，我们通过具有可靠性和科学性的自编问卷“研究生学习获得感问卷”，深入考察和分析研究生学习获得感的现状，发现研究生学习存在的问题，并为解决问题提供科学依据和现实基础。

第一节 “研究生学习获得感问卷”的编制

本研究主要探讨研究生的学习获得感，观测研究生学习获得感的基本情况、不同类型研究生学习获得感的差异、各影响因素与研究生学习获得感的相关性。

若要了解、掌握研究生的学习获得感情况，进行较大规模的问卷调查是效率最高、可行性最强的方法。因此，需要针对研究生学习获得感这一研究对象制订出符合我国文化情境、能反映时代要求的测量工具。在本研究中，“研究生学习获得感问卷”的编制流程如下：首先，研究团队在文献分析、事先访谈、咨询教育学与心理学专家的基础之上，尝试建构出研究生学习获得感的理论框架，并借鉴相关问卷，由此设计题项。其次，通过试测对自编问卷进行探索性因素分析，依据试测结果调整问卷题目，确定“研究生学习获得感问卷”的维度结构与组成题项，并验证每一维度的题项和总体问卷的信效度。

一、“研究生学习获得感问卷”的题项设计

在正式编制“研究生学习获得感问卷”前，研究团队先按目的抽样选择广东省S市9名全日制学术型硕士研究生、一名研究生导师、两名研究生管理者、两名兼有研究生导师和管理者双重身份者进行半结构化一对一访谈。受访研究生包含男性两名，女性7名，涵盖文、理、工科。S市依托于粤港澳大湾区，作为中国特色社会主义先行示范区，处于迅速发展阶段，在S市选取研究对象具备一定的典型意义。

访谈由研究人员主持，由专人使用手机和录音笔同时对访谈内容进行录音以确保访谈资料的完整，避免录音文件丢失。研究人员在访谈开始前先向访谈对象说明

研究目的及注意事项，确保所有访谈录音均得到访谈对象允许，并承诺不会泄露任何个人信息。每个样本访谈时长约为1小时，信息饱和即停止访谈。访谈录音由研究人员于当日采用“讯飞听见语音转写平台”进行文本转录，再由研究人员根据访谈录音对文本材料进行二次修正，同时标记出重点内容。访谈文本以“姓氏首字母—访谈（Interview）—访谈地点—访谈时间”格式进行命名。例如，“G-I-D-1105”表示：G研究生于11月5日在宿舍接受的访谈文本材料。

访谈旨在了解研究生学习获得感的关键影响因素。以学生访谈为例，访谈内容涉及：与导师的交流情况及对导师指导的态度；对学校资源的态度与评价；自身与学习相关的行为；自身认知获得及可能原因；自身情感获得及可能原因。文本分析采用持续对比分析法，研究人员根据访谈提纲在文本中搜寻访谈问题回答模式。例如，在“与导师的交流情况及对导师指导的态度”部分，研究人员先从文本中搜寻与该部分相关的段落与语句，得出第一次文本分析结果：导师指导方式、导师指导内容、导师榜样作用、导师课题资源。之后持续进行以上步骤，逐步修正和完善文本分析结构，直至全体研究人员认为无须调整为止。整个文本分析过程有三名研究人员参与，通过重复分析并进行比对，最后经由集体研讨确定内容分类并编码，就研究生学习获得感的内涵、结构及影响因素达成初步的一致意见。

此外，研究团队整理“学习体验”“学习收获”“学习投入”“学生主观幸福观”“学习满意度”“Sense of learning gains”“student satisfaction”“learning well-being”等相关领域的已有文献，深入了解并掌握关键理论，在此基础上制订问卷题项并完善。研究团队也邀请了教育学、心理学专家提供问卷修改建议，并对问卷语言进行斟酌和润色。

经过上述步骤，形成有83个题项的初版“研究生学习获得感问卷”，包括“研究生学习获得感现状分问卷”（51题）与“研究生学习获得感影响因素分问卷”（32题）。初版“研究生学习获得感现状分问卷”设置了5个维度，分别为：自信感（11题）、愉悦感（10题）、希望感（10题）、导生亲和感（10题）、同伴亲近感（10题）。初版“研究生学习获得感影响因素分问卷”设置了4个维度，分别为：导师指导因素（7题）、课堂教学因素（6题）、学校环境因素（10题）、个体自身因素（9题）。“研究生学习获得感问卷”采用Likert 5点量表进行计分，从

"非常符合"到"很不符合"依次记5到1分。以"研究生学习获得感现状分问卷"总分为研究生学习获得感的评价指标，分数越高表示研究生学习获得感越强。为不影响研究生填写问卷时的真实判断，研究人员在发放问卷中使用问卷别名"研究生学习情况调查问卷"。

二、"研究生学习获得感问卷"的试测

研究团队通过文献梳理、事先访谈、借鉴相关问卷，尝试建构出研究生学习获得感的理论框架和影响因素，并由此设计每个维度的题项。尽管如此，自编问卷必须通过信效度检验，才能用于广泛的调查和分析，因此"研究生学习获得感问卷"的试测是关键环节。

（一）试测对象

研究人员在广东省S大学的在读研究生中进行随机抽样，试测对象的学科专业遍布工学、文学、艺术学、理学、教育学等10个学科门类。本次试测共回收问卷1972份，其中有效问卷1508份，无效问卷464份，回收有效率76.47%。在有效问卷中：男性661名，占43.83%；女性847名，占56.17%。学术型硕士研究生705名，占46.75%；专业型硕士研究生789名，占52.32%；博士研究生14名，占0.93%。在1494名硕士研究生中，硕士一年级研究生693名，占46.39%；硕士二年级研究生521名，占34.87%；硕士三年级研究生280名，占18.74%。试测对象的年龄主要集中在21到25岁。本研究的试测共分两轮，按照数据回收时间顺序命名，因此第一轮试测的回收数据称为样本一（如表3-1-1所示）。

表3-1-1　样本一学生特征统计（N=1508）

变量	选项	数量	比例
性别	男	661	43.83%
	女	847	56.17%
攻读学位类型（仅硕士研究生）	学术学位	705	46.75%
	专业学位	789	52.32%
攻读学位层次	硕士	1494	99.07%
	博士	14	0.93%

（二）统计分析

对于“研究生学习获得感问卷”的试测结果，研究团队采用SPSS 26.0和AMOS 26.0软件对回收的有效数据进行项目分析、探索性因素分析、信度分析、验证性因素分析和效度分析。根据信效度检验要求，项目分析、探索性因素分析及信度分析均通过使用试测回收样本的数据样本一完成，验证性因素分析、结果效度的分析则通过使用正式施测回收样本数据完成。“研究生学习获得感现状分问卷”与“研究生学习获得感影响因素分问卷”的各项分析均分开独立进行，但为方便读者阅读，本书将两个分问卷的信效度检验合并说明。

三、“研究生学习获得感问卷”的修订

（一）项目分析

项目分析采用第一轮试测回收的样本一数据进行。将样本一中“研究生学习获得感现状分问卷”的得分相加获得总分，对总分进行由高到低的排列。对题项—总分的分析显示，所有题项—总分相关值均在0.400以上。同时，所有题项在高分、低分组均有显著差异（$P<0.001$），且决断值（Critical Ratio，简称CR）均大于3.00，说明83个题项均具有良好的区分性和鉴别度。经上述分析，暂时保留所有83个题项。

（二）探索性因素分析

通过KMO检验和巴特利特球形检验，才可得知检验数据是否适合进行因素分析。检验结果显示，样本一中，“研究生学习获得感现状分问卷”试测数据的KMO值为0.983，同时$P<0.001$（达到显著水平）；巴特利特球形检验的近似卡方为64759.596，自由度为1275。“研究生学习获得感影响因素分问卷”试测数据的KMO值为0.972，同时$P<0.001$（达到显著水平）；巴特利特球形检验的近似卡方为32647.059，自由度为496。（见表3-1-2）可见样本一数据适用于因素分析。

表3-1-2　“研究生学习获得感问卷”KMO检验与巴特利特球形检验

检验对象	KMO值	巴特利特球形检验 Sig.
“研究生学习获得感现状分问卷”试测数据	0.983	0.000
“研究生学习获得感影响因素分问卷”试测数据	0.972	0.000

*编者注：基于统计学的数据精确度，表中的0.000不约为0，以下全书同。

在“研究生学习获得感现状分问卷”中，研究人员对51个题项采用主成分分析法提取因子，并用最大方差法进行旋转，生成特征值大于1的因子5个，累积方差解释率66.038%。从主成分特征的碎石图（图3-1-1）中也可见，曲线在第5个因子后逐渐趋于平缓。

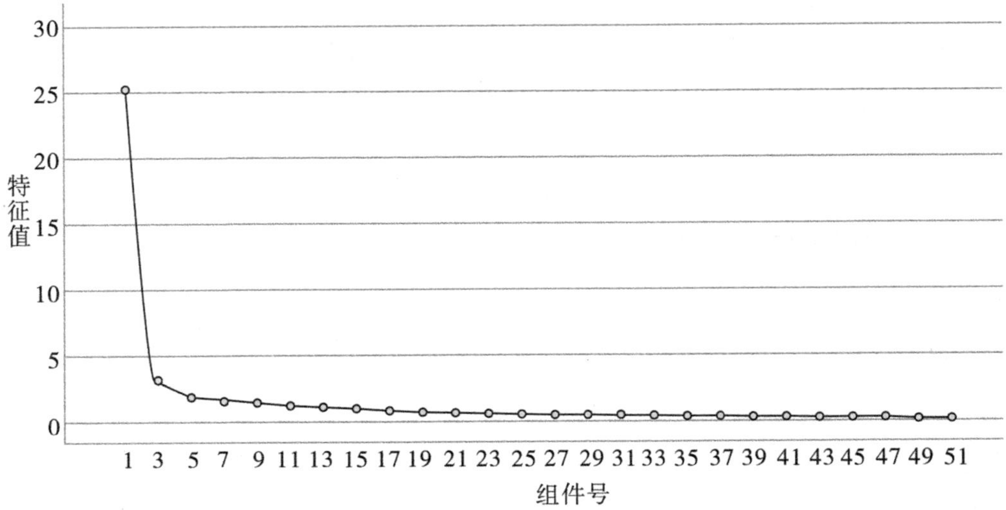

图3-1-1　“研究生学习获得感现状分问卷”主成分特征碎石图

针对部分维度与题项混乱的情况，研究团队在确定因子数量后，基于最大方差法旋转后的成分矩阵结果对题项进行删减调整，标准有二：（1）最大载荷小于0.450的题项需要删除；（2）存在双重负荷的题项需要删除（如同时在两个因子上的负荷值大于0.400）。每删除一个题项，均须重新进行探索性因素分析，根据最新一次的探索性因素分析结果确定下一轮需要删减的题项。此外，尝试删除因子内与其他题项内容关联度低或重复度高的题项，同时保证每个因子至少包含3个题项。这一过程由研究团队共同商讨完成。经过上述步骤后，最终删除T4、T6、T8等24个题项，剩余27个题项。研究者对剩余的27个题项再次进行探索性因素分析，结果显示：KMO=0.966，巴特利特球形检验x^2=28 035.401，df=351，P<0.001，累积解释69.329%的变异量。

表3-1-3　“研究生学习获得感现状分问卷”探索性因素分析结果

题项	维度				
	因子1	因子2	因子3	因子4	因子5
T23.导师鼓励我	0.817				
T2.与导师感情好	0.803				
T36.导师关心我的生活	0.794				
T15.与导师交谈愉快	0.777				
T50.导师因我进步而开心	0.688				
T31.有什么困难愿意寻求导师的帮助	0.687				
T37.希望将知识学以致用		0.721			
T41.愿意投入更多精力		0.678			
T38.所学内容很有价值		0.671			
T35.希望有更多科研成果		0.643			
T19.感受得到专业的意义		0.596			
T22.学术研究对个人发展有益		0.575			
T27.收获了同学情谊			0.769		
T20.和研究生同学关系和睦			0.738		
T12.研究生同学友善			0.718		
T30.有同学不会感到孤独			0.710		
T7.和亲近的研究生同学无话不说			0.680		
T40.有学习困难，同学会帮我			0.628		
T11.专业能力比大多数同学强				0.835	
T26.在专业学习上有成就感				0.647	
T13.能达成学习目标				0.646	
T45.是一名合格的研究生				0.643	
T28.坚信有能力取得好成绩				0.617	
T17.研究能力得到提升				0.499	
T3.全身心投入学习时会感到充实					0.722
T1.期待上专业课					0.685
T5.享受学习过程					0.604

由表3-1-3（为方便阅读，表中仅显示大于0.450的负荷值，下同）可见，“研究生学习获得感现状分问卷”的5个因子结构清晰，各指标均良好。因子1包括6个题项，主要反映研究生与其导师的相处情况和关系状态，因此将这一因子命名为“导生亲和感”。因子2包括6个题项，主要显示研究生对所学专业、学术研究意义与价值的判断，因此将这一因子命名为“希望感”。因子3包括6个题项，主要反映研究生与同学之间的相处情况和关系状态，因此将这一因子命名为“同伴亲近感”。因子4包括6个题项，主要显示研究生在学习和科研中的正向自我认知，是对自身能力和水平的肯定，因此将这一因子命名为“自信感”。因子5包括3个题项，主要反应研究生在学习过程中的沉浸、愉悦状态，因此将这一因子命名为“愉悦感”。“研究生学习获得感现状分问卷”最终形成，共包含5个维度27个题项。

在“研究生学习获得感影响因素分问卷”中，研究人员对32题采用主成分分析法提取因子，并用最大方差法进行旋转，生成特征值大于1的因子5个，累积方差解释率65.263%。从主成分特征的碎石图（图3-1-2）中也可见，曲线在第5个因子后逐渐趋于平缓，与预期设想结构有一定出入，须进一步调整。

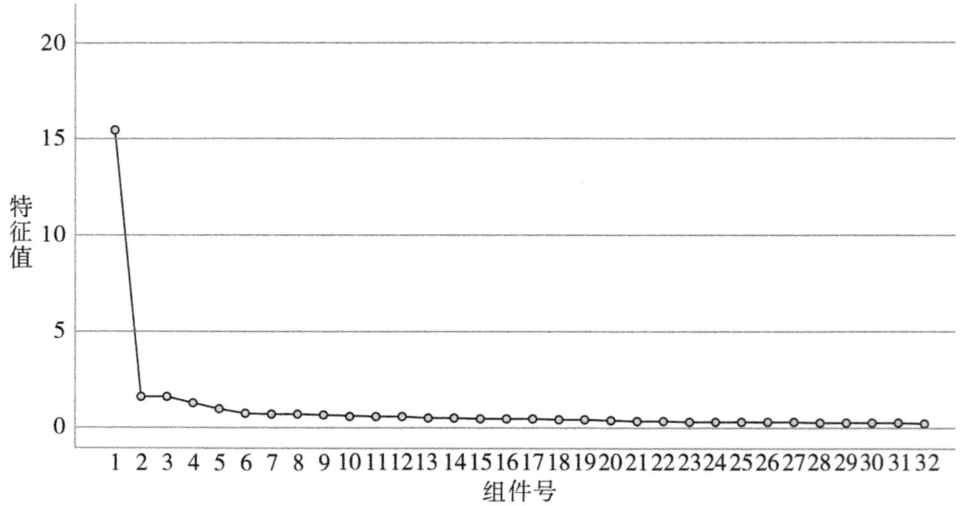

图3-1-2　“研究生学习获得感影响因素分问卷”主成分特征碎石图

确定因子数量后，基于最大方差法旋转后的成分矩阵结果对题项进行删减，标准同上所述，这一过程由研究团队共同商讨完成。经过删减调整后，最终删除T2、T5、T6等10个题项，剩余22个题项。研究者对剩余的22个题项再次进行探索性因素分析，结果显示：KMO=0.958，巴特利特球形检验x^2 =20 362.165，df=231，P<0.001，累积解释69.584%的变异量。

表3-1-4 “研究生学习获得感影响因素分问卷”探索性因素分析结果

题项	维度			
	因子1	因子2	因子3	因子4
T21.我会自学对本专业有帮助的知识	0.771			
T20.我常常反思自己学习上的不足	0.729			
T18.我会从自己身上寻找失败的原因	0.687			
T25.我会主动完成导师布置的学习任务	0.682			
T27.我总能乐观地面对学习上的困难	0.678			
T24.我会定期制订详细的学习计划	0.651			
T3.导师经常会与我进行学术交流		0.782		
T16.导师给予了我参与课题研究的机会		0.725		
T11.导师会定期组织学术例会		0.724		
T14.导师会引导我做好学习规划		0.712		
T26.在学习过程中，导师总会及时给我有效反馈		0.668		
T29.导师在学术上对我很严格		0.574		
T31.学校提供了多样的外文电子资源			0.715	
T13.学校提供了多样的中文电子资源			0.712	
T32.学校的后勤服务十分到位			0.704	
T12.学校有充足的学习场所，如讨论室、实验室等			0.702	
T1.学校的学术讲座资源很充足			0.575	
T22.学校周边环境为学生的交流学习、实习等提供了便利			0.478	
T4.导师上课讲的内容都很有趣				0.810
T9.导师会运用多种教学方式进行教学				0.661
T17.导师在课堂上经常与我们互动				0.644
T30.各任课老师布置的学习任务都有助于我提高科研能力				0.590

由表3-1-4可见，“研究生学习获得感影响因素分问卷”最终的4个因子结构清晰，各指标均良好。因子1包括6个题项，主要反映学生自身在研究生阶段中展现出

的个体学习特征，因此将这一因子命名为“个体自身因素”。因子2包括6个题项，主要反映研究生在学期间其导师的综合指导情况，因此将这一因子命名为“导师指导因素”。因子3包括6个题项，主要反映研究生对所属学校客观软件、硬件环境的满意度评价，因此将这一因子命名为“学校环境因素”。因子4包括4个题项，主要反映研究生对所修课程任课教师的课堂教学情况的评价，因此将这一因子命名为“课堂教学因素”。“研究生学习获得感影响因素分问卷”最终形成，共包含4个维度22个题项。

（三）“研究生学习获得感问卷”的信度分析

问卷的信度主要通过测算Cronbach’s α系数体现，具体结果见表3-1-5。

表3-1-5　“研究生学习获得感问卷”各因子及总体信度

因子		题项数量	同质性信度（Cronbach’s α）
研究生学习获得感现状分问卷	导生亲和感	6	0.924
	希望感	6	0.903
	同伴亲近感	6	0.885
	自信感	6	0.883
	愉悦感	3	0.763
	总计	27	0.957
研究生学习获得感影响因素分问卷	个体自身因素	6	0.886
	导师指导因素	6	0.889
	学校环境因素	6	0.862
	课堂教学因素	4	0.867
	总计	22	0.949

在“研究生学习获得感现状分问卷”中，“导生亲和感”“希望感”“同伴亲近感”“自信感”“愉悦感”五个维度的同质性信度在0.763~0.924之间，分问卷的总体内部一致性系数为0.957，说明“研究生学习获得感现状分问卷”具有较高的信度。

在“研究生学习获得感影响因素分问卷”中，“个体自身因素”“导师指导因素”“学校环境因素”“课堂教学因素”四个维度的同质性信度在0.862~0.889之间，分问卷的总体内部一致性系数为0.949，说明“研究生学习获得感影响因素分问卷”具有较高的信度。

（四）“研究生学习获得感问卷”的验证性因素分析

“研究生学习获得感问卷”的验证性因素分析采用正式施测回收的样本（N=3541）数据进行。

对“研究生学习获得感现状分问卷”进行验证性因素分析。根据探索性因素分析的结果，将研究生学习获得感现状的因子数量设定为5，采用结构方程模型对其进行验证性因素分析。模型拟合指标显示，x^2/df=20.508，RMSEA=0.032，RMR=0.032，GFI=0.862，CFI=0.899，TLI=0.887，IFI=0.899，SRMR=0.045，PGFI=0.716。（见表3-1-6）在这些指标中，GFI、CFI、TLI、IFI的值越接近1，则模型的拟合度越好；RMSEA、RMR、SRMR的值小于0.100接近于0，则表示模型的拟合度可接受；PGFI的值大于0.500，则说明模型拟合适配良好。可见，“研究生学习获得感现状分问卷”模型拟合的各项指标除卡方自由度比外均达到测量学要求。

表3-1-6　“研究生学习获得感现状分问卷”的模型拟合指标

模型拟合指标	x^2/df	RMSEA	RMR	GFI	CFI	TLI	IFI	SRMR	PGFI
数值	20.508	0.032	0.032	0.862	0.899	0.887	0.899	0.045	0.716

对“研究生学习获得感影响因素分问卷”进行验证性因素分析。根据探索性因素分析的结果，将研究生学习获得感影响因素的因子数量设定为4，采用结构方程模型对其进行验证性因素分析。模型拟合指标显示，x^2/df=20.532，RMSEA=0.074，RMR=0.036，GFI=0.891，CFI=0.907，TLI=0.893，IFI=0.907，SRMR=0.0482，PGFI=0.708。（见表3-1-7）在这些指标中，GFI、CFI、TLI、IFI的值均接近1，可见模型的拟合度较好；RMSEA、RMR、SRMR的值小于0.100接近于0，可见模型的拟合度可接受；PGFI的值大于0.500，可见模型拟合适配良好。综上，“研究生学习获得感影响因素分问卷”模型拟合的各项指标除卡方自由度比外均达到测量学要求。

表3-1-7　“研究生学习获得感影响因素分问卷”的模型拟合指标

模型拟合指标	x^2/df	RMSEA	RMR	GFI	CFI	TLI	IFI	SRMR	PGFI
数值	20.532	0.074	0.036	0.891	0.907	0.893	0.907	0.0482	0.708

针对卡方自由度比偏大的情况，研究团队分析如下：卡方值极易受样本数量影响，当样本数较大时，卡方值相对会偏大，因此可以考虑其他适配度统计量①。本研究正式施测的样本超过1000份，属于大样本，因此卡方自由度比稍超出标准属正常情况。通过验证性因素分析可见，“研究生学习获得感问卷”的模型拟合程度比较理想。

（五）“研究生学习获得感问卷”的效度分析

在内容效度方面，“研究生学习获得感问卷”的设计经过规范的研究程序，通过专家的审阅和修订：首先，通过参考、借鉴中外文献确定研究生学习获得感的概念。其次，在参考相关文献基础上，搜集访谈资料。最后，借鉴学生主观幸福感、学习满意度等相关测量工具编写题项，并邀请专家进行审阅。上述措施在一定程度上保证了本问卷尽可能全面而真实地测量研究生学习获得感现状，切实提升了内容效度。

在结构效度方面，“研究生学习获得感现状分问卷”的验证性因素分析结果显示，“导生亲和感”“希望感”“同伴亲近感”“自信感”“愉悦感”5个维度设置合理。计算总分后对数据进行相关分析，具体结果见表3-1-8。各维度与总分相关系数的范围在0.825~0.884，属于强相关，各构成概念内涵相近，各维度两两之间相关系数范围为0.598~0.769。但各维度与总分的相关系数均大于维度之间的相关系数，说明各个维度之间在存在共性的同时还存在一定的差异，同时各维度与总体概念的一致性也较高。

① 吴明隆：《结构方程模型——AMOS的操作与应用》（第2版），重庆大学出版社，2010，第233页。

表3-1-8　“研究生学习获得感现状分问卷”结构矩阵

维度	现状总分	导生亲和感	希望感	同伴亲近感	自信感	愉悦感
现状总分	1					
导生亲和感	0.828***	1				
希望感	0.884***	0.618***	1			
同伴亲近感	0.833***	0.598***	0.652***	1		
自信感	0.866***	0.611***	0.743***	0.630***	1	
愉悦感	0.825***	0.571***	0.769***	0.621***	0.708***	1

“研究生学习获得感影响因素分问卷”的验证性因素分析结果显示，“个体自身因素”“导师指导因素”“学校环境因素”“课堂教学因素”4个维度设置合理。计算总分后对数据进行相关分析，具体结果见表3-1-9。各维度与总分相关系数范围为0.831~0.863，属于强相关，各维度两两之间相关系数的范围在0.526~0.691。各维度与总分的相关系数均大于各维度两两之间的相关系数，说明各个维度之间存在共性的同时也存在一定的差异，同时各维度与总体概念的一致性较高。

表3-1-9　“研究生学习获得感影响因素分问卷”结构矩阵

维度	影响因素总分	个体自身因素	导师指导因素	学校环境因素	课堂教学因素
影响因素总分	1				
个体自身因素	0.831***	1			
导师指导因素	0.839***	0.583***	1		
学校环境因素	0.836***	0.604***	0.526***	1	
课堂教学因素	0.863***	0.665***	0.624***	0.691***	1

“学习获得感”是一个兼具教育、心理内涵的新兴学术词语。研究团队经过项目分析、探索性因素分析、信度分析、验证性因素分析、效度分析以及两轮施测，得到了研究生学习获得感的五个主要构成因素和四个关键影响因素。综上所述，“研究生学习获得感问卷”具有较好的理论构想和信效度指标，可以作为进一步探究研究生学习获得感的有效工具，具有一定的实际使用价值。

第二节 研究生学习获得感描述性分析

本研究认为，研究生学习获得感包含导生亲和感、希望感、同伴亲近感、自信感、愉悦感五个维度，研究生学习获得感影响因素包含个体自身因素、导师指导因素、学校环境因素、课堂教学因素四个维度。经过调整和修订，本研究进一步将"研究生学习获得感问卷"作为测量研究生学习获得感的有效工具进行使用，以求全面深入地分析研究生学习获得感。本节将主要针对研究回收数据对当前研究生学习获得感的具体情况做描述性分析。

一、调查对象与过程①

研究团队在全国范围内对在读硕士研究生与博士研究生进行了随机抽样调查，共回收问卷4691份，其中有效问卷3541份，无效问卷1150份，回收有效率75.48%。在有效问卷中，男性研究生775名，占21.89%；女性研究生2766名，占78.11%。硕士研究生3264名，占92.18%（其中，全日制研究生3001名，占84.75%；非全日制研究生263名，占7.43%。若按学位类型区分，则学术型硕士研究生1493名，占42.16%；专业型硕士研究生1771名，占50.01%）；博士研究生277名，占7.82%（其中，学术型博士研究生158名，占4.46%；专业型博士研究生119名，占3.36%）。有效问卷中学生的样本信息如表3-2-1所示。

① 特此感谢协助本问卷设计开发与试测、正式施测的西南大学张家军教授、华东师范大学胡耀宗主任、华南师范大学王健主任、深圳大学研究生院李科浪老师、深圳大学心理学院迟新丽教授、深圳大学教育学部刘树生老师、深圳市莲花小学郑玉平博士等各位专家老师。

表3-2-1　正式施测样本学生特征统计（N=3541）

变量	选项	数量	比例
性别	男	775	21.89%
	女	2766	78.11%
培养模式（仅硕士研究生）	全日制	3001	84.75%
	非全日制	263	7.43%
攻读学位层次	硕士	3264	92.18%
	博士	277	7.82%

在数据录入前，研究人员先行剔除无效问卷，以保证研究数据和结论的真实性、可靠性和有效性。有效问卷的标准是：（1）无缺漏基本信息或题项答案；（2）题项答案不带有明显的规律性；（3）同质或互斥题项答案协调一致。研究人员对有效问卷进行统一编号，将数据全部录入电脑。同时，研究人员也保留全部有效与无效问卷以备后续的核查需要。

二、研究生学习获得感总体分析

将正式施测回收的有效数据样本全部导入EXCEL表格，再使用SPSS 26.0软件进行详细分析和处理，分析结果如下。

（一）研究生学习获得感总体现状

研究生学习获得感是指研究生在学习过程中，因各项学习需求得到满足，享有一定的学习、科研实在获得后，产生的一种正向、积极的主观感受。经过描述性统计分析可以得出数据样本反映的研究生学习获得感的总体情况，各维度的均值、中位数及标准差（如表3-2-2所示）。研究生学习获得感的均值为102.86（满分为135），略低于其中位数值，单题均值为3.81。这说明，当前研究生学习获得感总体处于一般水平，仍有较大的提升空间，必然存在一些关键问题亟待发现和解决。

表3-2-2　研究生学习获得感数据分析

项目	导生亲和感	希望感	同伴亲近感	自信感	愉悦感	研究生学习获得感现状
满分	30	30	30	30	15	135
均值	22.86	23.51	23.71	21.43	11.35	102.86

（续表）

项目	导生亲和感	希望感	同伴亲近感	自信感	愉悦感	研究生学习获得感现状
中位数	23	24	24	22	11	103.00
标准差	4.536	3.907	3.959	3.788	1.983	15.421

在满分为30分的四个维度中，同伴亲近感的均值最高（M=23.71），单题均值达到3.95；其次是希望感（M=23.51），单题均值为3.92；再次是导生亲和感（M=22.86），单题均值为3.81；最后是自信感（M=21.43），单题均值仅为3.57。在满分为15分的愉悦感维度中，均值为11.35，单题均值为3.78。

五个维度大致可以分为三个层级，第一层次为同伴亲近感及希望感，第二层次为导生亲和感和愉悦感，第三层次为自信感。

第一层次的同伴亲近感及希望感，样本数据总体处于中等偏上水平，在五个维度中得分较高。参加测试的研究生的同伴亲近感及希望感单题均值得分均接近于4.00（问卷采用5点计量法，且全为正向题），可见当前研究生的同伴亲近感及希望感总体处于中等偏上水平，即研究生与其他同学能保持较为和谐、亲密的关系，有较为密切的互动与交流。同时，研究生对所学专业和当前正在进行的科学研究抱有积极肯定的态度，愿意在接下来的学习与科研中继续投入更多的时间与精力。

第二层次的导生亲和感和愉悦感，样本数据总体处于一般水平，在五个维度中得分也处于中等水平。参加测试的研究生的导生亲和感和愉悦感单题均值得分分别为3.81和3.78，与研究生学习获得感单题均值得分接近，都处于中等水平。可见，研究生与其导师的相处模式较为合理，导生关系较融洽，但仍存在一定的沟通交往壁垒。有以本科生和研究生为研究对象的调查发现，学生的交互行为（包括学生与教师、学生与学生等的交互，以及学生之间的分享、协助、评价等行为）对其学习满意度有直接影响作用[①]。本研究发现，研究生在同学关系上的获得感属于第一层级，处于中等偏上水平，而在导生关系上的获得感属于第二层级，仅处于一般水平。在研究生的学院关键人际关系中，学生与导师的亲和感低于与同学、同伴的亲近感，这一点需要引起重视。“知之者不如好之者，好之者不如乐之者”，从愉悦

① 李宝、张文兰、张思琦、赵姝：《混合式学习中学习满意度影响因素的模型研究》，《远程教育杂志》2016年第1期。

感维度的数据可知，研究生在攻读硕士、博士学位期间能产生出一定程度的愉悦感，部分学生可以做到“乐中学”，但要成为真正的“乐之者”恐怕还有一定的路要走。

第三层次的自信感，样本数据则总体处于中等偏下水平，在五个维度中得分最低，甚至未达到“优”，可见当前研究生在自信感上的问题较为突出。虽然研究生与导师、同学的关系较为和谐和融洽，对学习生活和科研生涯也有较高的幸福感和满意度，但仍缺乏信心。研究生缺乏自信的原因可能有很多，如：因未获得成绩荣誉或科研成果而没有成就感；面临“Peer pressure（同侪压力）”，在比较中自我认知降低；因未得到良好的研究能力训练而认为自己不是一名合格的研究生；等等。研究生的自信感是其产生学习获得感的重要保证，是其在面对学习、科研上的挫折时克服困难的关键支撑，是其真正投入学习的必要保障。因此，研究生自信感的提升是研究生学习获得感提升中最为根本的一环。

接下来将依次对五个维度及其题项进行深入的描述性分析。

（二）研究生的导生亲和感

研究生导师肩负培养德智体美劳全面发展的社会主义事业建设者和接班人的重大任务，要“做研究生成长成才的指导者和引路人”[①]。本研究发现，在导生亲和感维度中，6个题项的均值在3.50 ~ 4.03之间（详见表3-2-3）。

6个题项中，“当我取得进步时，导师会替我开心”题项的得分均值大于4.03，可见导师在研究生取得进步时普遍会采取鼓励的态度，并清晰地向学生输出积极的情感支持。“我和导师能愉快地交谈”“导师经常鼓励我”两个题项的得分均值虽未达到4.00，但也处于中等偏上水平。这反映出目前研究生与导师之间的交流情况较为良好，导生关系平等，研究生能感受到来自导师的鼓励和关心。在“我和导师的感情很好”这一题项上，研究生也给出了较高的分数。

导师指导对研究生的学习获得感形成具有关键影响，这种影响贯穿研究生培养的全过程，不仅体现在知识的传授、研究方向的指引、论文的指导与监督中，还广泛存在于导师与研究生的交往中，导师自身的价值观、学术素养、人格特性等

① 刘林：《研究生导师立德树人职责与实现途径探究》，《思想教育研究》2018年第5期。

都会对研究生产生深远影响[①]。2019年*Nature*杂志全球博士生调查数据显示，有21%的受访博士生对自己与导师的关系感到不满意，49%的博士生称他们每周与导师单独相处的时间不到一个小时，甚至有24%的受访者表示如果可以重来他们会更换导师[②]。但从本研究所得数据来看，国内研究生与导师相处融洽和谐，研究生感知到的导生亲和感整体处于良好水平，尽管数据也显示了良好导生关系建设中的部分缺憾之处——“如果我有什么困难，我不会介意寻求导师的帮助”“导师会关心我的生活”两个题项的得分均值相对较低。部分研究生在遇到困难时，可能碍于导师权威、导师事务繁忙等因素，又或是自己不愿主动交流，而较少与导师进行沟通。

表3-2-3　导生亲和感各题项均值、标准差与中位数

题项	均值	标准差	中位数
当我取得进步时，导师会替我开心	4.03	0.838	4.00
我和导师能愉快地交谈	3.95	0.845	4.00
导师经常鼓励我	3.94	0.908	4.00
我和导师的感情很好	3.87	0.866	4.00
如果我有什么困难，我不会介意寻求导师的帮助	3.57	0.962	4.00
导师会关心我的生活	3.50	0.964	4.00

师生之间的相互支持与全面的交往（如师生之间的交往延伸至非学术领域）是决定研究生指导成功最重要的两个因素[③]。在导生亲和感维度中，通过分析数据我们可以发现部分导师更关心学生的学习、科研生活，对学生的课外与校外生活关心较少。这一发现与已有研究存在相似之处。有研究表明，当前研究生导师的指导偏向学术领域，对学生的生活关心不够，而学生对导师的期望不仅仅是学术上的指导，还有生活上的建议、指导，以及心理与情感上的引导等[④]。还有研究通过调查

---

① 黄明福、王国玉：《新形势下工科研究生与导师的关系研究——以北京理工大学为例》，《学位与研究生教育》2015年第8期。

② 王传毅、王宇昕：《博士生自我认知、培养环境与学术职业选择——基于2019年*Nature*全球博士生调查数据的实证研究》，《国家教育行政学院学报》2020年第3期。

③ Johnson W.B., Nelson N., “Mentor-protégé relationships in graduate training: some ethical concerns,” *Ethics & Behavior* 9, no.3 (1999): 189-210.

④ 龚丽、李志、刁黎：《硕士研究生与导师沟通的现状及对策》，《教育探索》2009年第6期。

发现，有99.02%的导师认为自己了解研究生的学习情况，而研究生认同导师很了解自己学习和思想情况的仅占33.39%[①]。全面的交往意味着导师应当对研究生个人情况及近期动态有一定的了解，从而更好地进行有针对性、个性化的指导和指引。对研究生而言，导师亦师亦友。导师在帮助学生在学术道路上前进的同时，也要对学生的生活、心理状态和问题持有高度的关注。如果导师能够以一种民主、和谐的方式与研究生交往，增强情感交流，相信研究生在学业表现、学术成果产出及学习获得感上也能获得更好的表现。

（三）研究生的希望感

“志不立，天下无可成之事”。通过分析数据可以发现，在希望感维度中，6个题项的单题得分均值在3.78～4.32之间（详见表3-2-4）。其中，“我希望未来能将专业知识学以致用”一题的得分最高，得分均值高达4.32。“学术研究对我个人的发展很有益”“我觉得我现在所学的内容很有价值”“我感受得到所学专业的重要意义”三个题项的分值处于中等偏上水平。希望感的题项均反映出研究生的专业认同感水平。专业认同感是学习者对所学专业在认知了解的基础上内心产生的接受和认可程度，是反映研究生专业满意度和投入度的重要指标[②]。可见，多数研究生对于所学专业的价值和意义有着正向的理解，积极肯定专业方向的理论意义和实践意义，同时也希望继续在本学科领域钻研与探究，专业认同感整体处于较高水平。赵嘉路、贾晓明也提出，个人获得感是“读博过程中博士生的学习收获和成果”，个人获得感和个人转化能力是影响博士生专业认同的内部促进因子，它们由博士生在读博期间培养和获得，同时促进博士生专业认同的发展[③]。这种专业认同感和希望感有助于研究生学习获得感的产生，研究生学习获得感的提升也能够有效带动专业认同感和希望感的提高，共同构建起一个相互促进、螺旋上升的积极循环过程。

---

① 姚利民、朱黎旻：《研究生培养现状调查与分析》，《高等教育研究》2013年第11期。
② 王顶明、刘永存：《硕士研究生专业认同调查》，《中国高教研究》2007年第8期。
③ 赵嘉路、贾晓明：《促进博士生专业认同的影响因素探究》，《学位与研究生教育》2020年第2期。

表3-2-4 希望感各题项均值、标准差与中位数

题项	均值	标准差	中位数
我希望未来能将专业知识学以致用	4.32	0.725	4.00
我有希望取得更多的学术研究成果	3.90	0.893	4.00
学术研究对我个人的发展很有益	3.87	0.845	4.00
我觉得我现在所学的内容很有价值	3.84	0.866	4.00
我感受得到所学专业的重要意义	3.80	0.904	4.00
我愿意花更多时间和精力进行学术研究	3.78	0.841	4.00

虽然研究生的自信感整体偏低，但研究生在“我有希望取得更多的学术研究成果”上的单题得分均值达到3.90，非常接近于4.00。可见，多数研究生对于学术产出有着较高的正向自我预期，对自我的期待和要求较高。这或可反映研究生大多具备一定的研究能力，有一定数量的学术研究正在逐步推进，这是非常积极的现象。与此同时，我们也需要思考，研究生为何会出现对产生学术科研成果充满希望和期待但自信感却普遍偏低的情况，其根本原因究竟为何。范皑皑、季楚煊、柴亦林的研究发现，科研时间投入与产出呈现出倒U型关系，而非简单的正相关关系[①]。当前，发表科研成果对硕士研究生与博士研究生来说都非易事，从提出研究问题、开展实施研究、撰写论文到投稿等每一个环节都需要投入大量的时间与精力。在尝试让自己的科研学术成果得到公开认可的过程中，研究生的自信心可能也受到论文须屡次修改甚至退稿等情况的打击，这可能是导致研究生希望感偏高而自信感却偏低的重要因素。

（四）研究生的同伴亲近感

联合国教科文组织（UNESCO）积极倡导培养学生“学会认知、学会做事、学会合作、学会生存”四种能力[②]，强调了与同伴交流、互助、合作的重要性。在同伴亲近感维度，6个题项的得分均值在3.68～4.19之间（详见表3-2-5），同伴亲近感这一维度也是所有五个维度中均值与单题均值最高的维度。

① 范皑皑、季楚煊、柴亦林：《时间累积与时间分配：学术型硕士的时间投入对科研产出的影响研究》，《江苏高教》2020年第7期。

② 国际21世纪教育委员会：《教育——财富蕴藏其中》，联合国教科文组织总部中文科译，教育科学出版社，1996，第75-76页、第82-85页。

乐于助人是个人良好品德的重要表现，同时也是社会主义核心价值观中个人层面“友善”的具体体现。对于研究生而言，培养乐于助人、友善互助的学习氛围十分重要。这样的互助氛围不仅能促进个人良好品德的培养，在学习上也能实现双赢互促。“研究生同学都对我很友善”“我和研究生同学的关系和睦”两个题项的得分均值均超过4.00，“读研期间，我收获了不少同学情谊”“如果我有学习困难，研究生同学会尽力帮我”两个题项的得分均值均接近4.00。从数据可以看出，研究生的同伴亲近感水平较高，同伴互助的行为为研究生带来了和谐的关系和情谊。国外有研究显示，同伴之间的相互支持、交流与沟通等都有利于学生自信感、幸福感、学习满意度的提升[①]。国内也有调查研究发现，同学关系对学术型研究生的创新能力具有正向的积极影响[②]。拥有良好同伴亲近感的研究生在读研期间较少感到困难和孤独，在遇到学习、科研困难时更易从同伴处得到援助，同时也能更好地与同学进行学术交流与科研合作，这为研究生学习获得感的产生奠定了良好的人际环境基础。

表3-2-5　同伴亲近感各题项均值、标准差与中位数

题项	均值	标准差	中位数
研究生同学都对我很友善	4.19	0.722	4.00
我和研究生同学的关系和睦	4.11	0.717	4.00
读研期间，我收获了不少同学情谊	3.99	0.853	4.00
如果我有学习困难，研究生同学会尽力帮我	3.93	0.787	4.00
因为有研究生同学，所以我在学校不会感到孤独	3.81	0.964	4.00
我和一些亲近的研究生同学几乎无话不说	3.68	0.911	4.00

丁托（Vincent Tinto）在其学生离校纵向模型中将高校环境分为学术环境和社会环境两类，学生在这两类环境中的经历相互影响。这些经历包括学生的学业表现、师生互动、课外活动及生生互动，学生或积极或消极地进行学术整合和社会整

① Stanton A., Zandvliet D., Dhaliwal R. and Black T., “Understanding Students' Experiences of Well-Being in Learning Environments,” *Higher Education Studies* 6, no.3 (2016): 90-99.

② 赵玉、侯俊华：《学术型研究生创新能力驱动因素及提升路径研究——基于江西高校的调查》，《重庆高教研究》2019年第1期。

合，这也直接影响到学生是否能够完成其学业[①]。在同伴亲近感维度中，得分最低的题项是“我和一些亲近的研究生同学几乎无话不说”。有实证研究发现，有55.1%的研究生对同班同学“都比较熟悉”或“多数比较熟悉”，而有16.6%的研究生只是对同性别的同学比较熟悉，还有28.3%的研究生仅对少数同班同学比较熟悉[②]。可见，研究生的同学关系大多处在和谐、互助的状态，但特别亲近、密切的交往较少，这可能是受到学业压力或同学竞争等因素的影响。

（五）研究生的自信感

在自信感维度，6个题项的得分均值在3.04~3.91之间（详见表3-2-6）。班杜拉曾说：“人在一定程度上是环境的产物；同时人们也通过自我效能感选择某些特定的活动和环境，并对所处的环境加以改造。”[③]在本研究中，自信感这一维度是所有五个维度中得分均值与单题得分均值最低的维度，可见当前研究生的自信感相对较低。在这一维度中，得分较高的仅有“我坚信自己有能力取得好成绩”“我相信自己是一名合格的研究生”“我的研究能力在读研期间得到了不小的提升”三个题项。Fidel Martínez-Roget等（2020）提出，学生对技能获得的自我感知（the preception of the skills acquired）对学生满意度起着至关重要的作用[④]。研究生大多会肯定自己的学业成绩和研究能力的提升，对所修课程的成绩没有太多的压力和焦虑，普遍相信自己可以被称为“一名合格的研究生”。

表3-2-6　自信感各题项均值、标准差与中位数

题项	均值	标准差	中位数
我坚信自己有能力取得好成绩	3.91	0.821	4.00
我相信自己是一名合格的研究生	3.86	0.836	4.00

① Vincent Tinto, *Leaving College: Rethinking the Causes and Cures of Student Attrition (2nd)* (Chicago: University of Chicago Press, 1993), p.114.

② 楚永全、陈文婷、黄昊：《研究生校园朋辈关系探微——基于班级、宿舍关系及交友圈的分析》，《学位与研究生教育》2012年第2期。

③ Robert W., Bandura Albert, “Social Cognitive Theory of Organizational Management,” *The Academy of Management Review* 14 (1989): 361.

④ Martínez-Roget F., Freire Esparís P., Vázquez-Rozas E., “University Student Satisfaction and Skill Acquisition: Evidence from the Undergraduate Dissertation,” *Education Sciences* 10, no.29 (2020): 1-15.

（续表）

题项	均值	标准差	中位数
我的研究能力在读研期间得到了不小的提升	3.75	0.853	4.00
我能达成自己确立的学习目标	3.54	0.801	4.00
我在专业学习上很有成就感	3.34	0.842	3.00
我觉得我的专业能力比大多数同学强	3.04	0.857	3.00

但研究生在“我能达成自己确立的学习目标”“我在专业学习上很有成就感”两个题项上，单题得分均值分别为3.54和3.34，处于中等偏下水平。一定的成就感能有效激发学生的自信心和学习动力，而成就感主要来源于完成某项任务或取得某项成果。进入研究生阶段后，学生普遍对自身的学习有一定的设想和规划，但可能因“拖延症”或自我调节能力、自我控制能力等的不足而在目标设定和达成上不能达到让自己满意的程度。预期理想目标与现实学习科研情况之间的差距容易给研究生带来落差感，导致学生的成就感偏低。可见在研究生们眼中，仅仅达到合格的边界与专业学习带来的成就感水平之间还相差甚远，合格对于研究生来说属于低要求、低标准。

自信感维度中得分最低的题项为“我觉得我的专业能力比大多数同学强”，单题得分均值仅为3.04，中位数为3.00，该题也是研究生学习获得感现状所有题项中得分最低的题项。或由于同学间的过度竞争，或出于谦虚低调的态度，大部分研究生无法肯定地表示自己的专业能力相较其他大多数同学而言更为突出和优秀。我国当代研究生的自强感、自立感和自尊感在是否获得奖励上呈现出显著的差异，获得过奖励的学生高于无获奖经历的学生[①]。可以尝试推测，部分研究生在奖项评选等同学竞争和相互比较中产生一定的挫败感和自卑感，而这种挫败感和自卑感影响到其自信感的形成。正如研究生学习获得感是相对存在的，研究生的自信感也是相对存在的，是在个体与他人比较中产生的。

（六）研究生的愉悦感

在愉悦感维度，3个题项的得分均值在3.52~4.20之间（详见表3-2-7），总体

① 刘伟、卢家楣、陈念劬、解登峰、陈武英、于聪聪、钱飞、聂超、潘发达、汪海彬：《中国当代研究生生活情感现状及其影响因素研究》，《心理科学》2017年第4期。

处于一般水平，仍有较大的提升空间。在这一维度中，“当全身心投入学习时，我会感到很充实”一题的单题得分均值最高，达到了4.20。可见研究生们普遍具备一定的研究热情，当真正投入到学习过程中时，他们能感受到学习带来的价值和意义感，让求学生活变得充实和丰富。

“我很享受学习的过程”“我总是期待上专业课”两个题项的单题得分均值则仅为3.63和3.52，均处于中等偏下水平。宋晓东、黄婷婷、景怡（2019）发现，约四分之一的研究生存在较大的心理压力，而学业压力（如课题研究和发表论文）位居研究生心理压力成因首位[①]。研究生在学习过程中必然会面临各种复杂的困难和压力，要在求学之道上真正投入和享受还须依赖学生的自我调节和正确归因等。这也提醒我们，高等院校、研究生导师、研究生管理者必须意识到研究生心理健康的重要性，要建立健全研究生心理健康教育体系，在心理咨询、心理辅导等方面多下功夫。

表3-2-7　愉悦感各题项均值、标准差与中位数

题项	均值	标准差	中位数
当全身心投入学习时，我会感到很充实	4.20	0.714	4.00
我很享受学习的过程	3.63	0.859	4.00
我总是期待上专业课	3.52	0.897	4.00

好的大学，就是能够提供更多、更好课程的大学；好的教授，就是能够提供更高质量课程的教授[②]。但我们发现，当前研究生对于专业课的态度并不是非常积极，对于专业课的学习热情较为不足。这与已有研究的发现相吻合，2020年我国研究生满意度调查发现，研究生对课程教学的满意率仅为80.4%，比总体满意率低2.3个百分点；研究生对课程体系的合理性、课程的前沿性、教师课业反馈等的评价最低[③]。我们也通过质性研究发现当前研究生课程仍存在一系列较为突出的问题，

① 宋晓东、黄婷婷、景怡：《研究生心理压力调查报告——以北京某985高校研究生为例》，《中国青年社会科学》2019年第3期。

② 周海银：《普通高校课程建设的向度——基于山东省普通高校毕业生课程满意度的调查》，《教育研究》2015年第10期。

③ 周文辉、黄欢、牛晶晶、刘俊起：《2020年我国研究生满意度调查》，《学位与研究生教育》2020年第8期。

如课程与专业研究方向不契合、课程安排顺序不合理、课程内容宽泛、授课方式单一、教学缺乏系统性、存在“任人设课”现象、课堂考勤管理和评价制度过于宽松等[①]。“研究生教育部分课程内容的高深层级性只是体现在对本科生课程内容在横向层面上做平面式扩展上，而并未凸显研究生教育在课程内容上的要求和特色”[②]。在进行课程内容编排时，研究生导师不应追求大和全，而应精细化课程内容，通过有效的课程实施为研究生学习获得感获取外部支持打下良好基础；还应将研究生课程开发纳入科学、合理的轨道，鼓励研究生参与专业课程建设，完善研究生课程评价体系。如若专业课程得不到优化，那么研究生在专业课程的获得自然难以提升，研究生的愉悦感乃至学习获得感都将受此影响。

① 李臣之、阮沁汐、纪海吉：《研究生学习获得感影响因素的质性探究》，《现代教育管理》2020年第11期。

② 谢安邦：《构建合理的研究生教育课程体系》，《高等教育研究》2003年第5期。

第三节　研究生学习获得感差异性分析

在上节的分析中我们发现，当前研究生学习获得感总体处于一般水平。按照回收的有效样本数据，研究生学习获得感的五个维度大致可分为三个层级：（1）当前研究生的同伴亲近感和希望感处于中等偏上水平，列入第一层级；（2）当前研究生的导生亲和感和愉悦感处于中等水平，列入第二层级；（3）当前研究生的自信感处于中等偏下水平，列入第三层级。

研究生学习获得感的形成受研究生的主观感知影响，因此具有个体性、差异性、发展性等特征。究竟有哪些群体特质样本特征影响研究生学习获得感，还须逐一进行独立样本T检验和单因素ANOVA检验。本节我们将继续使用“研究生学习获得感问卷”的回收有效样本数据，对当前研究生学习获得感做差异性分析——主要比较分析不同性别、不同学位层次、不同培养模式、不同年级、不同参与科研项目情况、不同学术成果产出情况、不同学业成绩、不同入学前类别、不同年龄、不同户籍所在地、是否独生、不同就读期间居住情况、不同家庭婚育情况的研究生在学习获得感及各维度上是否存在显著差异，若有差异，具体表现在哪些方面。

一、不同性别研究生学习获得感比较

为比较男性研究生和女性研究生在学习获得感上的差异，本研究使用SPSS 26.0软件，根据回收有效数据对不同性别研究生的学习获得感的得分进行了独立样本T检验，分析结果如表3-3-1所示。

在正式施测的有效回收样本中，男性研究生775名，占21.89%；女性研究生2766

名，占78.11%。数据统计结果显示，男性研究生的学习获得感均分高于女性研究生，但不同性别研究生在学习获得感的得分上无显著差异（P>0.05）。在学习获得感的五个维度中，唯一存在显著性别差异的是自信感维度（P<0.05），男性研究生的自信感显著高于女性研究生。可见，当前男性研究生在学习科研过程中拥有明显高于女性研究生的自信感和成就感，个体的科研能力、专业能力认知也较高。

表3-3-1　不同性别研究生学习获得感差异性分析

比较项	男性研究生		女性研究生		t
	M	SD	M	SD	
研究生学习获得感	103.88	17.409	102.57	14.806	0.055
导生亲和感	23.13	4.920	22.78	4.420	0.071
希望感	23.68	4.478	23.46	3.731	0.215
同伴亲近感	23.75	4.364	23.69	3.838	0.746
自信感	22.00	4.251	21.27	3.632	0.000***
愉悦感	11.32	2.266	11.36	1.897	0.656

注：*，P<0.05；**，P<0.01；***，P<0.001。下同。

自信感的性别差异是研究者关注的重要课题。多数研究发现，一般情况下男性与女性的自信心存在性别差异，男性通常比女性更为自信①。本研究中男性研究生学习获得感均分高于女性研究生学习获得感均分，且自信感显著高于女性研究生，这一结果与已有相关研究的发现具有一定的一致性。有研究者提出，当前社会环境对女性造成的压力与精神障碍的影响比男性更大②。国内有调查研究发现，女性研究生与男性研究生相比，更容易遇到学习困难、科研困局、情感困惑、经济困迫、交往困窘、身心困扰、就业困境等问题③。还有实证研究指出，男性研究生的科研

① 车丽萍：《自信心及其培养》，新华出版社，2004，第15-18页。

② Mota N.P., Medved M., Wang J.L., et al., "Stress and mental disorders in female military personnel: Comparisons between the sexes in a male dominated profession," *Journal of Psychiatric Research* 46, no.2 (2012): 159-167.

③ 廖和平、王克喜、邓淇中：《社会性别视角下的高校女研究生"成长"问题及成因分析——基于6省（市）的18所高校的调查数据》，《湖南科技大学学报（社会科学版）》2016年第3期。

自我效能感显著高于女性研究生，自身的生理和个性状态是其中一个主要因素[①]。国外也有研究发现，相较于男性研究生，女性研究生的学习满意度水平更低[②]。教育性别公平是高校研究生教育与管理中突出且不可回避的重要问题，但仅仅通过高校研究生教育与管理也无法彻底地解决这一难题。伴随着女性研究生数量的飞速增长，高等院校需要更加密切地关注女性研究生的成长，加强对女性研究生的关心与指导。

表3-3-2　不同性别研究生学习获得感具体题项差异性分析（部分）

维度	题项	t	Sig.（双尾）	平均值差值
导生亲和感	我和导师的感情很好	4.787	0.000	0.177
	如果我有什么困难，我不会介意寻求导师的帮助	2.351	0.019	0.095
希望感	我希望未来能将专业知识学以致用	-2.399	0.017	-0.071
	我有希望取得更多的学术研究成果	3.717	0.000	0.140
同伴亲近感	读研期间，我收获了不少同学情谊	2.128	0.034	0.077
自信感	我在专业学习上很有成就感	3.995	0.000	0.153
	我坚信自己有能力取得好成绩	3.000	0.003	0.108
	我的研究能力在读研期间得到了不小的提升	4.703	0.000	0.169
	我觉得我的专业能力比大多数同学强	5.650	0.000	0.210

虽然男性研究生和女性研究生仅在自信感维度上存在显著的性别差异，但在研究生学习获得感的具体题项上，共有9个题项表现出显著的性别差异，其中“导生亲和感”维度2个题项、“希望感”维度2个题项、“同伴亲近感”维度1个题项和“自信感”4个题项，具体数据结果如表3-3-2所示。在这些存在显著性别差异的题项中，除“希望感”维度的“我希望未来能将专业知识学以致用”这一题项，其他题项男性研究生的得分均显著高于女性研究生。

在“导生亲和感”中，男性研究生认为自己与导师的感情好的比女性研究生

① 王树涛、毛亚庆：《硕士研究生科研自我效能感的实证研究》，《学位与研究生教育》2013年第6期。

② Muijs D.C., “Postgraduate Student Satisfaction: A Multilevel Analysis of PTES Data,” *British Educational Research Journal* 43, no.5（2017）: 904-930.

多，且在遇到困难时更愿意与导师分享。我们推测，这与当前研究生导师中男性数量普遍偏多的情况相关，男性导师与男性研究生作为同性在沟通和交流中可能更为畅通和自然。有研究者通过调查发现女性博士研究生在与其老师，尤其是与其博士导师沟通的过程中存在较大的师生沟通压力和性别压力[①]。可见，研究生导师面对不同性别学生应选择不同的交流与指导方式。

二、不同学位层次（硕士 / 博士）研究生学习获得感比较

为比较硕士研究生和博士研究生在学习获得感上的差异，本研究使用SPSS 26.0软件，根据回收有效数据对硕士研究生和博士研究生的学习获得感的得分进行了独立样本T检验，分析结果如表3–3–3所示。

在正式施测的有效回收样本（N=3541）中，硕士研究生3264名，占92.18%；博士研究生277名，占7.82%。数据统计结果显示，攻读不同学位层次的研究生在学习获得感上存在显著差异（P<0.05），其中博士研究生的学习获得感显著高于硕士研究生。在研究生学习获得感的各维度中，硕士研究生与博士研究生在“导生亲和感”“希望感”“同伴亲近感”“自信感”和“愉悦感”五个维度上均存在显著差异（P<0.05），且博士研究生的得分水平均高于硕士研究生。

表3–3–3　硕博研究生学习获得感差异性分析

比较项	硕士研究生		博士研究生		t
	M	SD	M	SD	
研究生学习获得感	102.39	15.360	108.34	15.102	−6.195***
导生亲和感	22.77	4.521	23.90	4.594	−3.982***
希望感	23.35	3.895	25.38	3.558	−8.375***
同伴亲近感	23.64	3.965	24.47	3.803	−3.342**
自信感	21.33	3.774	22.62	3.753	−5.479***
愉悦感	11.30	1.977	11.97	1.953	−5.424***

在研究生学习获得感的各具体题项中，除“因为有研究生同学，所以我在学校

① 孙卉、张田：《女性博士研究生的性别压力及其疏解——基于质性研究的发现》，《研究生教育研究》2020年第3期。

不会感到孤独”“我觉得我的专业能力比大多数同学强”两个题项外，其他25个题项上，硕士研究生与博士研究生之间均存在显著差异，且博士研究生均显著高于硕士研究生（$P<0.05$）。表3-3-4展示硕士研究生与博士研究生平均值差值绝对值大于0.300的6个题项，其中5个题项属于希望感维度，1个题项属于自信感维度。

表3-3-4 硕士与博士研究生学习获得感具体题项差异性分析（部分）

维度	题项	t	Sig.（双尾）	平均值差值
希望感	我感受得到所学专业的重要意义	−6.211	0.000	−0.350
	学术研究对我个人的发展很有益	−8.007	0.000	−0.420
	我觉得我现在所学的内容很有价值	−6.616	0.000	−0.356
	我有希望取得更多的学术研究成果	−5.651	0.000	−0.314
	我愿意花更多时间和精力进行学术研究	−8.016	0.000	−0.418
自信感	我的研究能力在读研期间得到了不小的提升	−7.231	0.000	−0.383

这一数据分析结果也与过往研究的结论存在一致性。如，陈洪捷等在2017年全国毕业研究生调查中发现，博士的总体满意感指数、科研参与满意感指数、课程教学满意感指数、能力提升满意感指数、培养单位满意感指数、管理服务满意感指数均高于硕士研究生[①]。又如，周文辉等在2020年全国研究生满意度调查中也发现，博士生对研究生教育的总体满意度高于硕士生（博士生满意率为84.7%，硕士生满意率为82.3%），博士生对科研训练的满意度也高于硕士生（博士生满意率为86.8%，硕士生满意率为82.8%）[②]。相对于硕士研究生而言，博士研究生数量更少，学业科研上更为精研，能够获得的导师关心与指导自然更多。同时，研究生培养单位和研究生导师为博士研究生提供的各类机会和资助也更多，如参与访学研究、参与国际国内学术会议、资助研究生项目和课题等，而这类机会给予硕士研究生的相对较少。此外，博士研究生在学习科研上通常也有着更为明确的学习目标和清晰的学习规划，更加理解本专业、本领域科研的理论价值和实践价值，在研究能

① 陈洪捷、李澄锋、沈文钦、高耀、李敏：《研究生如何评价其导师和院校？——2017年全国毕业研究生调查结果分析》，《研究生教育研究》2019年第2期。

② 周文辉、黄欢、牛晶晶、刘俊起：《2020年我国研究生满意度调查》，《学位与研究生教育》2020年第8期。

力、学习认知投入、学习情感投入、学习行为投入上都明显大于硕士研究生。因此，博士研究生的学习获得感及其五个维度水平均明显高于硕士研究生。

三、学术型与专业型博士研究生学习获得感比较

发展专业型博士是完善博士研究生教育体系的必要措施。近年来，专业型博士也出现了招生“热”浪、院校“热”追、导师“热”衷的“热”表现①。但与此同时，专业型博士也因缺乏学术型博士的科研学术能力培养而面临着大众的质疑②。为比较不同学位类型博士研究生（学术型博士研究生与专业型博士研究生）在学习获得感上的差异，本研究使用SPSS 26.0软件，根据回收有效数据对学术型博士研究生和专业型博士研究生的学习获得感的得分进行了独立样本T检验，分析结果如表3-3-5所示。

在正式施测的有效回收样本中，博士研究生共有277名，其中学术型博士研究生158名，占被试博士研究生总人数的57.04%；专业型博士研究生119名，占被试博士研究生总人数的42.96%。数据统计结果显示，学术型博士研究生和专业型博士研究生在学习获得感水平上不存在显著差异（$P>0.05$）。

在研究生学习获得感的五个维度中，学术型博士研究生和专业型博士研究生仅在愉悦感这一维度上存在显著差异（$P<0.05$），专业型博士研究生的愉悦感水平明显高于学术型博士研究生，导生亲和感、希望感、同伴亲近感、自信感四个维度上两者则不存在显著差异（$P>0.05$）。

表3-3-5　学术型与专业型博士研究生学习获得感差异性分析

比较项	学术型博士研究生		专业型博士研究生		t
	M	SD	M	SD	
研究生学习获得感	107.16	14.222	109.89	16.127	−1.491
导生亲和感	23.98	4.357	23.78	4.908	0.351
希望感	25.04	3.351	25.82	3.784	−1.812

① 王坦：《专业型博士“热”背后的“冷”思考》，《研究生教育研究》2021年第1期。

② Wildy H., Peden S., Chan K., “The rise of professional doctorates: case studies of the Doctorate in Education in China, Iceland and Australia,” *Studies in Higher Education* 40, no.5（2015）: 761–774.

（续表）

比较项	学术型博士研究生		专业型博士研究生		t
	M	SD	M	SD	
同伴亲近感	24.30	3.617	24.69	4.042	−0.834
自信感	22.22	3.579	23.16	3.923	−2.072
愉悦感	11.61	1.908	12.44	1.921	-3.544^{***}

从培养定位来说，专业型博士研究生的培养更强调专业实践和应用研究，人员也大多由在职群体组成；而学术型博士研究生的培养更强调基础研究，十分看重科研成果的产出。论文等科研成果的发表是学术型博士研究生绕不过去的重要关卡，也是高等院校、博士生导师密切关注的方面。延期毕业、资助、奖励都与科研成果发表密切相关，由此而来的压力在学术型博士研究生身上表现得更为明显。学术型博士研究生所面对的科研压力、就业压力相对较大。因此学术型博士研究生虽然可能拥有更多的学术科研成果，但愉悦感明显低于专业型博士研究生。

如表3-3-6所示，在研究生学习获得感的27个题项中，学术型博士研究生与专业型博士研究生仅在“我感受得到所学专业的重要意义”“我觉得我现在所学的内容很有价值”“我坚信自己有能力取得好成绩”“我相信自己是一名合格的研究生”“我总是期待上专业课”5个题项上存在显著差异（$P<0.05$），且专业型博士研究生的得分均值明显高于学术型博士研究生。学术型博士研究生相较于专业型博士研究生更难以感受到所学专业的重要意义和所学内容的重要价值，这一点发现值得引起重视。部分博士研究生在入学前对学术型与专业型的区分的认知不够明晰。部分学术型博士研究生在严格学术要求的重压之下，可能更倾向于走专业应用道路，由此对所学专业及内容的认同感和自豪感不强。

此外，在“我总是期待上专业课”这一题项上，学术型博士研究生与专业型博士研究生二者的平均值差值绝对值高达0.540，且专业型博士研究生高于学术型博士研究生。有实证研究发现，博士生在进行课程学习后，其学术规范、专业知识和前沿知识、研究方法、创新思维以及论文写作等各项科研能力都有明显提高[①]。可见，博士生的专业课程学习仍然十分有必要，能够促进博士研究生科研能力的稳步提升。那么，为何学术型博士研究生对课程学习的热情和积极性并不高呢？吴红斌、沈文钦、陈洪捷针对临床医学专业学术型博士研究生和专业型博士研究生的研究发现，专业型博士研究生对课程质量和教学重视度的评价均显著高于学术型博士研究生，同时教学对专业型博士研究生国际论文产出的贡献率达到20.75%，而对学术型博士研究生国际论文产出的贡献率只有6.73%[②]。在课程学习中，教师对学术型博士研究生的要求也往往更严苛，课程所带来的学习压力可能让学术型博士研究生焦头烂额。对于部分学术型博士研究生而言，参与课题项目研究是培养其科研能力的重要环节，但冗杂或与本专业领域相关度低的课程学习反而有可能占用博士研究生进行科研活动的时间，使其压力倍增。

表3-3-6　全日制与非全日制博士研究生学习获得感具体题项差异性分析（部分）

维度	题项	*t*	Sig.（双尾）	平均值差值
希望感	我感受得到所学专业的重要意义	−2.532	0.012	−0.248
	我觉得我现在所学的内容很有价值	−2.570	0.011	−0.233
自信感	我坚信自己有能力取得好成绩	−2.929	0.004	−0.288
	我相信自己是一名合格的研究生	−2.212	0.028	−0.217
愉悦感	我总是期待上专业课	−5.350	0.000	−0.540

四、学术型与专业型硕士研究生学习获得感比较

为比较不同学位类型硕士研究生（学术型硕士研究生与专业型硕士研究生）在学习获得感上的差异，本研究使用SPSS 26.0软件，根据回收有效数据对学术型硕士研究生和专业型硕士研究生的学习获得感的得分进行了独立样本T检验，分析结果如表3-3-7所示。

在正式施测的有效回收样本中，硕士研究生共有3264名，其中学术型硕士研究

① 包志梅：《博士生课程学习与科研活动关系密切度及其对科研能力的影响——基于对48所研究生院博士生的调查》，《学位与研究生教育》2021年第1期。

② 吴红斌、沈文钦、陈洪捷：《学术型博士生科研产出更高吗？——来自临床医学的经验》，《学位与研究生教育》2020年第1期。

生1493名，占被试硕士研究生总人数的45.74%；专业型硕士研究生1771名，占被试硕士研究生总人数的54.26%。数据统计结果显示，学术型硕士研究生和专业型硕士研究生在学习获得感水平上存在显著差异（$P<0.05$），专业型硕士研究生的学习获得感水平明显高于学术型硕士研究生。

此外，学术型硕士研究生和专业型硕士研究生在研究生学习获得感的五个维度上均存在显著差异（$P<0.05$），且专业型硕士研究生均明显高于学术型硕士研究生。

表3-3-7　学术型硕士研究生与专业型硕士研究生学习获得感差异性分析

比较项	学术型硕士研究生		专业型硕士研究生		t
	M	SD	M	SD	
研究生学习获得感	100.85	16.188	103.69	14.503	-5.288^{***}
导生亲和感	22.48	4.653	23.01	4.393	-3.283^{**}
希望感	23.04	4.102	23.61	3.692	-4.203^{***}
同伴亲近感	23.24	4.133	23.98	3.787	-5.296^{***}
自信感	20.99	3.948	21.62	3.596	-4.759^{***}
愉悦感	11.09	2.030	11.47	1.915	-5.555^{***}

在具体题项上，除“我和导师的感情很好”“我的研究能力在读研期间得到了不小的提升”“我有希望取得更多的学术研究成果”“导师会关心我的生活”“我愿意花更多时间和精力进行学术研究”5个题项外，在其余22个题项上学术型硕士研究生与专业型硕士研究生均呈现出显著差异。同样，专业型硕士研究生的总得分均显著高于学术型硕士研究生。

学术型硕士研究生与专业型硕士研究生因培养定位的不同，也被外界赋予了不同的教育期望。但我们发现，学术型硕士研究生对学术研究的投入程度和憧憬程度以及对自身研究能力水平提升的判断并没有明显优于专业型硕士研究生（如表3-3-8所示）。

表3-3-8　学术型硕士研究生与专业型硕士研究生学习获得感具体题项差异性分析（部分）

维度	题项	*t*	Sig.（双尾）	平均值差值
希望感	我有希望取得更多的学术研究成果	0.154	0.878	0.005
	我愿意花更多时间和精力进行学术研究	0.207	0.836	0.006
自信感	我的研究能力在读研期间得到了不小的提升	−0.918	0.359	−0.027

本研究的这一发现与已有研究的结论呈现出较为明显的一致性。如，马永红等对全日制专业学位研究生教育满意度的调查发现，62.1%的研究生对所读全日制专业学位培养质量的总体满意度评价为“比较满意”及以上，“一般”及以上更是达到94.2%，认为当前全日制专业学位研究生的总体满意度评价较高①。又如，赵军等以专业型硕士研究生为调查对象展开的实证研究发现，专业型硕士研究生在专业学习、导师指导、管理服务和学习动力四个公共因子中对导师指导因子的满意度最高，对师生人际关系的满意度也相对较高，更看重导师的育人态度和道德修养②。学习获得感遵循“劳动—获得”的逻辑，学习获得感的产生离不开实实在在的获得。研究生学习获得感的提升更是依赖于研究生在学期间的学习、科研相关获得。通常来说，学术型硕士研究生的成果和能力获得应当优于专业型硕士研究生，那么专业型硕士研究生学习获得感及各维度水平均显著高于学术型硕士研究生的原因何在？

学生对自身的教育成就期望必定会影响其学习获得感水平。专业型硕士研究生在考研时选择专业型而非学术型时就应当形成了对研究生学习阶段的自我期望。鉴于培养定位和模式，大部分专业型硕士研究生在学术科研成果方面的学术热情和投入较低。但由于对自身的教育成就期望不高，因此在有一定获得后，其形成的学习获得感更为鲜明。而对于学术型硕士研究生来说，大部分学生的自身教育成就期望较高，在学术科研方面的压力较大，在获得方面可能较难实现“满足”的状态，因此学习获得感较之专业型硕士研究生偏低。同时，我们也发现，虽然专业型硕士研

① 马永红、张乐、李开宇、于苗苗：《全日制专业学位研究生教育满意度的调查分析——基于部分全国重点高校应届毕业生的视角》，《高教探索》2015年第12期。

② 赵军、吴兴燚、刘婷、蒲波、周海峰：《基于满意度视阈的专业硕士研究生学情实证调查》，《学位与研究生教育》2020年第12期。

究生的总体学习获得感和各维度水平均高于学术型硕士研究生，但专业型硕士研究生对学术科研的热情并不突出，对自身后续的学习投入也没有更高的要求。可见，学习获得感是具有主观性的心理感受，并不是学生学习收获完全客观的反映。

五、全日制与非全日制硕士研究生学习获得感比较

为比较全日制硕士研究生和非全日制硕士研究生在学习获得感上的差异，本研究使用SPSS 26.0软件，根据回收有效数据对全日制硕士研究生和非全日制硕士研究生的学习获得感的得分进行了独立样本T检验，分析结果如表3-3-9所示。

在正式施测的有效回收样本中，硕士研究生共有3264名，其中全日制硕士研究生3001名，占被试硕士研究生总人数的91.94%；非全日制硕士研究生263名，占被试硕士研究生总人数的8.06%。数据统计结果显示，全日制硕士研究生与非全日制硕士研究生在学习获得感水平上存在显著差异（P<0.05），且非全日制硕士研究生学习获得感水平明显高于全日制硕士研究生。此外，全日制硕士研究生与非全日制硕士研究生在希望感、自信感、愉悦感、同伴亲近感四个维度上同样存在显著的差异（P<0.05），非全日制硕士研究生在这四个维度上的得分均明显高于全日制硕士研究生。在导生亲和感维度上，全日制硕士研究生与非全日制硕士研究生没有显著差异（P>0.05）。

表3-3-9　全日制硕士研究生与非全日制硕士研究生学习获得感差异性分析

比较项	全日制硕士研究生		非全日制硕士研究生		t
	M	SD	M	SD	
研究生学习获得感	101.99	15.296	106.97	15.372	−5.059***
导生亲和感	22.75	4.557	23.00	4.078	−0.884
希望感	23.25	3.885	24.52	3.824	−5.101***
同伴亲近感	23.56	3.958	24.60	3.931	−4.114***
自信感	21.24	3.751	22.43	3.866	−4.923***
愉悦感	11.20	1.942	12.41	2.043	−9.660***

在研究生学习获得感的具体题项中，除“我觉得我的专业能力比大多数同学强”“我有希望取得更多的学术研究成果”“我和导师的感情很好”“我和导师能愉快地交谈”“导师经常鼓励我”“当我取得进步时，导师会替我开心”“我和一些亲近的研究生同学几乎无话不说”7个题项外，全日制硕士研究生与非全日制硕士研究生均呈现出显著的差异，非全日制硕士研究生的得分均显著高于全日制硕士研究生。同时，全日制硕士研究生与非全日制硕士研究生的平均值差值绝对值大于0.250的题项共有8个（具体如表3-3-10所示），其中“我总是期待上专业课”一题的平均值差值绝对值高达0.551。

表3-3-10　全日制硕士研究生与非全日制硕士研究生学习获得感具体题项差异性分析（部分）

维度	题项	t	Sig.（双尾）	平均值差值
导生亲和感	如果我有什么困难，我不会介意寻求导师的帮助	−5.121	0.000	−0.315
希望感	我感受得到所学专业的重要意义	−5.460	0.000	−0.317
	学术研究对我个人的发展很有益	−5.036	0.000	−0.273
同伴亲近感	研究生同学都对我很友善	−5.846	0.000	−0.270
自信感	我能达成自己确立的学习目标	−5.678	0.000	−0.291
	我相信自己是一名合格的研究生	−5.967	0.000	−0.319
愉悦感	我总是期待上专业课	−9.689	0.000	−0.551
	我很享受学习的过程	−8.979	0.000	−0.489

本研究的这一发现与国内外已有研究的结论呈现出较为明显的一致性。国外有实证研究发现，在同等时间条件下在职博士生比全日制博士生有更快的学业完成速率[①]。国内也有调查研究发现，我国非全日制研究生的总体满意率为86.4%，而全日制研究生总体满意率仅为82.3%，非全日制研究生的总体满意度高于全日制研究生[②]。一直以来，非全日制研究生的社会认同问题十分突出。非全日制研究生多因

① Neumann R., Rodwell J., “The ‘invisible’ part time research students: a case study of satisfaction and completion,” *Studies in Higher Education* 1（2009）: 55-68.

② 周文辉、黄欢、牛晶晶、刘俊起：《2020年我国研究生满意度调查》，《学位与研究生教育》2020年第8期。

学习态度、学习能力、缺乏集体学习交流氛围等问题备受诟病，并且实际上面临着培养过程中的权利不平等问题①。那么为何非全日制硕士研究生的学习获得感会显著高于全日制硕士研究生呢？

对于非全日制硕士研究生而言，其个人获得的预期可能较低，在攻读学位的过程中对自身的学术期望并不高。因此，非全日制硕士研究生能够获得更多的积极情绪体验，进而产生情感层面的学习获得感。相反，全日制硕士研究生在学术上的自我期待以及外界（包括社会、学校、导师、家庭等）赋予的学术期待更高，更难对自身的学术科研状况满意。在面临更大的学术科研压力和更高的学术成果期待下，全日制硕士研究生在学习获得感、希望感、自信感、愉悦感、同伴亲近感等方面都远不及非全日制研究生。有学者通过实证研究发现，在职硕士研究生年均教育个人收益率为10.74%，比全日制硕士研究生低4.23个百分点；但考虑机会成本等因素，"先工作、后在职读研"的教育收益率以及投资回报可能比"先全日制读研、后工作"的高②。虽然教育收益和学术获得不及全日制硕士研究生，但非全日制硕士研究生在学习、生活中可能感受到更高的"投资—回报比"，较低的学习投入和获得学位的回报让非全日制硕士研究生的学习获得感更为突出。

六、不同年级硕士研究生学习获得感比较

为比较不同年级硕士研究生在学习获得感上的差异，本研究使用SPSS 26.0软件，根据回收有效数据对不同年级硕士研究生的学习获得感的得分进行了单因素ANOVA检验，分析结果如表3-3-11所示。

研究仅对不同年级被试的3264名硕士研究生进行调查，其中硕士一年级研究生1779名，占54.50%；硕士二年级研究生1088名，占33.33%；硕士三年级研究生397名，占12.16%。数据统计结果显示，不同年级的硕士研究生在学习获得感上不存在显著差异（P>0.05）。但由图3-3-1中不同年级硕士研究生学习获得感的均值可见，硕士三年级研究生的学习获得感得分均值高于硕士一年级、二年级研究生。

① 李祥、魏月寒、张晗：《非全日制研究生社会认同度的理性审视与制度反思——基于一则非全研究生就业同权的舆情分析》，《研究生教育研究》2020年第4期。

② 陈进前、岳昌君：《在职硕士研究生教育个人收益率实证研究》，《教育学术月刊》2019年第11期。

表3-3-11　不同年级硕士研究生学习获得感差异性分析

比较项		平方和	df	均方	F	Sig.
研究生学习获得感	组间	168.158	2	84.079	0.356	0.700
	组内	769669.472	3261	236.023		
	总和	769837.630	3263			
导生亲和感	组间	4.092	2	2.046	0.100	0.905
	组内	66676.412	3261	20.447		
	总和	66680.505	3263			
希望感	组间	81.095	2	40.547	2.676	0.069
	组内	49418.243	3261	15.154		
	总和	49499.338	3263			
同伴亲近感	组间	72.871	2	36.435	2.319	0.099
	组内	51232.884	3261	15.711		
	总和	51305.755	3263			
自信感	组间	187.311	2	93.655	6.599	0.001
	组内	46281.674	3261	14.192		
	总和	46468.985	3263			
愉悦感	组间	5.421	2	2.711	0.693	0.500
	组内	12753.907	3261	3.911		
	总和	12759.328	3263			

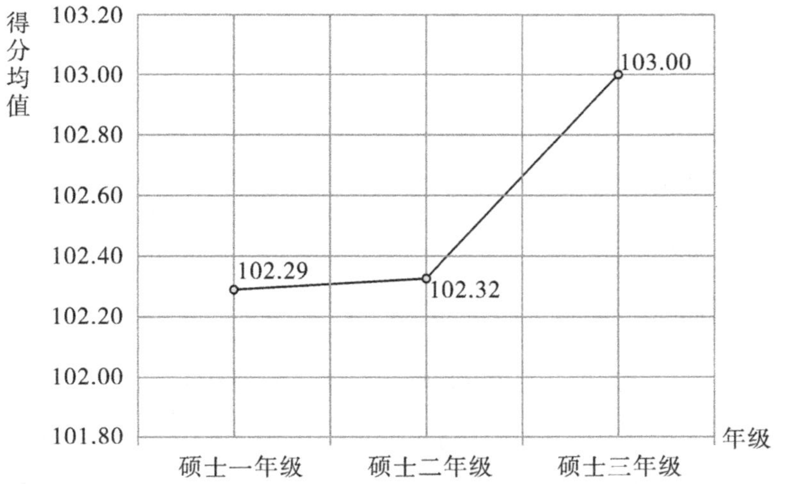

图3-3-1　不同年级硕士研究生学习获得感得分均值

在研究生学习获得感的五个维度中，不同年级的硕士研究生仅在自信感这一维度存在显著差异（$P<0.05$），在导生亲和感、希望感、同伴亲近感、愉悦感四个维度上不存在显著差异（$P>0.05$）。通过事后检验多重比较发现，硕士三年级的研究生的自信感显著高于硕士一年级、二年级的研究生，具体数据情况见表3-3-12。

表3-3-12　研究生学习获得感各维度不同年级多重比较表（部分）

变量	年级对照组1（I）	年级对照组2（J）	平均值差值（I-J）	标准差	显著性
自信感	硕士一年级	硕士二年级	-0.123	0.145	0.673
		硕士三年级	-0.759**	0.209	0.001
	硕士二年级	硕士一年级	0.123	0.145	0.673
		硕士三年级	-0.636**	0.221	0.011
	硕士三年级	硕士一年级	0.759**	0.209	0.001
		硕士二年级	0.636**	0.221	0.011

可以看出，随着年级升高硕士研究生的自信感有所提升，当硕士研究生到三年级时其自信感达到“顶峰”状态。虽然硕士一年级研究生与硕士二年级研究生之间在自信感上不存在数据上的显著差异（$P>0.05$），但从平均值来看，硕士二年级研究生的自信感仍略微高于硕士一年级研究生（见图3-3-2）。

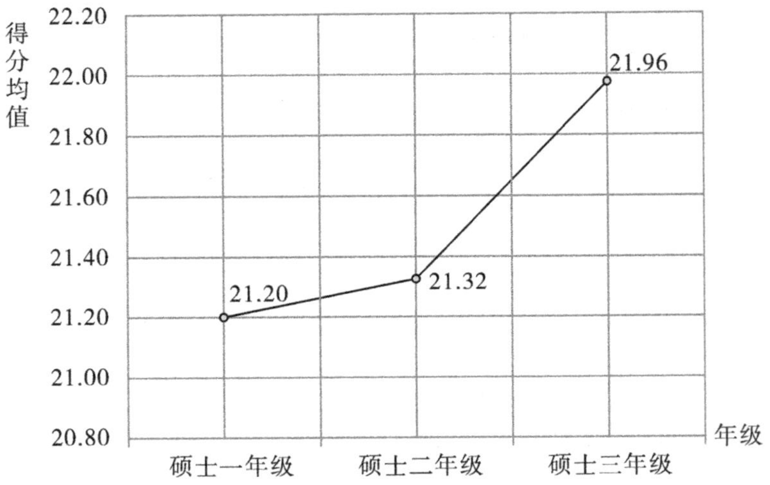

图3-3-2　不同年级硕士研究生自信感得分均值

这一研究发现与不少已有相关研究的结论存在一致性。如，何晓聪通过实证研究发现，高年级研究生的创新自我效能感显著高于低年级研究生，其中三年级研究生的总体创新自我效能感显著优于一年级研究生①。又如，岳昌君、吕媛认为创新精神是学生能力发展的重要指标，通过调查发现硕士三年级研究生的创新精神显著高于硕士一年级、二年级研究生②。范皑皑等也通过实证研究调查发现，高年级学术型硕士研究生的科研活动时间投入明显高于低年级学生，而低年级学生的课程学习时间更长；同时，随着年级的升高，发表的论文数量增加，说明科研时间投入具有累积效应③。随着年级的上升，硕士研究生的研究能力逐步提升，学术科研成果和人际交往也有一定积累。本研究通过数据分析也发现，一年级硕士研究生中未取得任何科研成果的占90.67%，而三年级硕士研究生中未取得任何科研成果的已下降到55.42%。通过前两年的学习积累，硕士研究生的自身能力和学术科研成果都发生了质变，因此在最后一年其成就感、自信感都得到最大化。

七、两年制与三年制硕士研究生学习获得感比较

为比较两年制硕士研究生和三年制硕士研究生在学习获得感上的差异，本研究使用SPSS 26.0软件，根据回收有效数据对两年制硕士研究生和三年制硕士研究生的学习获得感的得分进行了独立样本T检验，分析结果如表3-3-13所示。

本研究仅对被试的3264名硕士研究生调查了学制长度，其中两年制硕士研究生907名，占27.79%；三年制硕士研究生2357名，占72.21%。数据统计结果显示，两年制硕士研究生的学习获得感得分均值略高于三年制硕士研究生，但不存在显著差异（$P>0.05$）。在研究生学习获得感的五个维度中，两年制硕士研究生与三年制硕士研究生在导生亲和感、同伴亲近感两个维度上存在显著差异（$P<0.05$），且两年制硕士研究生的水平均高于三年制硕士研究生。

① 何晓聪：《研究生创新自我效能感的结构与特征实证研究》，《科技管理研究》2014年第12期。

② 岳昌君、吕媛：《硕士研究生创新精神特征及影响因素分析》，《复旦教育论坛》2015年第6期。

③ 范皑皑、季楚煊、柴亦林：《时间累积与时间分配：学术型硕士的时间投入对科研产出的影响研究》，《江苏高教》2020年第7期。

表3-3-13　两年制硕士研究生与三年制硕士研究生学习获得感差异性分析

比较项	两年制硕士研究生		三年制硕士研究生		t
	M	SD	M	SD	
研究生学习获得感	103.02	14.475	100.03	15.683	1.459
导生亲和感	23.01	4.323	22.67	4.592	1.980*
希望感	23.32	3.726	23.36	3.959	−0.332
同伴亲近感	23.92	3.842	21.43	3.666	2.555*
自信感	21.43	3.666	21.29	3.814	0.976
愉悦感	11.34	1.913	11.28	2.002	0.721

虽然两年制硕士研究生与三年制硕士研究生仅在导生亲和感、同伴亲近感两个维度上存在显著差异，但细化到单个题项上我们也能发现诸多显著差异存在（具体情况如表3-3-14所示）。

在“我和导师能愉快地交谈”“我希望未来能将专业知识学以致用”“因为有研究生同学，所以我在学校不会感到孤独”“研究生同学都对我很友善”“我坚信自己有能力取得好成绩”五个题项上，两年制硕士研究生均显著高于三年制硕士研究生。但在“我愿意花更多时间和精力进行学术研究”这一题项上，三年制硕士研究生则显著高于两年制硕士研究生。

表3-3-14　两年制硕士研究生与三年制硕士研究生学习获得感具体题项差异性分析（部分）

维度	题项	t	*Sig.*（双尾）	平均值差值
导生亲和感	我和导师能愉快地交谈	3.696	0.000	0.118
希望感	我希望未来能将专业知识学以致用	3.836	0.000	0.102
	我愿意花更多时间和精力进行学术研究	−2.632	0.009	−0.086
同伴亲近感	因为有研究生同学，所以我在学校不会感到孤独	2.082	0.037	0.078
	研究生同学都对我很友善	3.495	0.000	0.096
自信感	我坚信自己有能力取得好成绩	2.278	0.023	0.072

按照常规的思维逻辑，感情往往需要时间的积淀，三年制硕士研究生的导生亲和感和同伴亲近感理应强于两年制硕士研究生，但回收数据显示的结果却恰恰相反。在已有研究中，有不少研究者探究了硕士研究生人际关系与其主观幸福感、积极情绪的关联。如，宋智辉提出，硕士研究生的主观幸福感与人际关系困扰存在显著相关，学生在与他人交谈或交际中出现的困扰越少，产生的积极情绪就会越多[①]。蒋瑜仙、陈伊的相关研究发现，硕士研究生的人际协助与其幸福感呈负相关，究其原因可能是硕士生交际圈较小，而小交际圈能免去较多的人际困扰[②]。可见，对于硕士研究生而言，在校关键人际关系亲和程度和亲和感的高低可能与学制长短不存在正相关关系，两年制硕士研究生在规避与导师、同学的交际困扰上更占优势。这一思考角度也同样能解释上一差异性分析中非全日制研究生的同伴亲近感显著高于全日制研究生的原因。

八、参与科研项目情况不同的研究生学习获得感比较

为比较参与科研项目情况不同的研究生在学习获得感上的差异，本研究使用SPSS 26.0软件，根据回收有效数据对参与过科研项目的研究生和尚未参与科研项目的研究生的学习获得感得分进行了独立样本T检验，具体分析结果如表3-3-15所示。

在样本所有3541名研究生中，参与过科研项目的研究生1321名，占37.31%；未参与过科研项目的研究生2220名，占62.69%。已有研究的统计结果也与本研究结果相近，有学者统计后发现，在所有研究生中，参加过科研项目（课题）的研究生占57%，未参加过科研项目的占43%[③]。可见，研究生参与科研项目少并不是特殊个例，而是在各高校普遍存在的现象。本研究所有被调查的硕士研究生和博士研究生中，竟有接近三分之二的研究生从未参与过任何科研项目，这一点需要引起高度重视。

---

① 宋智辉：《硕士研究生人际关系与主观幸福感的关系研究》，《社会心理科学》2013年第5期。

② 蒋瑜仙、陈伊：《研究生心理韧性与主观幸福感的相关性研究——基于硕士生和本科生的差异比较》，《教育学术月刊》2020年第6期。

③ 周文辉、黄欢、牛晶晶、刘俊起：《2020年我国研究生满意度调查》，《学位与研究生教育》2020年第8期。

数据统计结果显示，参与过科研项目的研究生与未参与过科研项目的研究生在学习获得感水平上存在显著差异（$P<0.05$），参与过科研项目的研究生学习获得感水平明显高于未参与过科研项目的研究生。同时，在研究生学习获得感的五个维度中，参与过科研项目的研究生与未参与过科研项目的研究生在除愉悦感外的其他四个维度上也均存在显著差异（$P<0.05$），参与过科研项目的研究生均明显高于未参与过科研项目的研究生。另外，虽然参与科研项目情况不同的研究生在愉悦感上整体无显著差异，但在愉悦感维度中“我很享受学习的过程”这一题项上还是呈现出显著差异，参与过科研项目的研究生在这一题项上的得分明显高于未参与过科研项目的研究生。

在研究生学习获得感的各具体题项上，除“我总是期待上专业课”“我希望未来能将专业知识学以致用”“研究生同学都对我很友善”等六个题项外，其他题项上参与过科研项目的研究生明显高于未参与过科研项目的研究生（$P<0.05$），存在显著性差异的21个题项此处不再一一列举。

表3-3-15　参与科研项目情况不同的研究生学习获得感差异性分析

比较项	参与过科研项目的研究生		未参与过科研项目的研究生		t
	M	SD	M	SD	
研究生学习获得感	104.82	15.677	101.68	15.149	5.835^{***}
导生亲和感	23.35	4.543	22.56	4.507	4.991^{***}
希望感	24.00	3.917	23.22	3.873	5.781^{***}
同伴亲近感	23.99	3.904	23.54	3.982	3.356^{**}
自信感	22.10	3.798	21.04	3.726	8.107^{***}
愉悦感	11.38	2.017	11.33	1.964	0.705

研究生的学习获得感基于实实在在的学习获得产生，研究生参与科研项目不仅能得到研究能力的锻炼，也能获得一定的学术成果和相关荣誉。因此，参与过科研项目的研究生学习获得感明显强于未参与过任何科研项目的研究生。科研经历也进一步提升研究生的希望感和自信感，激发其科研热情和学术自信，“越战越勇”。同时，科研项目的顺利开展需要师生、生生之间的良好协作，研究生在与导师、同

学合作进行科研项目研究时，导生亲和感和同伴亲近感自然得到了加深。

科研能力是衡量研究生学术水平的重要标准，也是体现学术型研究生教育质量的重要指标①。研究生之所以成为研究生，关键在于“研究”二字。若研究生未参与任何科研项目、未介入任何学术研究的实际环节，那么其研究能力、专业能力自然无法受到系统性训练。在上文中我们提到，被试研究生在“我相信自己是一名合格的研究生”一题上的得分均值为3.86，中位数为4.00；在“我的研究能力在读研期间得到了不小的提升”一题上的得分均值为3.75，中位数为4.00。可见，当前研究生有良好的自我认知，但对自身的研究能力、专业水平的认知可能并不全面，当与其他水平较高的同学进行比较时才能发现自身的不足。

九、获得不同数量科研成果的研究生学习获得感比较

为比较获得不同数量科研成果的研究生在学习获得感上的差异，本研究使用SPSS 26.0软件，根据回收有效数据对获得不同数量科研成果的研究生的学习获得感得分进行了单因素ANOVA检验，分析结果如表3-3-16所示。

在本研究中，研究人员向所有被试的3541名研究生调查了就读期间的科研成果数量情况，提供了“暂无科研成果”“已有1到2篇/项科研成果”“已有3到4篇/项科研成果”及“已有5篇/项及以上科研成果”四个选项供研究生按实际情况进行选择。第一组别，选择“暂无科研成果”的研究生共有2711名，占76.56%；第二组别，选择“已有1到2篇/项科研成果”的研究生共有616名，占17.40%；第三组别，选择“已有3到4篇/项科研成果”的研究生共有127名，占3.59%；第四组别，选择“已有5篇/项及以上科研成果”的研究生共有87名，占2.46%。

在暂未取得任何科研成果的2711名研究生中，共有硕士研究生2638名，占被试硕士研究生总人数（N=3264）的80.82%。

考察不同学位类型硕士研究生（学术型硕士研究生或专业型硕士研究生）的人数占比可见，暂未取得任何科研成果的学术型硕士研究生1109名，占被试学术型硕士研究生总人数（N=1493）的74.28%；专业型硕士研究生1602名，占被试专业型硕士研究生总人数（N=1771）的90.46%。

① 胡军华、郑瑞强：《学术型研究生科研能力结构、约束性因素与促进机制》，《教育学术月刊》2020年第12期。

考察不同年级硕士研究生（硕士一年级、硕士二年级、硕士三年级）的人数占比可见，暂未取得任何科研成果的一年级硕士研究生1613名，占被试一年级硕士研究生总人数（*N*=1779）的90.67%；二年级硕士研究生805名，占被试二年级硕士研究生总人数（*N*=1088）的73.99%；三年级硕士研究生220名，占被试三年级硕士研究生总人数（*N*=397）的55.42%。

考察不同学位类型博士研究生（学术型博士研究生或专业型博士研究生）的人数占比可见，暂未取得任何科研成果的学术型博士研究生39名，占被试学术型博士研究生总人数（*N*=158）的24.68%；专业型博士研究生34名，占被试专业型博士士研究生总人数（*N*=119）的28.57%。

有相关调查研究发现，硕士三年级研究生到答辩前已发表一至两篇论文的占74.4%，但硕士研究生在发表论文上仍存在一些问题，如总体质量不高、存在功利目的、存在学术失范、存在论文发表压力等①。在本研究所有被试研究生中，近五分之四的研究生还未获得任何科研成果，可见当前研究生的科研参与情况和写作状况不容乐观。甚至，在学术型硕士研究生与学术型博士研究生中暂未取得任何科研学术成果的学生都占据了一定比例。在硕士三年级研究生中，更有超过一半还未取得任何科研学术成果。研究生不参与研究，不训练研究能力，如何能称为合格的研究生？研究生（特别是学术型硕士研究生）的科研项目参与和学术成果产出问题需要引起更多重视。

表3-3-16　不同科研成果数量研究生学习获得感差异性分析

比较项		平方和	*df*	均方	*F*	*Sig.*
研究生学习获得感	组间	8461.964	3	2820.655	11.972	0.000
	组内	833 353.552	3537	235.610		
	总和	841 815.516	3540			
导生亲和感	组间	288.168	3	96.056	4.683	0.003
	组内	72 543.089	3537	20.510		
	总和	72 831.258	3540			

① 叶继红：《高校研究生论文发表状况、存在问题与应对策略——兼论研究生论文发表规定》，《研究生教育研究》2015年第3期。

（续表）

比较项		平方和	*df*	均方	*F*	*Sig.*
希望感	组间	556.497	3	185.499	12.267	0.000
	组内	53 486.436	3537	15.122		
	总和	54 042.933	3540			
同伴亲近感	组间	91.926	3	30.642	1.957	0.118
	组内	55 379.383	3537	15.657		
	总和	55 471.309	3540			
自信感	组间	1282.784	3	427.595	30.553	0.000
	组内	49 500.267	3537	13.995		
	总和	50 783.051	3540			
愉悦感	组间	56.075	3	18.692	4.766	0.003
	组内	13 870.796	3537	3.922		
	总和	13 926.871	3540			

通过事后检验多重比较发现，获得不同数量科研成果的研究生在学习获得感上存在显著差异（P<0.05），已有1到2篇/项、3到4篇/项与5篇/项及以上科研成果的研究生的学习获得感水平均显著高于暂无任何科研成果的研究生。

获得不同数量科研成果的研究生学习获得感的得分均值变化趋势如图3-3-3所示。结合事后检验多重比较结果也可以清晰地看出，研究生的学习获得感水平与其科研成果数量有着密切关联。科研成果数量越多的研究生的学习获得感水平也就越高，相反地，科研成果数量越少的研究生的学习获得感水平越低。在这其中，暂未取得任何学术科研成果的研究生的学习获得感显著低于已取得学术科研成果的研究生。已取得学术科研成果的研究生在成果增加的过程中也会有学习获得感的提升，但提升幅度在数据上并不显著。

研究生学习获得感的产生离不开实实在在的获得，对于在读研究生来说科研学术成果是极为重要的客观获得，研究生的奖助、评选、申博、就业等都离不开学术科研成果的支撑。拥有公开发表的科研学术成果的研究生的成就感和耐挫精神都有所提升，在产出科研学术成果的过程中，其自身各方面能力也必然得到了锻炼，而这些恰恰是暂未有科研学术成果的研究生无法获取的，但这也不能代表暂未取得任何科研学术成果的研究生就不具备科研能力。科研学术成果的发表是一个由量变到质变的过程，在这其中研究成果的公开印刷出版、被国内外同行学者认可更能为研究生带来十足的学习获得感。

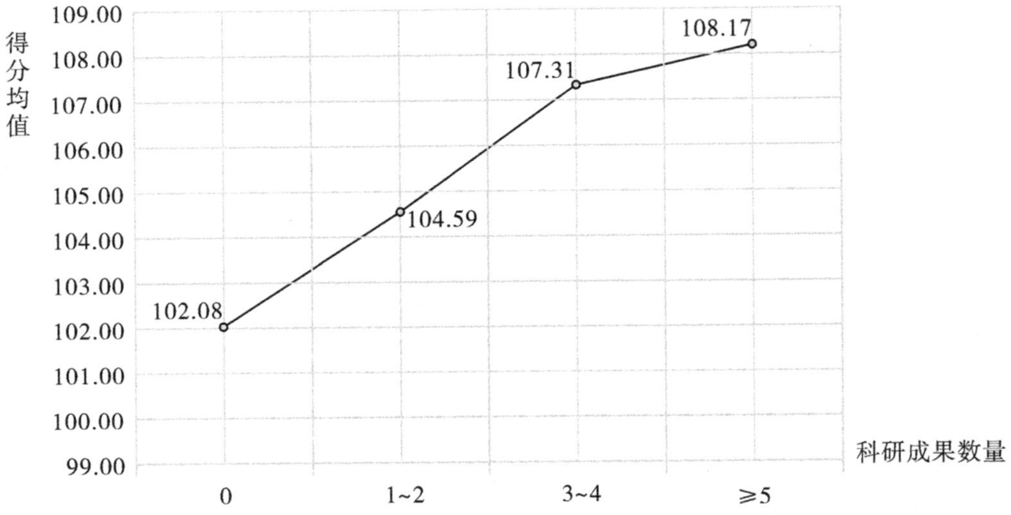

图3-3-3　获得不同数量科研成果研究生学习获得感得分均值变化

与此同时，获得不同数量科研成果的研究生在研究生学习获得感的导生亲和感、希望感、自信感、愉悦感四个维度（除“同伴亲近感”）上也呈现出显著差异（P<0.05），事后检验多重比较结果较为复杂。

在导生亲和感维度上，获得不同数量科研成果的研究生存在显著差异（P<0.05），其中已有5篇/项及以上科研成果的研究生的导生亲和感水平显著高于暂无任何科研成果的研究生。

在希望感维度上，获得不同数量科研成果的研究生存在显著差异（P<0.05），差异主要体现为：（1）已有1到2篇/项科研成果和已有3到4篇/项科研成果的研究生的希望感水平显著高于暂无任何科研成果的研究生；（2）已有5篇/项及以上科研成果的研究生的希望感水平显著高于暂无任何科研成果的研究生和已有1到2篇/项科研成果的研究生。

在自信感维度上，获得不同数量科研成果的研究生存在显著差异（P<0.05），差异主要体现在：（1）已有1到2篇/项科研成果的研究生的自信感水平显著高于暂无任何科研成果的研究生；（2）已有3到4篇/项科研成果的研究生的自信感水平显

著高于暂无任何科研成果的研究生和已有1到2篇/项科研成果的研究生；（3）已有5篇/项及以上科研成果的研究生的自信感水平显著高于暂无任何科研成果的研究生和已有1到2篇/项科研成果的研究生。

在愉悦感维度上，获得不同数量科研成果的研究生存在显著差异（$P<0.05$），其中已有5篇/项及以上科研成果的研究生的愉悦感水平显著高于暂无任何科研成果的研究生。

可见，在研究生学习获得感的五个维度中，研究生的学术科研成果数量除对于其同伴亲近感没有数据上的显著影响，在其他四个维度——导生亲和感、希望感、自信感以及愉悦感上均有显著影响。

有相关实证研究发现，与和导师学术交流时间短的博士研究生相比，和导师学术交流时间长的博士生发表论文的数量更多[①]。研究生产出科研学术成果在很大程度上需要依赖导师的各方面支持，研究生在参与科研项目、培养科研能力的过程中离不开导师在各个环节的指导。因此，学术科研成果多的学生也必然与研究生导师有着更多学术上、生活上的交流，导生亲和感自然较高，特别是已有5篇/项及以上科研成果的研究生。获得5篇/项及以上科研成果对于大部分研究生来说都是较好的成绩，证明这部分研究生具有较强的科研能力，他们自然也能从成果公开发表中获得更多的自信感。同时，拥有科研学术成果的研究生能更加深刻地理解当前学习的意义与价值，愿意投入更多的时间和精力到学术研究中，对后续的成果取得有较高的期望和信心。伴随着研究能力的提升和外部肯定的增多，研究生的身份认同感也会增强，学习自信与学习动机都会随之提高。

十、不同学业成绩的研究生学习获得感比较

为比较不同学业成绩的研究生在学习获得感上的差异，本研究使用SPSS 26.0软件，根据回收有效数据对不同学业成绩的研究生的学习获得感得分进行了单因素ANOVA检验，分析结果如表3-3-17所示。

在本研究中，研究团队调查所有被试的3536名研究生就读期间的成绩情况，提供“优”“良”“中”“差”四个等级供研究生按实际情况进行选择。第一组别，

① 周文辉、牛晶晶：《不同招考方式博士研究生的教育收获比较——基于2020年全国研究生满意度调查数据的分析》，《复旦教育论坛》2021年第2期。

认为自己的学业成绩为“优”的研究生共有999名，占28.25%；第二组别，认为自己的学业成绩为“良”的研究生共有2163名，占61.17%；第三组别，认为自己的学业成绩为“中”的研究生共有348名，占9.84%；第四组别，认为自己的学业成绩仅为“差”的研究生共有26名，占0.74%。从人数占比来看，认为自己学业成绩为“良”的研究生超过半数，而对自身学业成绩更为积极肯定的选择“优”的研究生则不到30%。可见，当前部分研究生对自身的学习情况存在不满意的现象，对学业成绩并不是非常自信。

表3-3-17　不同学业成绩研究生学习获得感差异性分析

比较项		平方和	*df*	均方	*F*	*Sig.*
研究生学习获得感	组间	62 132.187	3	20 710.729	93.953	0.000
	组内	779 683.329	3537	220.436		
	总和	841 815.516	3540			
导生亲和感	组间	2072.526	3	690.842	34.533	0.000
	组内	70 758.732	3537	20.005		
	总和	72 831.258	3540			
希望感	组间	2505.168	3	835.056	57.309	0.000
	组内	51 537.765	3537	14.571		
	总和	54 042.933	3540			
同伴亲近感	组间	2087.702	3	695.901	46.108	0.000
	组内	53 383.607	3537	15.093		
	总和	55 471.309	3540			
自信感	组间	6525.852	3	2175.284	173.842	0.000
	组内	44 257.199	3537	12.513		
	总和	50 783.051	3540			
愉悦感	组间	797.286	3	265.762	71.595	0.000
	组内	13 129.585	3537	3.712		
	总和	13 926.871	3540			

通过事后检验多重比较发现，不同学业成绩的研究生在学习获得感上存在显著差异（$P<0.05$），且与成绩等级呈正相关，即“优”>“良”>“中”>“差”。

不同学业成绩水平研究生的学习获得感得分均值变化趋势如图3-3-4所示。结合事后检验多重比较结果，可以清晰地看出，成绩水平越高的研究生学习获得感水平越高，相反地，自我认定成绩水平越低、越差的研究生所获得的学习获得感越少。可见，研究生学习获得感与其学业成绩水平有着非常明显的正相关关系，学业成绩的高低或直接或间接地反映了研究生的学习获得感水平。

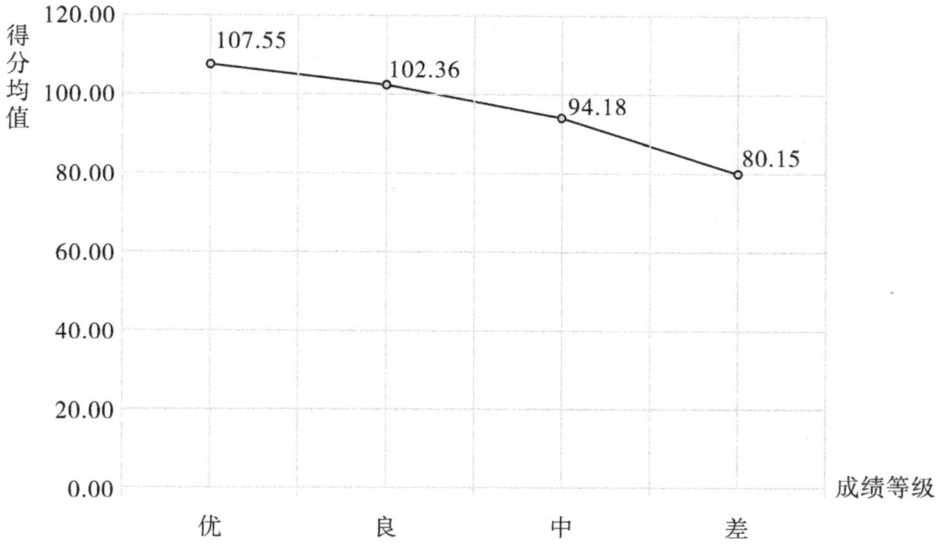

图3-3-4 不同学业成绩研究生学习获得感得分均值变化

与此同时，不同学业成绩的研究生在研究生学习获得感的五个维度上全部呈现出显著差异（P<0.05），事后检验多重比较结果较为复杂。

在导生亲和感维度上，不同学业成绩的研究生存在显著差异（P<0.05），主要体现为：（1）选择成绩等级“优”的研究生的导生亲和感水平显著高于成绩等级“良”“中”“差”的研究生；（2）选择成绩等级“良”的研究生的导生亲和感水平显著高于成绩等级“中”“差”的研究生。

在希望感维度上，不同学业成绩的研究生存在显著差异（P<0.05），主要体现为：（1）选择成绩等级“优”的研究生的希望感水平显著高于成绩等级“良”“中”“差”的研究生；（2）选择成绩等级“良”的研究生的希望感水平显著高于成绩等级“中”“差”的研究生；（3）选择成绩等级“中”的研究生的希望感水平显著高于成绩等级“差”的研究生。

在同伴亲近感维度上，不同学业成绩的研究生存在显著差异（P<0.05），主要体现为：（1）选择成绩等级“优”的研究生的同伴亲近感水平显著高于成绩等级

“良”“中”“差”的研究生；（2）选择成绩等级“良”的研究生的同伴亲近感水平显著高于成绩等级“中”“差”的研究生；（3）选择成绩等级“中”的研究生的同伴亲近感水平显著高于成绩等级“差”的研究生。

在自信感维度上，不同学业成绩的研究生存在显著差异（$P<0.05$），主要体现为：（1）选择成绩等级“优”的研究生的自信感水平显著高于成绩等级“良”“中”“差”的研究生；（2）选择成绩等级“良”的研究生的自信感水平显著高于成绩等级“中”“差”的研究生；（3）选择成绩等级“中”的研究生的自信感水平显著高于成绩等级“差”的研究生。

在愉悦感维度上，不同学业成绩的研究生存在显著差异（$P<0.05$），主要体现为：（1）选择成绩等级“优”的研究生的愉悦感水平显著高于成绩等级“良”“中”“差”的研究生；（2）选择成绩等级“良”的研究生的愉悦感水平显著高于成绩等级“中”“差”的研究生；（3）选择成绩等级“中”的研究生的愉悦感水平显著高于成绩等级“差”的研究生。

可见在研究生学习获得感的五个维度中，除导生亲和感这一维度外，其余四个维度均与研究生学业成绩水平呈正相关，即按照学业成绩从优到差四个等级水平逐步下降，呈现出下降的四级阶梯状。在导生亲和感维度则基本呈现出下降的三级阶梯状，学业成绩“中”或“差”的研究生的导生亲和感均处于低水平。

这一数据分析结果与国内外部分研究的结论有着明显的一致性。国内有研究者在进行研究生学习动机、努力程度对学习成绩影响的研究时发现，学生的学习动机不仅直接对其成绩排名产生正向影响，同时也通过增加学习时间投入间接对成绩排名产生正向影响；研究生的努力程度对其成绩的影响也较为直接[①]。国外也有研究者通过实证研究发现，学生的幸福感（包括学习满意度、学习自我效能感、学校归属感和对学校的感激程度等）与其自我报告的学业成就之间有显著联系，大学生的满意度和幸福感越高，其学习成绩（GPA）也越高[②]。

① 张霞：《学习动机与努力程度对学生学习成绩的影响研究》，《教育理论与实践》2018年第15期。

② Wilcox G., Nordstokke D., “Predictors of University Student Satisfaction with Life, Academic Self-Efficacy, and Achievement in the First Year,” *Canadian Journal of Higher Education* 49, no.1 (2019): 104-124.

对于学业成绩不理想的研究生来说，其在校期间获得的情感体验明显减少，在学习科研中获得的自信感、希望感和愉悦感也较少。学业成绩较差的学生的学习动机可能较为功利或不明，对所学专业和所做科研工作的价值和意义理解不够深刻，主观能动性、学习热情、学习投入较为匮乏。这些学生多数只想尽快取得学位以“脱离苦海”。学业成绩优异的研究生则往往能在就读过程中获得更多的积极情绪体验，更加地“乐学”“善学”，自然就拥有更多的自信感、希望感和愉悦感。在全身心进行学习时，他们与导师、同学的交往也愈发密切，从而成功建立起属于自己的共同体。在学术交流中，他们通过共同体实现知识共享，不断提升自己，导生亲和感、同伴亲近感也不断提高。同时，这些学业成绩较为优异的学生自身也拥有较强的学习动机，学习投入也更为充足，攻读学位期间会为了学习科研而努力付出，因而学习获得感“更上一层楼”。

十一、入学前不同类别硕士研究生学习获得感比较

为比较入学前不同类别硕士研究生（同专业本科毕业、跨专业本科毕业或同等学力）在学习获得感上的差异，本研究使用SPSS 26.0软件，根据回收有效数据对入学前不同类别硕士研究生的学习获得感得分进行了单因素ANOVA检验。

研究仅对被试的3264名硕士研究生进行了入学前类别调查，在所有被试硕士研究生中共有同专业本科毕业硕士研究生2022名，占61.95%；跨专业本科毕业硕士研究生1205名，占36.92%；同等学力硕士研究生37名，占1.13%。分析结果如表3-3-18所示。结果显示，入学前不同类别硕士研究生在学习获得感上存在显著差异（$P<0.05$）。

表3-3-18　入学前不同类别硕士研究生学习获得感差异性分析

比较项		平方和	*df*	均方	*F*	*Sig.*
研究生学习获得感	组间	2090.404	2	1045.202	4.439	0.012
	组内	767 747.226	3261	235.433		
	总和	769 837.630	3263			
导生亲和感	组间	62.039	2	31.019	1.518	0.219
	组内	66 618.466	3261	20.429		
	总和	66 680.505	3263			

（续表）

比较项		平方和	*df*	均方	*F*	*Sig.*
希望感	组间	125.409	2	62.704	4.141	0.016
	组内	49 373.929	3261	15.141		
	总和	49 499.338	3263			
同伴亲近感	组间	191.151	2	95.575	6.098	0.002
	组内	51 114.604	3261	15.675		
	总和	51 305.755	3263			
自信感	组间	94.131	2	47.066	3.310	0.037
	组内	46 374.854	3261	14.221		
	总和	46 468.985	3263			
愉悦感	组间	51.422	2	25.711	6.598	0.001
	组内	12 707.906	3261	3.897		
	总和	12 759.328	3263			

通过事后检验多重比较发现，入学前不同类别硕士研究生在学习获得感上确实存在显著差异（$P<0.05$），表现为：同专业本科毕业或跨专业本科毕业的硕士研究生的学习获得感水平均显著高于同等学力硕士研究生，而同专业本科毕业硕士研究生与跨专业本科毕业硕士研究生之间不存在显著差异。如图3-3-5所示，同专业本科毕业硕士研究生与跨专业本科毕业硕士研究生的学习获得感得分均值差值较小，但二者均远远高于同等学力硕士研究生，同等学力硕士研究生的学习获得感处于极低水平。

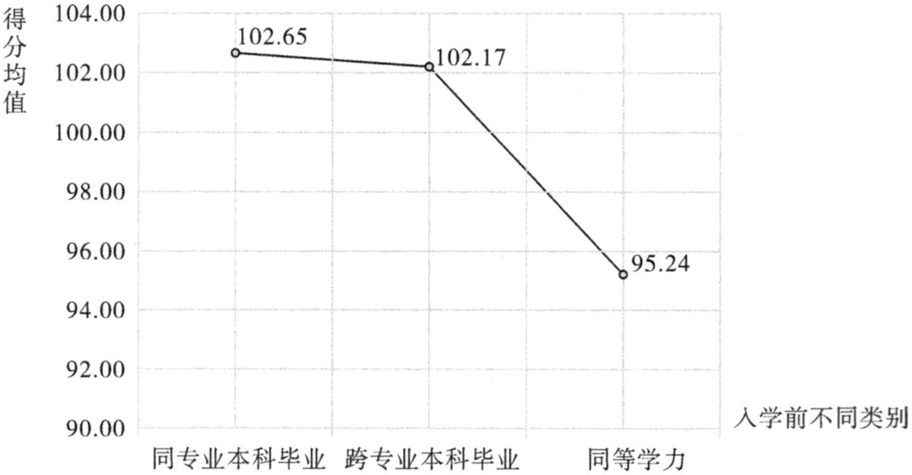

图3-3-5　入学前不同类别硕士研究生学习获得感得分均值

与此同时，入学前不同类别硕士研究生在希望感、同伴亲近感、自信感、愉悦感四个维度上均存在显著差异（P<0.05），唯有在导生亲和感这一个维度上不存在任何显著差异（P>0.05）。同样，同专业本科毕业的硕士研究生和跨专业本科毕业的硕士研究生的希望感水平、同伴亲近感水平、自信感水平、愉悦感水平均显著高于同等学力硕士研究生。

可见，同专业本科毕业与跨专业本科毕业的硕士研究生在学习获得感及除导生亲和感外的四个维度上均显著高于同等学力硕士研究生，这说明同等学力硕士研究生的学习获得感问题必须引起关注和重视。同时，同专业本科毕业硕士研究生与跨专业本科毕业硕士研究生在研究生学习获得感及其五个维度的水平上均不存在数据上的显著差异，可见是否为同专业本科毕业不影响研究生的学习获得感。

《学位与研究生教育大辞典》中将同等学力人员定义为“申请学位者或报考研究生的考生中，虽然未取得大学本科或硕士研究生学历，但通过自学或其他途径达到了大学本科或硕士研究生毕业申请论文答辩时相应学识和学术水平的人员”①。同等学力研究生教育工作已经开展了近四十年，其报名人数也不断攀升。但与此同时，同等学力研究生也受到了不少的质疑、批判，同等学力研究生教育的必要性再次引起讨论。有研究者认为当前专升本、非全日制专业学位研究生等高等教育模式迅速发展，对传统的同等学力研究生教育形成冲击，同等学力研究生教育模式的缺点逐步呈现，应当考虑取消同等学力研究生教育②。张学谦等的研究发现，不少高等院校较为歧视和排挤同等学力考生，基于考生出身的制度性偏倚或歧视，在招生中将同等学力考生视为“最不欢迎人群”，体现出了寄生于顶尖院校制度设计者间的“门阀心态”③。同等学力研究生在入学机会和教育过程中的基本权利可能未受到严格保障，即便成功入学其获得的外界支持也明显少于其他研究生。同时，有部分学校为获得更多的经济收入而加收同等学力研究生，但为其提供的资源、教育等存在一定的质量缺陷。在这样的情况下，同等学力研究生的正常、有效学习可能都

① 秦惠民：《学位与研究生教育大辞典》，北京理工大学出版社，1994，第59页。

② 龚向和、卢肖汀：《同等学力研究生教育应予取消》，《苏州大学学报（教育科学版）》2019年第2期。

③ 张学谦、李金龙、裴旭、万明：《我国一流大学建设高校硕士研究生入学机会平等性测度及表现》，《学位与研究生教育》2019年第6期。

无法得到完全的保障，因而对学校没有归属感、对专业没有认同感、对同学没有亲和感，从而自身缺乏获得感。

十二、不同年龄段研究生学习获得感比较

为比较不同年龄段研究生在学习获得感上的差异，本研究使用SPSS 26.0软件，根据回收有效数据对不同年龄段研究生的学习获得感得分进行了单因素ANOVA检验，分析结果如表3-3-19所示。

在本研究中，研究者将所有被试的3541名研究生按照年龄划分为五个组别，以五年为一组。第一组别“21到25岁”共有研究生2590名，占73.14%；第二组别“26到30岁”共有研究生605名，占17.09%；第三组别“31到35岁”共有研究生164名，占4.63%；第四组别“36到40岁”共有研究生126名，占3.56%；第五组别“41岁及以上”共有研究生56名，占1.58%。

表3-3-19　不同年龄段研究生学习获得感差异性分析

比较项		平方和	*df*	均方	*F*	*Sig.*
研究生学习获得感	组间	11 953.375	4	2988.344	12.733	0.000
	组内	829 862.141	3536	234.690		
	总和	841 815.516	3540			
导生亲和感	组间	335.635	4	83.909	4.093	0.003
	组内	72 495.622	3536	20.502		
	总和	72 831.258	3540			
希望感	组间	1023.200	4	255.800	17.060	0.000
	组内	53 019.733	3536	14.994		
	总和	54 042.933	3540			
同伴亲近感	组间	211.516	4	52.879	3.384	0.009
	组内	55 259.794	3536	15.628		
	总和	55 471.309	3540			
自信感	组间	780.011	4	195.003	13.790	0.000
	组内	50 003.040	3536	14.141		
	总和	50 783.051	3540			

（续表）

比较项		平方和	*df*	均方	*F*	*Sig.*
愉悦感	组间	377.455	4	94.364	24.626	0.000
	组内	13 549.416	3536	3.832		
	总和	13 926.871	3540			

通过事后检验多重比较发现，不同年龄段的研究生在学习获得感上存在显著差异（P<0.05），主要体现为：

（1）26到30岁研究生的学习获得感水平显著高于21到25岁研究生；

（2）36到40岁研究生或41岁及以上研究生的学习获得感水平均显著高于21到25岁和26到30岁研究生。

可见就整体趋势而言，年龄越大的研究生学习获得感水平越高；相反地，年龄较小的研究生学习获得感水平明显偏低。不同年龄段的研究生的学习获得感水平高低可大致分为三个层级：第一层级由21到25岁研究生组成，这一层级的研究生的学习获得感总体处于较低水平；第二层级由26到30岁研究生和31到35岁研究生组成，这一层级的研究生的学习获得感总体处于中等水平；第三层级由36岁及以上研究生组成，这一层级的研究生的学习获得感总体处于较高水平。不同年龄段研究生的学习获得感得分均值变化趋势如图3-3-6所示，呈现出较为明显的递进性。

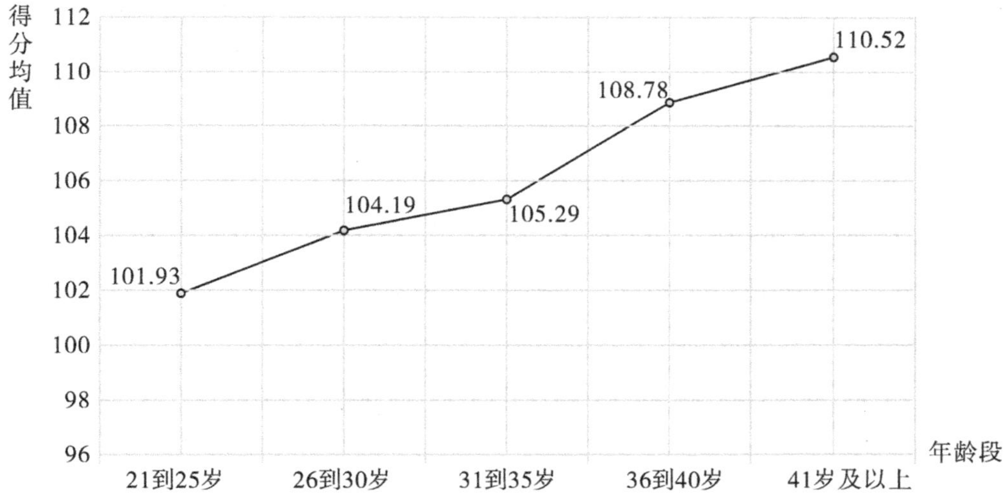

图3-3-6　不同年龄段研究生学习获得感得分均值变化

与此同时，不同年龄段的研究生在研究生学习获得感的五个维度上也全部呈现出显著差异（$P<0.05$），事后检验多重比较结果较为复杂。

在导生亲和感维度上，不同年龄段研究生存在显著差异（$P<0.05$），其中36到40岁研究生的导生亲和感水平明显高于21到25岁研究生。

在希望感维度上，不同年龄段研究生存在显著差异（$P<0.05$），主要体现为：（1）26到30岁研究生、31到35岁研究生的希望感水平明显高于21到25岁研究生；（2）36到40岁研究生、41岁及以上研究生的希望感水平明显高于21到25岁和26到30岁研究生。

在同伴亲近感维度上，不同年龄段研究生存在显著差异（$P<0.05$），其中41岁及以上研究生的同伴亲近感水平明显高于21到25岁研究生。

在自信感维度上，不同年龄段研究生存在显著差异（$P<0.05$），其中26到30岁研究生、31到35岁研究生、36到40岁研究生、41岁及以上研究生的自信感水平明显高于21到25岁研究生。

在愉悦感维度上，不同年龄段研究生存在显著差异（$P<0.05$），主要体现为：（1）26到30岁研究生的愉悦感水平明显高于21到25岁研究生；（2）31到35岁研究生、36到40岁研究生、41岁及以上研究生的愉悦感水平明显高于21到25岁和26到30岁研究生。

可见，不同年龄段的研究生在学习获得感及其五个维度上均存在显著差异，且差异变化趋势极为类似。总体而言，年龄越大的研究生的学习获得感、导生亲和感、希望感、同伴亲近感、自信感、愉悦感水平越高。

已有研究也有相似发现。如，刘在花、毛向军发现，在职研究生的学习倦怠程度会随年龄的增长而降低，其中30岁以下的在职研究生学习倦怠程度最高，30至40岁的在职研究生学习倦怠程度次之，40岁以上的在职研究生学习倦怠程度最低[①]。又如，李孝更、蔡国春发现，26至39岁硕士研究生的学习能力、学习基础、学习态度、择业准备适应水平均显著高于25岁及以下研究生[②]。刘敏等也发现，相较于25

① 刘在花、毛向军：《学习压力对在职研究生学习倦怠的影响：社会支持的调节作用》，《中国特殊教育》2013年第1期。

② 李孝更、蔡国春：《硕士研究生学习适应性及其影响因素分析——基于江苏6所高校教育学研究生的实证研究》，《学位与研究生教育》2015年第7期。

至28岁的硕士研究生，在人际交往成功归因时，20至24岁的硕士研究生更偏向归因于外部的、稳定的、不可控的原因，属于悲观的归因风格；同时，在20至28岁的硕士生中，成就动机总体上呈现出随年龄增长而增长的趋势[①]。21到25岁的研究生正处于人生关键期，这一时期的研究生除学业科研压力外，也面临着来自各方面的未知压力，如就业升学、经济独立、恋爱婚姻、人际交往等。在沉重压力和重大选择面前，研究生对自己的未来感到迷茫和焦虑是十分正常的。这份迷茫与焦虑也极有可能影响到学生的积极情绪体验，更会使部分归因观不正确或有焦虑情绪的学生对学习科研愈发心不在焉、有心而无力。但对于年龄较大的研究生来说，人生关键时期已平稳度过，生活形态的变化幅度小，通常家庭与婚育情况、人际交往等都稳定良好，对就业与经济的忧虑也较小。因此，年龄较大的研究生在生活满意度和学习获得感上都呈现出较高水平。这一点与下文“不同婚姻及生育状况研究生学习获得感比较”的研究结果有着异曲同工之妙。此外，年纪较大的研究生通常具备一定的工作经验，对所学专业及其实践领域的认识更为深刻，对本专业的学习兴趣更为高涨。这些学生可能在工作中意识到了学习、“充电”的必要性，通常带着问题进入研究生学习阶段，学习动机也强于年纪轻轻且未曾踏入社会的研究生。

十三、户籍类型不同的研究生学习获得感比较

为比较城市户籍研究生和农村户籍研究生在学习获得感上的差异，本研究使用SPSS 26.0软件，根据回收有效数据对城市户籍研究生和农村户籍研究生的学习获得感的得分进行了独立样本T检验，分析结果如表3-3-20所示。

被试对象中共有城市户籍研究生1716名，占48.46%；农村户籍研究生1825名，占51.54%。数据统计结果显示，城市户籍研究生和农村户籍研究生在学习获得感水平上存在显著差异（$P<0.05$），其中城市户籍研究生的学习获得感水平明显高于农村户籍研究生。同时，在研究生学习获得感的五个维度上，城市户籍研究生与农村户籍研究生均存在显著差异（$P<0.05$），且城市户籍研究生的各维度水平明显高于农村户籍研究生。

① 刘敏、张欣艺、赵银：《硕士研究生成就动机与生活满意度：人际归因的中介效应》，《学位与研究生教育》2019年第11期。

在研究生学习获得感的各具体题项上，除“导师会关心我的生活”这一题项外，城市户籍研究生和农村户籍研究生的得分均存在显著差异（$P<0.05$），存在显著差异的26个题项此处不再一一列举。

表3-3-20　城市户籍研究生与农村户籍研究生学习获得感差异性分析

比较项	城市户籍研究生		农村户籍研究生		t
	M	SD	M	SD	
研究生学习获得感	104.49	15.261	101.32	15.417	6.149***
导生亲和感	23.18	4.530	22.55	4.521	4.098***
希望感	23.80	3.871	23.23	3.922	4.331***
同伴亲近感	24.08	3.965	23.36	3.921	5.470***
自信感	21.87	3.795	21.02	3.736	6.661***
愉悦感	11.56	1.975	11.15	1.972	6.195***

城乡差异、家庭经济水平等确实会对研究生的学习获得感产生影响，不少已有研究也提出了这一观点。如，周海涛、张墨涵、罗炜发现家庭经济水平会影响学生的参与机会、认同程度、满足状况等，家庭富裕的学生在这些方面的表现水平会高于家庭并不富裕的学生，此外城乡差异也是影响学生成就水平的主要因素[①]。又如，颜彩媛发现，家庭经济情况是影响家庭贫困大学生的获得感的重要因素，家庭贫困的大学生的获得感水平往往低于非贫困大学生[②]。家庭相对富裕的城市户籍研究生能够更加容易地获取优质的教育资源，就读过程中也无须承担过多的生活压力，因此产生了更多的积极情绪体验，学习获得感水平较高。相反，家庭不富裕的农村户籍研究生承担的来自家庭的压力更重，在经济上缺少一定自由，积极情绪的产生会受此影响。同时，农村户籍研究生也较难获得来自家庭的充裕的教育投资，因此总体上学习获得感水平相对偏低。

---

① 周海涛、张墨涵、罗炜：《我国民办高校学生获得感的调查与分析》，《高等教育研究》2016年第9期。

② 颜彩媛：《高校贫困大学生获得感现状及影响因素研究》，《安徽文学（下半月）》2017年第12期。

此外，我们还须特别关注农村户籍学生的导生亲和感和同伴亲近感。在此前的相关研究中我们发现，拥有城市户籍的中学生在师生关系和谐感和同伴关系亲密感上的表现水平均高于农村户籍学生[①]。有学者发现，来自城市的硕士研究生的人际交往成败归因分数显著高于来自农村的硕士研究生；城市研究生更偏向乐观的归因风格，而农村研究生更偏向悲观的归因风格[②]。国外也有研究显示，教育成就的阶层差异仍然存在，家庭背景情况更好的人更容易形成更好的人际交往与沟通能力、团队协作能力[③]。可见，家庭背景情况对研究生的人际交往能力、人际关系的亲和感等均有较为明显的影响，部分来自农村且家庭经济情况较差的研究生在人际交往表现和获得上存在一定不足。

十四、独生子女与非独生子女研究生学习获得感比较

为比较独生子女和非独生子女研究生在学习获得感上的差异，本研究使用SPSS 26.0软件，根据回收有效数据对独生子女研究生和非独生子女研究生的学习获得感的得分进行了独立样本T检验，分析结果如表3-3-21所示。

被试对象中共有独生子女研究生1044名，占29.48%；非独生子女研究生2497名，占70.52%。数据统计结果显示，独生子女研究生和非独生子女研究生在学习获得感水平上存在显著差异（P<0.05），其中独生子女研究生的学习获得感水平明显高于非独生子女研究生。同时，在导生亲和感、同伴亲近感和自信感三个维度上，独生子女研究生和非独生子女研究生也存在显著差异；同样，独生子女研究生在这三个维度上的得分均显著高于非独生子女研究生。

---

① 李臣之、陈洁敏、阮沁汐：《初中生语文学习获得感实证研究》，《广东第二师范学院学报》2021年第2期。

② 刘敏、张欣艺、赵银：《硕士研究生成就动机与生活满意度：人际归因的中介效应》，《学位与研究生教育》2019年第11期。

③ Iannelli, Cristina, “Educational Expansion and Social Mobility: The Scottish Case,” *Social Policy & Society* 10, no.2 (2011): 251-264.

表3-3-21 独生子女研究生与非独生子女研究生学习获得感差异性分析

比较项	独生子女研究生		非独生子女研究生		t
	M	SD	M	SD	
研究生学习获得感	104.52	15.368	102.16	15.392	4.167^{***}
导生亲和感	23.36	4.529	22.64	4.523	4.287^{***}
希望感	23.68	3.943	23.44	3.891	1.700
同伴亲近感	24.21	3.824	23.50	3.996	4.990^{***}
自信感	21.86	3.853	21.25	3.746	4.336^{***}
愉悦感	11.40	2.050	11.33	1.955	1.026

已有的部分研究发现独生子女学生在学业成绩、生活幸福程度、学术激情等方面的表现优于非独生子女学生。如，郑磊、侯玉娜、刘叶的研究发现，家庭生育规模的减小有助于提高儿童的学业成绩，但出生于较小规模家庭或独生子女家庭的儿童心理适应性水平显著偏低①。又如，林琳、杨丽、杨学博通过调查发现，独生子女研究生的强迫学术激情显著高于非独生子女研究生，但无论是和谐激情还是强迫激情都有助于学生增加学习投入、提升学术客观表现②。独生子女研究生从小受到的家庭关注、期待等情感支持和物质支持可能多于非独生子女研究生，在这种情况下独生子女研究生通常能获得更高的生活幸福感和其他各种积极情绪。可见独生子女研究生更倾向于自我肯定，对自己的学习能力、学习获得有着更为自信的判断，因此独生子女研究生的学习获得感、自信感均明显高于非独生子女研究生。

独生子女的人际交往问题颇受重视，有相关研究结果显示独生子女的人际交往效能感水平及亲和效能、利他效能、沟通效能、情绪控制效能等因子得分均明显低于非独生子女③。

但在本研究中我们却发现，独生子女研究生的导生亲和感及同伴亲近感均明显

① 郑磊、侯玉娜、刘叶：《家庭规模与儿童教育发展的关系研究》，《教育研究》2014年第4期。

② 林琳、杨丽、杨学博：《研究生学术激情与学习投入的关系研究》，《学位与研究生教育》2019年第2期。

③ 蔡玲丽：《大学生人际交往自我效能感调查》，《中国公共卫生》2012年第3期。

高于非独生子女研究生。这又是为何呢？有研究提出，独生子女研究生感知到的导师排斥低于非独生子女研究生，研究生感知到的导师排斥越多其生活满意度水平越低[①]。独生子女研究生在年少时受到家庭较多关注和重视，在跟长辈、前辈等的相处之中不会产生太多的敏感状态和负面情绪体验。相较于独生子女研究生，非独生子女研究生从小便需要与兄弟姐妹“分享”来自长辈的关注，有可能对于被忽视、被比较、被排斥等现象更加敏感。加之导师是研究生在学期间的主要负责人和最重要的人际关系对象，因此独生子女研究生的导生亲和感明显高于非独生子女研究生。

风笑天提出“社会交往补偿”理论，其研究发现独生子女无兄弟姐妹的人生经历并不会对社会交往状况带来不利影响，相反地，同龄的独生子女青少年在交往能力、合群性等方面优于非独生子女青少年，也较少产生孤独感[②]。也有对大学生心理健康和人际关系的研究发现，独生子女大学生比非独生子女大学生表现出更为积极的同辈关系[③]。正因为独生子女在家庭背景环境中往往缺少与亲近同龄人的互动和交流，因此，在家庭外、学校里会更多地寻求与同学和朋友进行交往，这可能是独生子女研究生同伴亲近感高于非独生子女研究生的原因。

十五、就读期间不同常居地研究生学习获得感比较

为比较就读期间不同常居地研究生在学习获得感上的差异，本研究使用SPSS 26.0软件，根据回收有效数据对就读期间不同常居地研究生的学习获得感的得分进行了单因素ANOVA检验，分析结果如表3-3-22所示。

通常来说，研究生在就读期间的主要居住地有学校宿舍、学校周边租房或家中。在本研究中，我们向所有被试的3541名研究生调查了就读期间的居住情况，发现主要居住在学校宿舍的研究生共有3162名，占89.30%；主要居住在学校周边租房的研究生共有101名，占2.85%；主要居住在家的研究生共有278名，占7.85%。通过事后检验多重比较发现，就读期间不同常居地的研究生在学习获得感上存在显著差异（$P<0.05$），其中常居住在家中的研究生的学习获得感水平显著高于常居住在学

① 周莉、郭瑾瑾、王兴超、雷雳：《导师排斥感知对研究生心理健康的影响》，《学位与研究生教育》2020年第4期。

② 风笑天：《独生子女青少年的社会化过程及其结果》，《中国社会科学》2000年第6期。

③ Toni Falbo、陶艳兰：《独生子女大学生的心理健康和人际关系——兼对独生子女“刻板印象”的讨论》，《广西民族大学学报（哲学社会科学版）》2011年第5期。

校宿舍的研究生。

表3-3-22 就读期间不同常居地研究生学习获得感差异性分析

比较项		平方和	*df*	均方	*F*	*Sig.*
研究生学习获得感	组间	5199.853	2	2599.927	10.995	0.000
	组内	836 615.662	3538	236.466		
	总和	841 815.516	3540			
导生亲和感	组间	90.439	2	45.219	2.199	0.111
	组内	72 740.819	3538	20.560		
	总和	72 831.258	3540			
希望感	组间	323.092	2	161.546	10.639	0.000
	组内	53 719.841	3538	15.184		
	总和	54 042.933	3540			
同伴亲近感	组间	80.452	2	40.226	2.569	0.077
	组内	55 390.857	3538	15.656		
	总和	55 471.309	3540			
自信感	组间	398.121	2	199.060	13.978	0.000
	组内	50 384.930	3538	14.241		
	总和	50 783.051	3540			
愉悦感	组间	260.913	2	130.456	33.771	0.000
	组内	13 665.958	3538	3.863		
	总和	13 926.871	3540			

就读期间不同常居地研究生学习获得感的得分均值情况如图3-3-7所示。可明显看出，就均值而言，就读期间常居住在自己家中的研究生学习获得感水平最高，主要在学校周边租房居住的研究生学习获得感水平次之，而样本群体量最大的、就读期间主要在学校宿舍居住的研究生学习获得感水平最低。

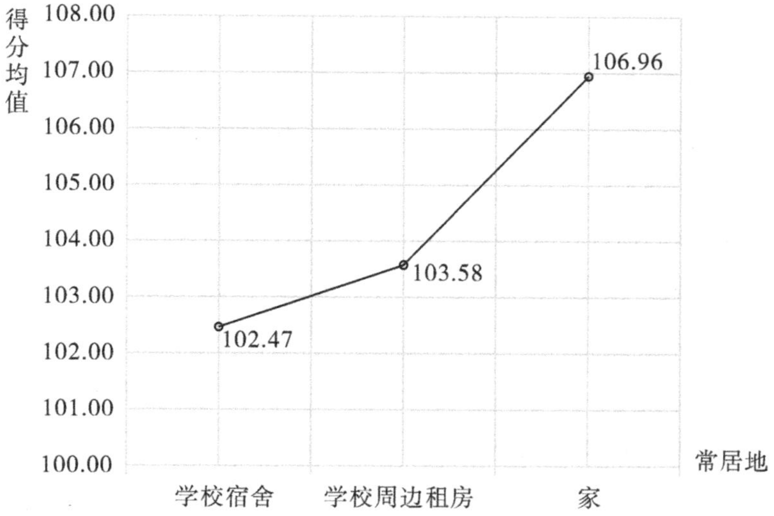

图3–3–7　就读期间不同常居地研究生学习获得感得分均值

与此同时，就读期间不同常居地的研究生在研究生学习获得感的希望感、自信感以及愉悦感三个维度上也呈现出显著差异（P<0.05）。就读期间不同常居地研究生的学习获得感及各维度事后检验多重比较数据如表3-3-23所示。在希望感、自信感以及愉悦感这三个维度上，常居住在家中的研究生均显著高于常居住在学校宿舍的研究生，其他则不存在数据上的显著差异。

表3-3-23　不同常居地研究生学习获得感及各维度多重比较表（部分）

变量	居住地对照组1（I）	居住地对照组2（J）	平均值差值绝对值（I-J）	标准差	显著性
研究生学习获得感	家	学校宿舍	4.487***	0.962	0.000
		学校周边租房	3.373	1.787	0.142
希望感	家	学校宿舍	1.124***	0.244	0.000
		学校周边租房	1.038	0.453	0.057
自信感	家	学校宿舍	1.224***	0.236	0.000
		学校周边租房	0.735	0.438	0.215
愉悦感	家	学校宿舍	0.982***	0.123	0.000
		学校周边租房	0.518	0.228	0.060

研究生常居住在自己家中主要存在两种原因。第一种，该研究生属于已婚群体，组建了自己的家庭，因而选择常居在自己家中。这一部分研究生的学习获得感的水平可能普遍较高，具体在下文“不同婚姻及生育状况研究生学习获得感比较”中我们将进行详细探讨。第二种，该研究生就读学校在生源地，学生并未离开家乡攻读学位。学生在生源地继续深造，更能感受到来自本地区的归属感与安全感。这部分研究生在就读期间仍然与家人、原人际交往圈保持较近的地理距离，因此不容易产生孤独、寂寞等消极情绪，得到的积极情感支持较为丰富，同时不存在长时段的适应期和过渡期。而居住在学校宿舍和在学校周边租房的研究生很有可能需要经历一段“人生地不熟”的调整期，逐步建立在他乡的人际关系网，才能适应新环境。

针对就读期间不同常居地的研究生在导生亲和感和同伴亲近感两个维度上未呈现出显著差异的情况，我们也可以根据实际情况进行推断。常住学校宿舍的学生在校时间更长，与导师和同学的接触机会或频率更多，因而在导生亲和感和同伴亲近感水平上并不会低于在家居住的研究生。但与此同时也可以发现，即便研究生与导师和同学相处的时间越长，其导生亲和感和同伴亲近感也未必会随之升高。

十六、不同婚姻及生育状况研究生学习获得感比较

为比较不同婚姻及生育状况研究生在学习获得感上的差异，本研究使用SPSS 26.0软件，根据回收有效数据对不同婚姻及生育状况研究生的学习获得感的得分进行了单因素ANOVA检验，分析结果如表3-3-24所示。

在本研究中，研究者向所有被试的3541名研究生调查了婚姻及生育状况，将被试研究生按不同婚姻及生育情况分为“未婚”“已婚未育”“已婚已育”以及“离异”四大类。其中，未婚研究生共有3084名，占87.09%；已婚未育研究生共有115名，占3.25%；已婚已育研究生共有331名，占9.35%；离异研究生共有11名，占0.31%。通过事后检验多重比较发现，不同婚姻及生育状况的研究生在学习获得感上存在显著差异（P<0.05），其中已婚已育研究生的学习获得感水平显著高于未婚的研究生。

表3-3-24　不同婚姻及生育状况研究生学习获得感差异性分析

比较项		平方和	*df*	均方	*F*	*Sig.*
研究生学习获得感	组间	9380.779	3	3126.926	13.286	0.000
	组内	832 434.737	3537	235.351		
	总和	841 815.516	3540			
导生亲和感	组间	200.216	3	66.739	3.250	0.021
	组内	72 631.042	3537	20.535		
	总和	72 831.258	3540			
希望感	组间	788.688	3	262.896	17.461	0.000
	组内	53 254.245	3537	15.056		
	总和	54 042.933	3540			
同伴亲近感	组间	258.608	3	86.203	5.522	0.001
	组内	55 212.701	3537	15.610		
	总和	55 471.309	3540			
自信感	组间	502.347	3	167.449	11.779	0.000
	组内	50 280.705	3537	14.216		
	总和	50 783.051	3540			
愉悦感	组间	269.931	3	89.977	23.303	0.000
	组内	13 656.939	3537	3.861		
	总和	13 926.871	3540			

不同婚姻及生育状况研究生学习获得感的得分均值情况如图3-3-8所示。可见，已婚已育研究生的学习获得感水平明显较高，而未婚研究生的学习获得感水平则相对较低，二者之间也构成了数据上的显著差异。就均值而言，已婚未育研究生的学习获得感水平仅次于已婚已育研究生，而离异研究生的学习获得感水平排名第三，但三者未形成数据上的显著差异。

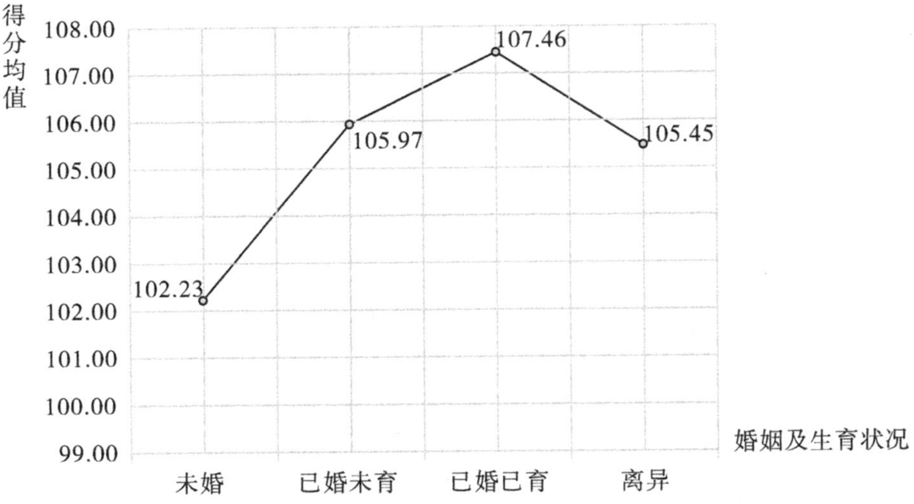

图3-3-8 不同婚姻及生育状况研究生学习获得感得分均值

与此同时，不同婚姻及生育状况的研究生在研究生学习获得感的五个维度上全部呈现出显著差异（P<0.05）：

在导生亲和感维度上，已婚已育研究生显著高于未婚研究生。

在希望感维度上，已婚未育研究生、已婚已育研究生显著高于未婚研究生。

在同伴亲近感维度上，已婚已育研究生显著高于未婚研究生。

在自信感维度上，已婚未育研究生、已婚已育研究生显著高于未婚研究生。

在愉悦感维度上，已婚未育研究生、已婚已育研究生显著高于未婚研究生。

不同婚姻及生育状况研究生的学习获得感及各维度事后检验多重比较数据如表3-3-25所示。

表3-3-25 研究生学习获得感及各维度不同婚育情况多重比较表（部分）

变量	婚育对照组1（I）	婚育对照组2（J）	平均值差值（I-J）	标准差	显著性
研究生学习获得感	已婚已育	未婚	5.221^{***}	0.887	0.000
		已婚未育	1.491	1.661	0.806
		离异	2.002	4.702	0.974
导生亲和感	已婚已育	未婚	0.769^{**}	0.262	0.018
		已婚未育	0.265	0.491	0.949
		离异	0.171	1.389	0.999

（续表）

变量	婚育对照组1（I）	婚育对照组2（J）	平均值差值（I-J）	标准差	显著性
希望感	已婚未育	未婚	1.007*	0.369	0.032
		已婚已育	−0.531	0.42	0.586
		离异	0.794	1.225	0.916
	已婚已育	未婚	1.538***	0.224	0.000
		已婚未育	0.531	0.420	0.586
		离异	1.325	1.189	0.681
同伴亲近感	已婚已育	未婚	0.840**	0.229	0.001
		已婚未育	0.175	0.428	0.977
		离异	−0.192	1.211	0.999
自信感	已婚未育	未婚	0.981*	0.358	0.031
		已婚已育	−0.199	0.408	0.962
		离异	0.360	1.19	0.990
	已婚已育	未婚	1.180***	0.218	0.000
		已婚未育	0.199	0.408	0.962
		离异	0.559	1.156	0.963
愉悦感	已婚未育	未婚	0.573*	0.187	0.012
		已婚已育	−0.322	0.213	0.430
		离异	−0.183	0.620	0.991
	已婚已育	未婚	0.894***	0.114	0.000
		已婚未育	0.322	0.213	0.430
		离异	0.139	0.602	0.996

通常我们可能会认为婚姻和生育会给研究生带来更多的家庭责任、压力和义务，因此婚育生活可能对研究生在校科研学习和心理状态、时间精力等形成消极影响。而未婚未育的研究生有更多的时间和精力投入到学习科研中，进而产生更多的学习获得和学习获得感。但姜华通过实证研究发现，尽管未婚博士生的科研产出在平均意义上高于已婚博士生，但博士研究生婚姻状况对其科研产出水平没有显著影

响[1]。本研究的调查结论显示，就整体而言，已婚（已婚未育和已婚已育）的研究生的学习获得感和导生亲和感、希望感、同伴亲近感、自信感、愉悦感水平均显著高于未婚研究生。关注研究生婚恋情况的相关研究中也有同样的发现。如，周永红、黄学发现并提出，婚恋是研究生主观幸福感的重要源泉，研究生的婚姻态度得分高有助于他们体验到更多的积极情感，而已婚研究生得分显著高于未婚研究生[2]。又如，宋晓东等发现，情感压力（如家庭和婚恋压力）显著影响博士生心理压力水平，但对硕士生影响较弱[3]。已婚（已婚未育和已婚已育）研究生的学习获得感和各维度水平均显著高于未婚研究生的原因可能有二。第一，相较于未婚研究生而言，已婚研究生面对的婚恋压力减少，在婚育上不存在不确定性和焦虑情绪，因此已婚研究生的主观幸福感和学习获得感等积极情绪体验都显著高于未婚研究生。我们应注意到，除了学业、就业等问题外，婚育给当代研究生带来的压力也同样不容忽视。第二，已婚研究生在组建家庭后获得的家庭情感支持更多，同时也更有责任感和使命感，因而在学习科研上有更强的学习动机和动力。特别是已婚已育研究生，更期待为子女做好榜样，为家庭和子女的未来发展奠定良好基础，因而更为迫切地加大自身的学习投入。

---

① 姜华：《高校博士研究生科研产出影响因素的实证分析》，《科学决策》2015年第7期。

② 周永红、黄学：《研究生婚姻态度及其与主观幸福感的关系研究》，《学位与研究生教育》2014年第5期。

③ 宋晓东、黄婷婷、景怡：《研究生心理压力调查报告——以北京某985高校研究生为例》，《中国青年社会科学》2019年第3期。

第四章
研究生学习获得感的影响因素

研究生学习过程十分复杂，学习获得感作为学生在学习过程中生成的主观心理感受，必然受到内外部多方面影响因素的共同作用。探究这些影响因素，可以为进一步理解研究生学习获得感的结构，为建构研究生学习获得感提升策略提供切实可靠的参考。

第一节　个体自身因素

基于文献综述和前期的质性探究，本研究将影响研究生学习获得感的因素主要界定为个体自身、课堂教学、导师指导和学校环境。为了解这四个影响因素与研究生学习获得感之间的关系，本研究采用Pearson相关检验进行数据分析，结果如表4-1-1所示，研究生学习获得感与个体自身、课堂教学、导师指导和学校环境四个因素均呈显著中度正相关（$P<0.001$），相关系数介于0.592~0.761之间。在四个影响因素中，个体自身因素与研究生学习获得感的相关性最强，相关系数为0.761，这表明相对其他变量而言，个体自身因素是影响研究生学习获得感的关键因素。其次是课堂教学因素（相关系数：0.704）、导师指导因素（相关系数：0.685）、学校环境因素（相关系数：0.592）。

表4-1-1　影响因素与学习获得感的相关性分析

影响因素	个体自身	课堂教学	导师指导	学校环境	学习获得感总分
个体自身	1				
课堂教学	0.665**	1			
导师指导	0.583**	0.624**	1		
学校环境	0.604**	0.691**	0.526**	1	
学习获得感总分	0.761**	0.704**	0.685**	0.592**	1

注1：相关性显著性Sig.（双侧）均为.000。

注2：＊＊表示在0.01水平（双侧）上显著相关。

由此可见，研究生作为学习获得感的创造主体和感受主体，内因对其学习获得感起关键作用，而外因只是条件。本节将主要针对影响研究生学习获得感的个体自身因素做描述性分析和差异性分析。

一、个体自身因素描述性分析

研究人员对四个影响因素的均值、中位数及标准差（如表4-1-2所示）进行统计后发现，在所有因素中个体自身因素的均值最高，达到23.25，略高于其中位数，表明研究生对个体自身因素的感知处于中等水平，仍有较大提升空间。总体而言，当前研究生能够感受到个体自身因素对其学习获得感的影响，但整体感知水平并不突出，有待进一步分析。

表4-1-2　影响因素整体描述性分析

影响因素	题项数量	均值	标准差	中位数	满分
影响因素总分	22	82.69	12.310	83.00	110
个体自身	6	23.25	3.297	23.00	30
学校环境	6	22.46	3.912	23.00	30
导师指导	6	22.17	4.541	23.00	30
课堂教学	4	14.82	2.889	15.00	20

本研究中的个体自身因素主要反映学生在研究生阶段中展现出的个体学习特征，涉及学习态度、归因方式及学习方法三个方面。进一步分析有关个体自身因素的具体题项可知，6个题项的均值在3.57~4.07之间（详见表4-1-3）。其中“我会主动完成导师布置的学习任务”等三个题项旨在考察学生的学习态度，“我会从自己身上寻找失败的原因”旨在考察学生的归因方式，“我常常反思自己学习上的不足”和“我会定期制订详细的学习计划”旨在考察学生的学习方法。

表4-1-3　个体自身因素具体题项的描述性分析

题项	均值	标准差	中位数
我会从自己身上寻找失败的原因	4.07	0.629	4.00
我会主动完成导师布置的学习任务	4.04	0.709	4.00
我会自学对本专业有帮助的知识	3.94	0.721	4.00
我常常反思自己学习上的不足	3.87	0.695	4.00
我总能乐观地面对学习困难	3.76	0.804	4.00
我会定期制订详细的学习计划	3.57	0.841	4.00

（一）研究生学习态度描述性分析

学习态度是学习者对学习活动的认知和评价，它能调节学习者的学习行为，直接影响学习的效率和效果①。学习态度受学习动机的制约，是学习者在学习活动中通过获得一定经验而习得的，是可以改变的②。研究生作为我国当前高等教育最高层次的受教育群体，不同于本科生，他们大多数情况下是研究者身份。研究生教育的管理模式更宽松，培养方式更灵活，时间安排更自由，研究生的主观能动性是影响其学业成功的重要因素。

良好的学习态度既是研究生完成在校学习和科研任务的内驱力，也是保障研究生教育质量的必要条件。换言之，"学习态度不仅仅是硕士研究生个体的主观变量，更是对研究生教育整体状况的客观反映，能够折射出研究生教育发展的成就和存在的问题"③。可见，了解研究生学习态度的现状及问题具有重要的个人意义和社会意义。

那么目前研究生的学习态度如何？由表4-1-3可知，"我会主动完成导师布置的学习任务""我会自学对本专业有帮助的知识"和"我总能乐观地面对学习困难"的均值分别为4.04、3.94、3.76，本调查样本表明目前研究生的学习态度总体上表现出积极向上的倾向，与已有研究结果具有一致性④⑤。与此同时，虽然研究生的学习态度总体良好，但仍有部分研究生对学习和科研持消极态度。研究生自身应更加重视养成良好学习态度的必要性，学校和导师应多途径地了解和把握研究生学习态度的动态变化，并与其共同探讨改善不良学习态度的策略。

（二）研究生归因方式描述性分析

"归因是一种对行为事件原因进行推断的认知加工过程，归因可以将人格、认知和情感体验联系在一起，认知加工方式的不同形成了不同的归因方式，从而导致

---

① 李东林、郑玮、朱静：《硕士研究生学习态度及其与学校因素的相关研究——以深圳S大学为例》，《高教探索》2017年第7期。

② 朱智贤主编《心理学大词典》，北京师范大学出版社，1989，第819页。

③ 同注①。

④ 安佳阳：《学术型硕士研究生学习投入现状及提升对策研究》，硕士学位论文，安徽财经大学公共管理系，2020，第1页。

⑤ 同注①。

个体产生不同的情感体验。”[①]归因方式指个体在过去经验和当前期望的基础上，对不同的事件或行为以一种相似的或习惯性的方式做出原因推理的归因倾向[②]。基于海德（Heide）的单因素归因理论，学习者在解释学业成败时通常会有两种倾向：一是将学业成败的原因归于外部，如学习环境的嘈杂程度、学习任务的难易程度、学习资源的充足程度等；二是将学业成败的原因归于个体内部，如动机水平、能力水平、努力程度等。

而韦纳（Weiner）的情绪和动机归因理论进一步指出，对于事件的归因与个体的心理健康之间存在相关性。总是把自己的失败归因于内部的、稳定的、不可控的因素会引发个体的习得性无助感。由此可知，引导研究生形成正确的归因方式对研究生的身心健康至关重要。已有研究也表明，归因方式是影响研究生专业满意度[③]、生活满意度[④]、学习倦怠[⑤]、学业成就[⑥⑦]、学业自我效能感[⑧]的重要因素。了解研究生的归因方式，对其进行适当的归因训练，引导他们正确地看待学习、科研、生活方面的成败，能够有效缓解研究生遇到学习困难时产生的挫败感与倦怠感。

那么目前研究生是否具备正确的归因方式？由表4-1-3可知，在个体自身因素的相关题项中，“我会从自己身上寻找失败的原因”的均值最高，达到了4.07，这表明目前研究生能够正视自己的失败，倾向于内部归因。该研究结果也在已有研究

---

① 刘倩倩：《硕士研究生专业满意度与归因方式的相关关系及干预研究》，硕士学位论文，辽宁师范大学应用心理学系，2014，第12页。

② 张爱卿：《归因理论研究的新进展》，《教育研究与实验》2003年第1期。

③ 同注①，第1页。

④ 刘敏、张欣艺、赵银：《硕士研究生成就动机与生活满意度：人际归因的中介效应》，《学位与研究生教育》2019年第11期。

⑤ 罗希：《硕士研究生学习倦怠、归因方式与人格的相关关系及干预研究》，硕士学位论文，辽宁师范大学应用心理学系，2012，第1页。

⑥ 黄学、周永红、吕催芳：《研究生成就动机特点及其影响因素分析》，《学位与研究生教育》2011年第7期。

⑦ 胡燕妮：《硕士研究生学业成败归因、自尊与学业倦怠的关系》，硕士学位论文，湖南农业大学高等教育学系，2016，第25页。

⑧ 张利民：《归因风格与硕士研究生学业自我效能感的关系研究》，硕士学位论文，西华师范大学心理健康教育系，2018，第1页。

中得到了验证[①]。虽然目前大多数研究生具备积极、正面的归因方式，但仍有少数研究生习惯于将自己的学业失败归因于导师、同伴、学校、家人等外部因素，这不利于其反思自我、修正错误。因此，学校和导师应加强教育引导，可以通过心理健康教育通识课程向研究生传授科学的归因方式，也可以依据研究生归因倾向的特点制订相应的归因干预训练方案，帮助存在错误归因方式的研究生进行及时调整。

（三）研究生学习方法描述性分析

学习方法指学习者为完成学习任务而采取的手段和方法，是学习策略的具体化[②]。学习方法按不同的标准可以分为不同的类别：按学习深入程度可分为深层学习方法和表层学习方法。深层学习方法以理解性学习和批判性学习为目标，以内在学习需求为动力，以类比、联想、系统建构等为基本策略，所以深层学习总是与自我建构、自我反思、问题解决、多元视野等联系在一起；而表层学习方法则是以再现学习内容为目标，以避免学习失败为主要动力，以各种形式的机械学习为手段[③]。所以，表层学习只是一种记忆型学习，学习者仅仅以记住知识与复述知识为目的，缺乏对知识的分析、整合和反思。学习方法既受到学习目的和内容的制约，又受到认知规律和学习者本人心理活动特点的制约。

良好的学习方法反映了一般的学习规律，并以丰富的学习实践经验作为依据。影响学习效果的重要条件之一就是学习方法的选择是否合理[④]。“研究生教育的主导属性就是专业教育，是对某一学科知识进行深入的学习和思考，其使命不仅是对该学科的知识进行创造从而拓展学科认知领域，也是对该学科的知识进行学习从而促进学科知识的应用和实践。”[⑤]可见，研究生的学习多以创新性学习、批判性学习为主，这既是研究生教育的内在要求，也是社会发展与科学研究对研究生的外在期待。研究生只有成为知识的探索者，熟练掌握并运用深层学习方法，提高批判思维能力和创新能力，才能在学术研究领域走得更远、更稳。

---

① 罗希：《硕士研究生学习倦怠、归因方式与人格的相关关系及干预研究》，硕士学位论文，辽宁师范大学应用心理学系，2012，第1页。

② 杨治良、郝兴昌主编《心理学辞典》，上海辞书出版社，2016，第586页。

③ 庞维国：《论学习方式》，《课程·教材·教法》2010年第5期。

④ 同注②。

⑤ 董云川、李敏：《研究生教育规律初探》，《研究生教育研究》2018年第5期。

那么目前研究生的学习方法是否合理？由表4-1-3可知，“我常常反思自己学习上的不足”和“我会定期制订详细的学习计划”的均值分别为3.87和3.57，这表明目前研究生的学习方法相对合理，大多数研究生会经常进行反思性学习，但其学习规划意识仍有待提升。已有研究通过日常观察和师生访谈也发现，71%的研究生对自己的学习与科研缺乏规划，以听从导师及任课教师的安排为主。除了专业学习和就业准备以外，只有极少数学生考虑研究生生涯中还有必要发展其他方面的能力与素养①。凡事预则立，不预则废。研究生常常要面对大量高深的专门知识和艰巨的科研任务，如果不能定期反思和规划自己的学习生活，很有可能使自己陷入“事倍功半”的尴尬境地。因此，研究生要学会正确制订学习目标，不能简单地用职业倾向定位取代学习目标，应适当参考导师及相关任课教师的建议，形成适合自己的、有条理且有逻辑的学习计划，并定期进行反思与调整。

二、个体自身因素差异性分析

在前文的描述性分析中，我们发现研究生的个体自身因素得分处于中等水平，而且存在着一定的个体差异。要探究究竟有哪些群体特质样本特征会影响个体自身因素，还须逐一进行独立样本T检验和单因素ANOVA检验。本研究将进一步考察不同性别、年龄、年级、户籍所在地、就读期间居住情况、婚育情况、学位层次、培养模式、学历、学制、科研项目参与情况、学术成果产出情况、学业成绩、入学前所属类别以及是否独生的研究生在个体自身因素上是否存在显著差异及这些差异体现在哪些方面。

（一）不同性别研究生个体自身因素比较

为比较男性研究生和女性研究生在个体自身因素上的差异，本研究使用SPSS 26.0软件，根据回收有效数据对不同性别研究生在个体自身因素总分及其具体题项上的得分进行了独立样本T检验，数据统计结果如表4-1-4所示，不同性别研究生在个体自身因素上存在显著差异（$P<0.05$），男性研究生的个体自身因素得分显著高于女性研究生。

---

① 孙锦明、刘凯：《高校社科类硕士研究生学习倦怠情况的调查研究》，《学位与研究生教育》2016年第10期。

表4-1-4　不同性别研究生个体自身因素差异性分析

题项	男性研究生		女性研究生		t
	M	SD	M	SD	
个体自身因素总分	23.50	3.656	23.17	3.187	2.243*
我会自学对本专业有帮助的知识	4.07	0.772	3.91	0.703	5.181***
我常常反思自己学习上的不足	3.89	0.773	3.86	0.671	0.983
我会从自己身上寻找失败的原因	4.07	0.690	4.07	0.611	−0.085
我会主动完成导师布置的学习任务	4.02	0.756	4.05	0.695	−0.997
我总能乐观地面对学习困难	3.85	0.849	3.73	0.789	3.722***
我会定期制订详细的学习计划	3.60	0.909	3.56	0.821	1.230

注：*，P<0.05；**，P<0.01；***，P<0.001。下同。

进一步分析具体题项可知，男性研究生在“我会自学对本专业有帮助的知识”和“我总能乐观地面对学习困难”上的得分非常显著地高于女性研究生，而且男性研究生在“我常常反思自己学习上的不足”“我会定期制订详细的学习计划”上的得分也略高于女性研究生，表明男性研究生的学习态度更积极，更倾向于采用深层学习方法。这与已有研究存在一致性，有研究通过实证研究也发现，男性研究生的学习适应性水平显著高于女性研究生，且男性研究生的自主学习、抗干扰能力、学习动力、学习能力、学习态度、学习基础适应水平均高于女性研究生[①]。

究其原因，一方面可能是因为高等教育领域和社会生活领域对女博士、女研究人员仍存在一些偏见，使女性研究生对未来能继续提高学历，具备从事科研工作的能力缺乏自信[②]。另一方面可能是因为女性研究生是集青年、知识分子、女性多重角色于一身的群体，她们在平衡学习和生活过程中会存在更多的困扰，比如事业家

① 李孝更、蔡国春：《硕士研究生学习适应性及其影响因素分析——基于江苏6所高校教育学研究生的实证研究》，《学位与研究生教育》2015年第7期。

② 王树涛、毛亚庆：《硕士研究生科研自我效能感的实证研究》，《学位与研究生教育》2013年第6期。

庭冲突、求职困难、身心不适等，因而常常无法全身心投入到学习和科研中①。总而言之，与男性研究生相比，女性研究生对学习和科研持更消极的态度倾向，家庭琐事的缠绕会影响其学习投入程度。

（二）不同学位层次（硕士/博士）研究生个体自身因素比较

为比较硕士研究生和博士研究生在个体自身因素上的差异，本研究使用SPSS 26.0软件，根据回收有效数据对硕士研究生和博士研究生在个体自身因素总分及其具体题项上的得分进行独立样本T检验，数据统计结果如表4-1-5所示，攻读不同学位层次的研究生在个体自身因素上存在非常显著的差异（$P<0.001$），其中博士研究生的个体因素得分非常显著地高于硕士研究生。

表4-1-5 不同攻读学位层次研究生个体自身因素差异性分析

题项	硕士研究生		博士研究生		t
	M	SD	M	SD	
个体自身因素总分	23.15	3.271	24.35	3.408	-5.832^{***}
我会自学对本专业有帮助的知识	3.92	0.716	4.25	0.716	-7.304^{***}
我常常反思自己学习上的不足	3.85	0.692	4.10	0.686	-5.997^{***}
我会从自己身上寻找失败的原因	4.06	0.628	4.19	0.636	-3.441^{**}
我会主动完成导师布置的学习任务	4.04	0.706	4.09	0.744	-1.185
我总能乐观地面对学习困难	3.74	0.804	3.95	0.779	-4.221^{***}
我会定期制订详细的学习计划	3.55	0.841	3.77	0.820	-4.193^{***}

进一步分析具体题项可知，硕士研究生与博士研究生在“我会自学对本专业有帮助的知识”“我常常反思自己学习上的不足”“我会从自己身上寻找失败的原因”“我总能乐观地面对学习困难”和“我会定期制订详细的学习计划”五个题项上均存在显著差异（$P<0.05$），且博士研究生的得分均显著高于硕士研究生。此外，博士研究生在“我会主动完成导师布置的学习任务”上的得分也略高于硕士研究生。可见，博士研究生拥有更加积极的学习态度和归因方式，也更倾向于采用深层学习

① 廖和平、王克喜、邓淇中：《社会性别视角下的高校女研究生“成长”问题及成因分析——基于6省（市）的18所高校的调查数据》，《湖南科技大学学报（社会科学版）》2016年第3期。

方法。

究其原因，这可能是因为“研究生教育面对的是集前沿性、原创性和不确定性为一体的高深专门知识，只有当被教育者具备抽象性和复杂性的高级认知和思维水平时，才能对高深专门知识进行加工、转化与再创造，据此形成新的指导人类生产和生活的新经验，继而实现知识的创新”[①]。一般而言，与硕士研究生相比，博士研究生的修业年限更长，研究目标更明确，研究问题更聚焦，科研经验也更丰富，对研究方法的运用更熟练，看待困难与挫折的方式也更成熟，所以其学习态度和归因方式自然也就更加积极、正面，学习方式也自然更加深入、系统。

（三）学术型与专业型博士研究生个体自身因素比较

为比较不同学位类型博士研究生（学术型博士研究生与专业型博士研究生）在个体自身因素上的差异，本研究使用SPSS 26.0软件，根据回收有效数据对学术型博士研究生和专业型博士研究生在个体自身因素总分及其具体题项上的得分进行了独立样本T检验，数据统计结果如表4-1-6所示，学术型博士研究生和专业型博士研究生在个体自身因素上不存在显著差异（$P>0.05$），但专业型博士研究生的个体自身因素得分略高于学术型博士研究生。

表4-1-6　不同类型博士研究生个体自身因素差异性分析

题项	学术型博士研究生		专业型博士研究生		t
	M	SD	M	SD	
个体自身因素总分	24.09	3.164	24.69	3.693	−1.439
我会自学对本专业有帮助的知识	4.17	0.688	4.34	0.741	−2.010*
我常常反思自己学习上的不足	4.08	0.644	4.14	0.740	−0.803
我会从自己身上寻找失败的原因	4.15	0.577	4.25	0.704	−1.265
我会主动完成导师布置的学习任务	4.03	0.731	4.18	0.755	−1.672
我总能乐观地面对学习困难	3.89	0.737	4.03	0.828	−1.408
我会定期制订详细的学习计划	3.78	0.787	3.75	0.866	0.307

进一步分析具体题项可知，专业型博士研究生与学术型博士研究生在“我会自学对本专业有帮助的知识”上存在显著差异（$P<0.05$），且专业型博士研究生在该

① 董云川、李敏：《研究生教育规律初探》，《研究生教育研究》2018年第5期。

题项上的得分显著高于学术型博士研究生，表明专业型博士研究生的学习态度更积极、学习主动性更高。这与已有研究存在一定的相似性，有研究者也发现，专业型博士研究生的学术研究兴趣反而高于学术型博士研究生，并且这种差异直接影响着他们的科研产出①。

究其原因，这可能是因为对学术型博士研究生的培养方向倾向于学术研究人才，而对专业型博士研究生的培养方向倾向于具备实践性和应用性的职业型人才，并且专业型博士研究生在求学期间参与工作的比例也高于学术型博士研究生，所以专业型博士研究生在学习期间研究的问题、内容和方法往往更具实践性和应用性，其研究成果能直接作用于实际工作，其学习内驱力自然也更强。

（四）学术型与专业型硕士研究生个体自身因素比较

为比较不同学位类型硕士研究生（学术型硕士研究生与专业型硕士研究生）在个体自身因素上的差异，本研究使用SPSS 26.0软件，根据回收有效数据对学术型硕士研究生和专业型硕士研究生在个体自身因素总分及其具体题项上的得分进行了独立样本T检验，数据统计结果如表4-1-7所示，学术型硕士研究生和专业型硕士研究生在个体自身因素上存在非常显著的差异（$P<0.001$），其中专业型硕士研究生的个体自身因素得分非常显著地高于学术型硕士研究生。

表4-1-7　不同类型硕士研究生个体自身因素差异性分析

题项	学术型硕士研究生		专业型硕士研究生		t
	M	SD	M	SD	
个体自身因素总分	22.84	3.378	23.42	3.155	-5.017^{***}
我会自学对本专业有帮助的知识	3.87	0.731	3.96	0.701	-3.815^{***}
我常常反思自己学习上的不足	3.80	0.697	3.88	0.685	-3.103^{**}
我会从自己身上寻找失败的原因	4.00	0.656	4.10	0.599	-4.509^{***}
我会主动完成导师布置的学习任务	3.98	0.724	4.08	0.687	-4.104^{***}
我总能乐观地面对学习困难	3.68	0.809	3.80	0.796	-4.011^{***}
我会定期制订详细的学习计划	3.50	0.851	3.59	0.831	-2.995^{**}

① 吴红斌、沈文钦、陈洪捷：《学术型博士生科研产出更高吗？——来自临床医学的经验》，《学位与研究生教育》2020年第1期。

进一步分析具体题项可知，专业型硕士研究生与学术型硕士研究生在“我会自学对本专业有帮助的知识”“我常常反思自己学习上的不足”“我会从自己身上寻找失败的原因”“我会主动完成导师布置的学习任务”“我总能乐观地面对学习困难”“我会定期制订详细的学习计划”上均存在显著差异（P<0.05），且专业型硕士研究生的得分均显著高于学术型硕士研究生，表明专业型硕士研究生的学习态度和归因方式更积极，更倾向于采用深层学习方法。

究其原因，这可能是因为当前学术型硕士研究生的学术目标与就业目标存在一定冲突，其学习动机相对复杂[①]。大部分学术型硕士研究生在毕业后往往不愿意或者没有信心继续从事科研工作，所以其就业选择与培养取向存在一定程度的脱节，而这种脱节对其学习积极性产生了消极影响[②]。而且研究生从事课题研究的机会与数量相对不足，从事高水平、高层次、高质量的课题研究项目机会相对较少，牵头主持科研课题的机会更少[③]，但大部分学术型研究生非常认可科研训练对于提升自身研究设计能力、研究计划执行能力的作用[④]。由此可知，学术型硕士研究生的学术期望与科研训练强度之间也存在着脱节。总的来说，学术型硕士研究生的就业选择与培养取向、学术期望与科研训练强度之间存在的差距无形中影响着他们的学习动机和学习态度，进而阻碍其学习投入。

（五）全日制与非全日制硕士研究生个体自身因素比较

为比较全日制硕士研究生和非全日制硕士研究生在个体自身因素上的差异，本研究使用SPSS 26.0软件，根据回收有效数据对全日制硕士研究生和非全日制硕士研究生在个体自身因素总分及其具体题项上的得分进行了独立样本T检验，数据统计结果如表4-1-8所示，全日制硕士研究生与非全日制硕士研究生在个体自身因素上存在显著差异（P<0.01），且非全日制硕士研究生的得分显著高于全日制硕士研究生。

---

① 陈志祥：《硕士研究生学术与就业的矛盾及其对策》，《学位与研究生教育》2011年第7期。

② 陈新忠、未增阳：《学术型研究生培养现状及改善策略》，《研究生教育研究》2013年第5期。

③ 周文辉、吴晓兵、李明磊：《研究生参与导师课题研究的现状与对策》，《清华大学教育研究》2011年第4期。

④ 周文辉、黄欢、牛晶晶、刘俊起：《2020年我国研究生满意度调查》，《学位与研究生教育》2020年第8期。

表4-1-8　不同学历硕士研究生个体自身因素差异性分析

题项	全日制硕士研究生		非全日制硕士研究生		t
	M	SD	*M*	SD	
个体自身因素总分	23.10	3.264	23.77	3.299	−3.188**
我会自学对本专业有帮助的知识	3.91	0.714	4.03	0.730	−2.653**
我常常反思自己学习上的不足	3.84	0.687	3.94	0.739	−2.297*
我会从自己身上寻找失败的原因	4.05	0.624	4.16	0.663	−2.600*
我会主动完成导师布置的学习任务	4.03	0.707	4.16	0.680	−3.023**
我总能乐观地面对学习困难	3.73	0.804	3.87	0.795	−2.684**
我会定期制订详细的学习计划	3.54	0.839	3.61	0.862	−1.181

进一步分析具体题项可知，全日制硕士研究生与非全日制硕士研究生在“我会自学对本专业有帮助的知识”“我常常反思自己学习上的不足”“我会从自己身上寻找失败的原因”“我会主动完成导师布置的学习任务”“我总能乐观地面对学习困难”上存在显著差异（$P<0.05$），且非全日制硕士研究生的得分均明显高于全日制硕士研究生。在“我会定期制订详细的学习计划”上，二者的得分虽没有显著差异（$P>0.05$），但非全日制硕士研究生在该题项上的得分也略高于全日制硕士研究生。由此可以推断，非全日制硕士研究生的学习态度和归因方式更积极，更倾向于采用深层学习方法。这与已有研究存在相似性①。

究其原因，这可能是非全日制硕士研究生和全日制硕士研究生的培养目的存在较大差异所致。非全日制硕士研究生的设立是为了满足广大在职人员提升专业知识技能、促进个人发展的强烈愿望，以及我国经济社会发展对大量高素质专业人才的迫切需求。所以，非全日制硕士研究生中在职人员的比例非常高，这类人员心智往往比较成熟，学习目标也更为明确，与尚未工作、尚未成家的应届考生相比，他们

① 周文辉、黄欢、牛晶晶、刘俊起：《2020年我国研究生满意度调查》，《学位与研究生教育》2020年第8期。

的责任感往往更强。

与此同时，为适应在职人员的特点，非全日制硕士研究生的考试门槛较低，培养模式也更灵活[①]。学校和导师考虑到在职人员的学习时间和精力有限，往往也会对其适当放宽要求。所以，非全日制硕士研究生的学术压力要远远小于全日制硕士研究生，无论是外界赋予的或是他们自身的学术期望和要求都更低，在学习和科研中，他们拥有更多的主观能动性和自由，更好地做到了“为自己而学、为兴趣而学”。然而，背负着“高期待、高标准、高要求”的全日制硕士研究生则更容易对学习和科研产生消极情绪和抵触情绪，时常存在“为科研而学、为导师而学、为毕业而学”的错误心态。

（六）两年制与三年制硕士研究生个体自身因素比较

为比较两年制硕士研究生和三年制硕士研究生在个体自身因素上的差异，本研究使用SPSS 26.0软件，根据回收有效数据对两年制硕士研究生和三年制硕士研究生在个体自身因素总分及其具体题项上的得分进行了独立样本T检验，数据统计结果如表4-1-9所示，两年制硕士研究生和三年制硕士研究生在个体自身因素上不存在显著差异（P>0.05），但两年制硕士研究生的个体自身因素得分略高于三年制硕士研究生。

表4-1-9　不同学制硕士研究生个体自身因素差异性分析

题项	两年制硕士研究生		三年制硕士研究生		t
	M	SD	M	SD	
个体自身因素总分	23.33	3.186	23.08	3.301	1.923
我会自学对本专业有帮助的知识	3.91	0.714	4.03	0.730	1.047
我常常反思自己学习上的不足	3.84	0.687	3.94	0.739	0.866
我会从自己身上寻找失败的原因	4.05	0.624	4.16	0.663	2.193*
我会主动完成导师布置的学习任务	4.03	0.707	4.16	0.680	1.097
我总能乐观地面对学习困难	3.73	0.804	3.87	0.795	2.718**
我会定期制订详细的学习计划	3.54	0.839	3.61	0.862	0.719

① 李骐、戴一飞：《非全日制硕士研究生招生中“隐形失衡”问题探究》，《学位与研究生教育》2020年第2期。

进一步分析具体题项可知，两年制硕士研究生与三年制硕士研究生在“我会从自己身上寻找失败的原因”“我总能乐观地面对学习困难”两个题项上存在显著差异（P<0.05），且两年制硕士研究生的得分均高于三年制硕士研究生。可见，两年制硕士研究生的归因方式更积极，学习态度也更加乐观。这可能是两年制硕士研究生因为修业年限更短而感受到了更高的“投资—回报比”，他们能在更短的时间内拥有含金量相同的硕士学位；而且正是因为只有两年的修业年限，他们在学习和科研过程中往往更加珍惜时间，其归因方式和学习态度自然也更加积极。

（七）参与科研项目情况不同的研究生个体自身因素比较

为比较参与科研项目情况不同的研究生在个体自身因素上的差异，本研究使用SPSS 26.0软件，根据回收有效数据对参与过科研项目的研究生和尚未参与科研项目的研究生在个体自身因素总分及其具体题项上的得分进行了独立样本T检验，数据统计结果如表4-1-10所示，参与科研项目的研究生与未参与科研项目的研究生在个体自身因素上存在非常显著的差异（P<0.001），且参与科研项目的研究生的得分非常显著地高于未参与科研项目的研究生。

表4-1-10 参与科研项目情况不同的研究生个体自身因素差异性分析

题项	参与科研项目		未参与科研项目		t
	M	SD	M	SD	
个体自身因素总分	23.54	3.403	23.07	3.221	4.056***
我会自学对本专业有帮助的知识	4.01	0.738	3.91	0.709	4.019***
我常常反思自己学习上的不足	3.92	0.704	3.84	0.687	3.265**
我会从自己身上寻找失败的原因	4.08	0.650	4.06	0.617	0.827
我会主动完成导师布置的学习任务	4.04	0.727	4.04	0.698	0.186
我总能乐观地面对学习困难	3.83	0.810	3.72	0.797	4.050***
我会定期制订详细的学习计划	3.66	0.848	3.51	0.833	0.505***

进一步分析具体题项可知，在“我会自学对本专业有帮助的知识”“我常常反思自己学习上的不足”“我总能乐观地面对学习困难”“我会定期制订详细的学习计划”上，参与过科研项目的研究生与未参与科研项目的研究生均存在显著差异

（$P<0.01$），且参与过科研项目的研究生的得分均显著高于未参与科研项目的研究生。可见，参与过科研项目的研究生的学习态度更积极，更倾向于采用深层学习方法。这与已有研究存在一致性。有研究也指出参与科研项目能增强学生对科研职业的兴趣，帮助其完善职业规划；参与科研项目的研究生更熟悉研究的流程和范式，并更能聚焦于科研活动，学术自信心也更强①。

由此可见，通过参与科研项目，研究生逐步了解研究过程，学以致用，内化科研项目所涉及的专业知识，接触并掌握科学研究的方法和技巧，进而强化自身的研究能力。而且在参与科研项目过程中，研究生学会从研究者的角度进行思考和实践，增强了学术自信心和身份认同感，进而产生更加强烈的内部学习动机，形成更加积极的学习态度，进行更深层次的学习，而不仅仅停留在学会知识的层面。因此，“在研究生培养工作中，培养单位应倡导研究生积极参与科研活动，注重学习过程，而不仅仅是最终的科研成果”②，这对于提升研究生的创造力和激发研究生的科研兴趣具有重要意义。

（八）不同户籍类型研究生个体自身因素比较

为比较城市户籍研究生和农村户籍研究生在个体自身因素上的差异，本研究使用SPSS 26.0软件，根据回收有效数据对城市户籍研究生和农村户籍研究生在个体自身因素总分及其具体题项上的得分进行了独立样本T检验，数据统计结果如表4-1-11所示，城市户籍研究生和农村户籍研究生在个体自身因素上存在非常显著的差异（$P<0.001$），其中城市户籍研究生的个体自身因素得分非常显著地高于农村户籍研究生。

表4-1-11　不同户籍类型研究生个体自身因素差异性分析

题项	城市户籍研究生		农村户籍研究生		t
	M	SD	M	SD	
个体自身因素总分	23.60	3.287	22.91	3.274	6.222***
我会自学对本专业有帮助的知识	4.02	0.708	3.87	0.726	6.496***

① 尹奎、邢璐、王崇锋：《研究生科研经历、创造力与科研职业抱负的关系：学习目标导向的调节作用》，《心理与行为研究》2017年第15期。

② 同上。

（续表）

题项	城市户籍研究生		农村户籍研究生		t
	M	SD	M	SD	
我常常反思自己学习上的不足	3.92	0.697	3.81	0.689	4.546^{***}
我会从自己身上寻找失败的原因	4.12	0.626	4.02	0.628	4.974^{***}
我会主动完成导师布置的学习任务	4.09	0.690	4.00	0.724	3.910^{***}
我总能乐观地面对学习困难	3.82	0.817	3.71	0.787	4.062^{***}
我会定期制订详细的学习计划	3.63	0.858	3.51	0.822	4.121^{***}

进一步分析具体题项可知，城市户籍研究生与农村户籍研究生在六个题项上均存在非常显著的差异（$P<0.001$），在“我会自学对本专业有帮助的知识”“我常常反思自己学习上的不足”“我会从自己身上寻找失败的原因”“我会主动完成导师布置的学习任务”“我总能乐观地面对学习困难”“我会定期制订详细的学习计划”上，城市户籍研究生均非常显著地高于农村户籍研究生。这表明城市户籍研究生的学习态度和归因方式更加积极，更倾向于采用深层学习方法。这与已有研究结果存在一致性。有研究者发现，来自城市的硕士研究生对研究生生活更为满意，而且他们更偏向于内部、稳定的归因方式，属于乐观的归因风格，但是来自农村的硕士研究生却恰好相反[①]。

究其原因，这可能是因为大多数城市户籍研究生的家庭经济水平和父母受教育水平高于农村户籍研究生，所以城市户籍研究生往往享有更优质的教育资源、更好的学习环境以及更小的经济压力，自身的教育期望、成绩动机也更高。在“拼爹时代”等社会负面言论的影响下，农村户籍研究生更有可能持消极的学习态度和归因方式，甚至出现“自己再怎么努力也比不上生来就含着金汤匙的有钱人家的小孩”的错误心态。而且，不少农村户籍研究生在就读期间迫于经济压力而身兼多职以补贴家用，很难专心于学习和科研。

① 刘敏、张欣艺、赵银：《硕士研究生成就动机与生活满意度：人际归因的中介效应》，《学位与研究生教育》2019年第11期。

（九）独生子女与非独生子女研究生个体自身因素比较

为比较独生子女研究生和非独生子女研究生在个体自身因素上的差异，本研究使用SPSS 26.0软件，根据回收有效数据对独生子女研究生和非独生子女研究生在个体自身因素总分及其具体题项上的得分进行了独立样本T检验，数据统计结果如表4-1-12所示，独生子女研究生和非独生子女研究生在个体自身因素上存在非常显著的差异（P<0.001），且独生子女研究生的个体自身因素得分非常显著地高于非独生子女研究生。

表4-1-12　独生子女与非独生子女研究生个体自身因素差异性分析

题项	独生子女研究生		非独生子女研究生		t
	M	SD	M	SD	
个体自身因素总分	23.55	3.323	23.12	3.278	3.608***
我会自学对本专业有帮助的知识	4.01	0.721	3.92	0.720	3.412**
我常常反思自己学习上的不足	3.90	0.699	3.85	0.692	1.770
我会从自己身上寻找失败的原因	4.12	0.623	4.05	0.631	3.306**
我会主动完成导师布置的学习任务	4.10	0.713	4.02	0.706	3.076**
我总能乐观地面对学习困难	3.81	0.835	3.74	0.790	2.211*
我会定期制订详细的学习计划	3.62	0.872	3.54	0.827	2.568*

进一步分析具体题项可知，在“我会自学对本专业有帮助的知识”“我会从自己身上寻找失败的原因”“我会主动完成导师布置的学习任务”“我总能乐观地面对学习困难”“我会定期制订详细的学习计划”上，独生子女研究生和非独生子女研究生也存在显著差异（P<0.05），且独生子女研究生的得分均显著高于非独生子女研究生。此外，独生子女研究生在“我常常反思自己学习上的不足”上的得分也略高于非独生子女研究生。可见独生子女研究生的学习态度和归因方式更积极，更倾向于采用深层学习方法。这与已有研究存在一致性[①]。

究其原因，是否独生与户籍差异对研究生产生的影响如出一辙。一般独生子女

① E.Scott Huebner, Rich Gilman, “Students who like and dislike school,” *Applied Research in Quality of Life* 1, no.2（2006）: 139-150.

多来自城市，而城市家庭的经济条件相对较好，因此独生子女研究生要承受的经济压力较小，且受到的家庭关怀更多，因此成就动机也往往更为强烈，学习态度、归因方式自然更为积极，学习方法也更加科学、合理。

（十）获得不同数量科研成果研究生个体自身因素比较

为比较获得不同数量科研成果研究生在个体自身因素上的差异，本研究使用SPSS 26.0软件，根据回收有效数据对获得不同数量科研成果研究生在个体自身因素总分及其具体题项上的得分进行了单因素ANOVA检验，分析结果如表4-1-13所示。通过事后检验多重比较发现，获得不同数量科研成果的研究生在个体自身因素上存在显著差异（P<0.05），且“已有3到4篇/项科研成果”的研究生在个体自身因素上的得分显著高于“暂无任何科研成果”和“已有1到2篇/项科研成果”的研究生，“已有5篇/项及以上科研成果”的研究生显著高于“暂无任何科研成果”的研究生。

表4-1-13　不同科研成果数量研究生个体自身因素差异性分析

统计项		平方和	df	均方	F	Sig.
个体自身因素	组间	342.381	3	114.127	10.583	0.000
	组内	38 144.374	3537	10.784		
	总和	38 486.755	3540			

总的来说，有科研成果的研究生对自我的认知和评价要显著高于没有科研成果的研究生。因为科研论文写作与发表对于研究生来说，不仅仅是成果，更是一个重要的学习过程，是提升自身学术素养和专业素养的重要途径。在科研论文写作与发表的过程中，研究生的信息素养、学术规范素养、批判性思维能力以及提出问题、分析问题、解决问题的能力均得到了大大提升。

与此同时，研究生的学术自信心和身份认同感也会因为学术产出的获得而进一步增强[①]。国外关于学者的学术生产力的研究均显示博士期间的学术表现与学者的学术产出有着极为密切的联系。例如，费兰克·克莱门特（Frank Clemente）的研究指出，发表第一篇论文的年龄、博士学位获得前的学术成果发表数量是影响学者

① 蔡基刚：《期刊论文发表与研究生学术素养和专业素养培养》，《学位与研究生教育》2020年第7期。

的学术生产力的最重要因素，也是博士未来学术生产力的重要预测指标。而且发表第一篇论文时的年龄越小，获得博士学位前的科研产出越多，学者后期的科研产出也越多①。由此可以推断，在研究生教育期间参与科研并发表论文会促使研究生更有动力和信心从事科研工作。

（十一）不同学业成绩研究生个体自身因素比较

为比较不同学业成绩研究生在个体自身因素上的差异，本研究使用SPSS 26.0软件，根据回收有效数据对不同学业成绩研究生在个体自身因素总分及其具体题项上的得分进行了单因素ANOVA检验，分析结果如表4-1-14所示。通过事后检验多重比较发现，不同学业成绩的研究生在个体自身因素上存在显著差异（$P<0.05$），且选择成绩等级“优”的研究生在个体自身因素上的得分显著高于成绩等级“良”“中”“差”的研究生，选择成绩等级“良”的研究生在个体自身因素上的得分显著高于成绩等级“中”“差”的研究生，选择成绩等级“中”的研究生在个体自身因素上的得分显著高于成绩等级“差”的研究生。

表4-1-14　不同成绩研究生个体自身因素差异性分析

统计项		平方和	df	均方	F	Sig.
个体自身因素	组间	2760.681	3	920.227	91.103	0.000
	组内	35 726.074	3537	10.101		
	总和	38 486.755	3540			

总的来说，研究生的学业成绩与其自我认知和评价成正比。因为学习成绩优异的研究生在学习过程中往往更具自信感、希望感和愉悦感，其付出得到最直观的回报，而且好成绩所带来的积极情绪体验又会进一步增强研究生的学习动机和兴趣，促使其加大学习投入。学习成绩较差的研究生在学习过程中则往往体验感较差，更容易产生厌学情绪和自卑情绪，丧失学习价值感和学习兴趣，与优秀的同伴相比，其自我认知水平自然也更低。

（十二）入学前不同类别研究生个体自身因素比较

为比较入学前不同类别硕士研究生（同专业本科毕业、跨专业本科毕业或同等

① 张存群、马莉萍：《学术活跃度与博士生学术产出的实证分析——以中国某研究型大学为案例》，《研究生教育研究》2013年第6期。

学力）在个体自身因素上的差异，本研究使用SPSS 26.0软件，根据回收有效数据对入学前不同类别硕士研究生在个体自身因素总分及其具体题项上的得分进行了单因素ANOVA检验，数据统计结果如表4-1-15所示，入学前不同类别硕士研究生在个体自身因素上不存在显著差异（P>0.05）。

表4-1-15　入学前不同类别研究生个体自身因素差异性分析

统计项		平方和	df	均方	F	Sig.
个体自身因素	组间	53.686	2	26.843	2.511	0.081
	组内	34 861.638	3261	10.690		
	总和	34 915.323	3263			

（十三）不同年级硕士研究生个体自身因素比较

为比较不同年级硕士研究生在个体自身因素上的差异，本研究使用SPSS 26.0软件，根据回收有效数据对不同年级硕士研究生在个体自身因素及其具体题项上的得分进行了单因素ANOVA检验，数据统计结果如表4-1-16所示，不同年级的硕士研究生在个体自身因素上不存在显著差异（P<0.05）。

表4-1-16　不同年级研究生个体自身因素差异性分析

统计项		平方和	df	均方	F	Sig.
个体自身因素	组间	29.984	2	14.992	1.401	0.246
	组内	34 885.339	3261	10.698		
	总和	34 915.323	3263			

（十四）不同年龄段研究生个体自身因素比较

为比较不同年龄段研究生在个体自身因素上的差异，本研究使用SPSS 26.0软件，根据回收有效数据对不同年龄段研究生在个体自身因素总分及其具体题项上的得分进行了单因素ANOVA检验，分析结果如表4-1-17所示。通过事后检验多重比较发现，不同年龄段的研究生在个体自身因素上存在显著差异（P<0.05），且36~40岁研究生的得分明显高于21~25岁和26~30岁研究生，41岁及以上研究生的得分明显高于21~25岁和26~30岁研究生。

表4-1-17　不同年龄段研究生个体自身因素差异性分析

统计项		平方和	df	均方	F	Sig.
个体自身因素	组间	453.124	4	113.281	10.532	0.000
	组内	38 033.631	3536	10.756		
	总和	38 486.755	3540			

该研究发现与已有研究结果存在相似性。有实证研究表明，高年龄组研究生的学习能力、学习态度适应水平显著高于平均年龄组研究生[①]。还有研究者发现，20至28岁之间的硕士生的成就动机呈现出随年龄增长而增强的趋势[②]。

究其原因，可能是因为年长的研究生往往阅历更丰富、心智更成熟、目标更明确，他们的工作、生活、学习状态也都逐渐趋向平稳，所以在面对学习中的困难与挫折时往往更加从容、淡定和冷静，他们更关注自身而不是外界的声音。但是大多数处于21~25岁的研究生往往更加焦躁和不安，因为此时的他们正处于面临各种重大抉择的关键时期，如何择业、何时婚育都是他们无法回避却又亟待解决的人生大事，所以他们常常有一种“心有余而力不足”的无奈，并进而产生自我怀疑和自我否定。

（十五）就读期间不同常居地研究生个体自身因素比较

为比较就读期间不同常居地研究生在个体自身因素上的差异，本研究使用SPSS 26.0软件，根据回收有效数据对就读期间不同常居地研究生在个体自身因素总分及其具体题项上的得分进行了单因素ANOVA检验，分析结果如表4-1-18所示。通过事后检验多重比较发现，就读期间不同常居地的研究生在个体自身因素上存在显著差异（P<0.05），其中，就读期间常居住在家的研究生对个体自身因素的感知显著优于常居住在学校宿舍的研究生。

① 李孝更、蔡国春：《硕士研究生学习适应性及其影响因素分析——基于江苏6所高校教育学研究生的实证研究》，《学位与研究生教育》2015年第7期。

② 刘敏、张欣艺、赵银：《硕士研究生成就动机与生活满意度：人际归因的中介效应》，《学位与研究生教育》2019年第11期。

表4-1-18　不同居住地研究生个体自身因素差异性分析

统计项		平方和	df	均方	F	Sig.
个体自身因素	组间	176.618	2	88.309	8.155	0.000
	组内	38 310.137	3538	10.828		
	总和	38 486.755	3540			

究其原因，这可能是因为就读期间常居住在家的研究生大多都是已经组建了家庭或者在就读学校所在地生活的学生，他们不用花费大量的时间和精力来经营和处理舍友关系，也无须经历新生适应期。在遇到困难和挫折时，他们能够更快地得到家长和朋友的帮助、支持和开导，所以他们对自我的认知也往往更为积极、正面。

（十六）不同婚姻及生育状况研究生个体自身因素比较

为比较不同婚姻及生育状况研究生在个体自身因素上的差异，本研究使用SPSS 26.0软件，根据回收有效数据对不同婚姻及生育状况研究生在个体自身因素总分及其具体题项上的得分进行了单因素ANOVA检验，分析结果如表4-1-19所示。通过事后检验多重比较发现，不同婚姻及生育状况的研究生在个体自身因素上存在显著差异（P<0.05），且已婚已育的研究生对其个体自身因素的感知显著优于未婚的研究生。这与已有研究存在相似性。有研究表明，夫妻关系不仅能为博士生提供支持和陪伴，婚姻对博士生自身的认知和目标也有促进作用，并且从侧面促使其提高科研发表效率①。

表4-1-19　不同婚姻情况研究生个体自身因素差异性分析

统计项		平方和	df	均方	F	Sig.
个体自身因素	组间	214.310	3	71.437	6.602	0.000
	组内	38 272.446	3537	10.821		
	总和	38 486.755	3540			

究其原因，这可能是因为婚姻为博士生带来家庭责任感，促使其为未来职业道路进行规划，并全身心投入到论文写作过程中②。但是需要特别注意的是，婚姻给

①　罗蕴丰：《结婚影响博士生科研发表吗——基于2016年首都高校博士生调查数据的实证分析》，《研究生教育研究》2020年第4期。

②　同上。

研究生自我认知带来的积极影响可能存在性别差异。部分质性研究发现，婚恋会使女性博士生的部分精力与时间慢慢从科研活动中抽离出来，从而使其在科研活动中慢慢被边缘化，甚至放弃学术计划与学术理想；但男性博士生则不然，一旦恋爱关系或婚姻稳定后，正常、稳定的婚恋关系会促使男性博士生以更好的心理状态进行科研活动[①]。由此可见，我们应当辩证地看待婚育给男性研究生和女性研究生带来的影响，不能一概而论。

① 樊慧：《社会性别视角下高校在读博士生科研行为影响因素分析》，硕士学位论文，兰州大学社会学系，2010，第31页。

第二节　课堂教学因素

课堂是提高研究生知识储备、创新能力、科研能力的“主战场”，对研究生教育有着重要意义。前述研究生学习获得感影响因素相关分析结果表明：课堂教学与研究生学习获得感相关度排在四个影响因素中的第二位（详见表4-1-1）。

然而，通过调查发现，作为研究生学习获得感影响因素之一的课堂教学因素，其均值得分14.82（满分为20）在所有四个因素中位列第四，处于最低水平（详见表4-1-2），且低于中位数值，说明研究生对课堂教学的满意度不高。周文辉等近四年（2016—2019年）对我国研究生满意度调查的结果显示，研究生对课程教学的总体满意度均低于对研究生教育的总体满意度，且差值呈递增趋势（2016年、2017年、2018年、2019年差值分别为 0.1、1.2、2.2和 3.8个百分点）[①②③④]。

由此可见，现有的研究生课堂教学质量不高，对提高研究生学习获得感的作用十分有限。一方面，研究生课堂的任课教师虽往往在科研和学术领域上卓有成就，但教师具有较高的科研能力不代表其具有较高的教学能力，高校任课教师的教学方式、教学理念亟待改善；另一方面，任课教师普遍面临科研和职称等压力，导致教

① 周文辉、黄欢、付鸿飞、刘俊起：《2016年我国研究生满意度调查》，《学位与研究生教育》2016年第11期。

② 周文辉、黄欢、付鸿飞、刘俊起：《2017年我国研究生满意度调查》，《学位与研究生教育》2017年第9期。

③ 周文辉、黄欢、付鸿飞、刘俊起：《2018年我国研究生满意度调查》，《学位与研究生教育》2018年第8期。

④ 周文辉、黄欢、牛晶晶、刘俊起：《2019年我国研究生满意度调查》，《学位与研究生教育》2019年第7期。

师主观上对课堂教学的投入不足，从而影响研究生课堂教学质量。研究生课堂教学包括教学内容、教学方式、教学互动与课后学习任务四个主要方面，接下来将对这四个方面进行深入的描述性分析与差异性分析。

一、课堂教学因素描述性分析

如表4-2-1所示，通过分析本研究所得数据，不难发现，在课堂教学因素各方面的评价中，研究生对课堂互动的认可度最高，题项“教师在课上经常与我们互动”的得分均值达到3.84；其次是对教师布置的学习任务的认可度，题项的得分均值为3.72；再次是对教师教学方式的看法，题项得分均值为3.69；研究生对课堂教学内容的认可度最低，题项得分均值仅为3.56。

表4-2-1　课堂教学因素各题项均值、标准差与中位数

题项	均值	标准差	中位数
教师在课上经常与我们互动	3.84	0.81	4.00
各任课教师布置的学习任务都有助于我提高科研能力	3.72	0.841	4.00
教师会运用多种教学方式进行教学	3.69	0.872	4.00
教师上课讲的内容都很有趣	3.56	0.89	4.00

（一）教学互动

在课堂教学因素的四个题项之中，“教师在课上经常与我们互动”一题的单题得分均值最高（M=3.84），说明教师普遍注重课堂中与研究生的互动。课堂教学中的师生交流对于提高教学质量十分重要。已有研究表明，若课堂上师生缺乏交流，学生会更倾向于采取表层学习方式，如不认真听讲、重识记而不理解、缺乏内在学习兴趣，从而对学习收获产生间接和直接的负面影响①。

通过与教师的课堂互动，研究生对课堂学习的参与感与体验感得到提升，在课堂学习中的主体性也会增强。主体性的增强，能使研究生感受到自己是课堂教与学互动中的一分子，而不只是孤零零的“观众”。同时，课堂参与感的增强，会激发学生讨论与探索知识的兴趣与动力，从而促进研究生对知识的深度学习。教师在课堂中增加互动，同时也能拉近师生之间的距离，打破学生心理上的防备，有利于学

① 史秋衡、郭建鹏：《我国大学生学情状态与影响机制的实证分析》，《教育研究》2012年第2期。

生与教师之间的进一步沟通与交流，使学生在交流中收获知识。研究生课堂提倡“以生为本”，教学要以学生为中心，尊重学生的主体性。

研究生课堂的师生互动效果会受到教师的教育观念、知识结构、教学监控能力的影响。若教师的教育观念落后，教师就会忽略学生在课堂中的主体性，倾向于在讲台上唱“独角戏”，而难以意识到互动与交流的重要性。教师的知识结构也影响着师生互动的效果。若教师对自己的知识水平不自信，则会倾向于通过讲授式的教学方式掩饰自己的不自信。教师的教学监控能力决定了教师能否在教学中及时察觉学生的状态与需求，教学监控能力强的教师善于根据学生的状态调整互动方式，保证课堂教学的有效进行。

（二）课后学习任务

“各任课教师布置的学习任务都有助于我提高科研能力”题项的均值分为3.72（见表4-2-1），处于中等偏上水平，说明研究生对教师布置的作业质量普遍认可。下课铃声响并不意味着一堂课的学习就此结束，而是意味着研究生需要把学习这件事从教室转移到其他空间，如图书馆、自习室、实践基地等。课后学习任务能帮助研究生反刍在课堂中领悟到的内容，并促使研究生将知识学以致用。同时，课后学习任务的完成会对研究生在下一节课堂中的表现有影响。已有研究表明，课堂外的学习准备情况影响学生的课堂参与程度①。若学生没有很好地完成学习任务，因没有完成任务而无法参与相关的课堂互动活动，课堂参与的程度将受到限制。因此，课后学习任务的质量对研究生的课堂学习效果以及学习获得感水平有着重要影响。

我们推测，教师对于教学内容的组织与设计，以及对研究生真实情况的了解程度可能会影响学习任务的质量。课后学习任务是两堂课的重要过渡，若教师对教学内容的组织不够精细，或对培养计划的构思不明朗，那么学习任务可能就无法起到有效的衔接作用，更无法提升研究生的知识水平与研究能力。此外，教师需要根据研究生的真实水平布置学习任务。若任务过难，则会使研究生产生挫败感，学习的自信感与愉悦感会受到削弱，从而无法锻炼研究生的研究能力。同理，过于简单的任务不仅无法锻炼研究生的能力，还会对研究生学习产生一定阻碍，学习获得感也无法得到提高。

① 郝一双：《大学生课堂参与行为分析》，《高等工程教育研究》2007年第6期。

（三）教学方式

“教师会运用多种教学方式进行教学”这一题项的得分均值稍有下降（M=3.69），说明教师在课堂中使用的教学方式较为单一，研究生对此的满意度不高。在课堂教学过程中，若教师不能运用生动的方式传授知识，学生就难以领悟知识的奥妙与价值，教学效果将大打折扣。

通过分析本研究与已有研究的调查结果可以发现，研究生课堂教学方式满意度偏低的问题主要体现在教师使用的教学方式过于单一，且以讲授式为主。耿有权等人在调查教师授课方式时，发现“以讲授为主”的课堂教学仍占主流，占71.0％；其他教学方式所占的比例很低，其中“以演示为主”“以讨论为主”“以实验为主”分别占15.1％、11.6％、2.4％[①]。另外，姚利民等人在对研究生培养现状进行研究时发现，在接受调查的导师中，24.13%的研究生导师完全采用讲授法给研究生讲课；75.87%部分采用讲授法，其中41.25%的导师80%的时间采用讲授法，29.83%的导师50%~80%的时间采用讲授法，4.79%的导师20%~80%的时间采用讲授法[②]。

已有的研究说明，大多数教师在研究生课堂上倾向于使用“讲授式”教学方法，其次为“演示”与“讨论”。讲授式教学是一种以教师为中心的教学方式，有利于教师最大程度地输出自己的内容与观点。但同时，学生的主体地位也会被削弱，通过课堂学习产生的学习收获感也会减弱。单一的教学方式易使学生感到枯燥无味，对课堂的期待也会降低，学习积极性随之减弱。

已有研究表明，教师在课堂教学中使用以学生为主体的教学方式会促进学生采用深层学习方式，从而直接和间接地提高学生学习收获[③]。研究生教学过程不仅是导师引导研究生从不知到知、从少知到多知的过程，更是导师传授如何求知、如何创造真知的过程，是教师与学生、学生与学生相互作用的过程[④]。因此，教学方式的灵活性与创造性对研究生培养和研究生学习获得感提升来说具有重要意义。

---

① 耿有权、彭维娜、彭志越、曹蕾：《全日制专业学位研究生培养模式运行状况的调查研究——基于全国14所重点高校问卷数据》，《现代教育管理》2012年第1期。

② 姚利民、朱黎旻：《研究生培养现状调查与分析》，《高等教育研究》2013年第11期。

③ 史秋衡、郭建鹏：《我国大学生学情状态与影响机制的实证分析》，《教育研究》2012年第2期。

④ 葛治波：《提高研究生科研、创新能力的切入点：抓好研究生课程教学》，《扬州大学学报（高教研究版）》2005年第4期。

高芳祎认为，研究生课堂教学方式过于单一可能与我国研究生长期以来习惯了讲授型教学，主动探究的精神需要加强引导有关；另一方面也许源于教师组织专题汇报与讨论的技巧不足，令学生感到收获有限[①]。在研究生二十多年的课堂学习生涯中，经历的大多数都是讲授式课堂，因此讲授式课堂相当于师生共同的“舒适圈”。在这个“舒适圈”内，教师不必费尽心思设计教学方式，学生也不必绞尽脑汁应对教学新模式。但是，不走出讲授式课堂的“舒适圈”，就无法感受多元教学方式带来的新天地。提升研究生学习获得感更需要对教学方式提出更高要求。

（四）教学内容

教学内容是课堂的灵魂与骨肉，如果课堂教学内容质量不高，那教学质量就无从谈起。在本研究中，研究生对“教师上课讲的内容都很有趣”题项的评分均值为3.56（见表4-2-1），属于中等偏下水平。可见，研究生对课堂教学知识普遍感到无趣，教学内容无法满足研究生的需求，在情感上难以激发研究生的学习兴趣。这一研究结果与已有研究具有一致性。张广斌、陈向明在对我国研究生课程现状调查与课程建设研究中发现，当前我国研究生课程内容学科化倾向太强，缺乏对科学发展态势的及时反映，无法满足研究生科研创新的动态课程需求[②]。由此可见，研究生课堂教学内容满意度偏低已成为高校中的普遍现象，这个问题值得引起注意。

课堂教学内容缺乏层次与前沿性会导致研究生对教学内容的评价偏低。首先，缺乏层次的教学内容无法有效激发研究生的课堂学习兴趣。高芳祎对我国研究生课程与教学改革效果的调查研究显示，49.2%的教师非常认同或比较认同目前博士生课程与硕士生课程或硕士生课程与本科生课程存在低水平重复情况[③]。本科生的教学内容以基础而系统的专业知识为主，而硕士生和博士生教学内容重在以“教”促“研”，其教学的研究性和专门化更强。若课堂教学内容与前一阶段的重复率过高，研究生势必会对课堂教学失去兴趣。缺乏层次的教学内容容易使得研究生学习愉悦感和希望感减少，从而导致学习获得感的降低。再者，前沿性不强的教学内容

① 高芳祎：《我国研究生课程与教学改革效果的调查研究》，《学位与研究生教育》2012年第10期。

② 张广斌、陈向明：《研究生课程内容研究：价值、选择与组织——基于我国研究生课程现状调研的分析》，《学位与研究生教育》2011年第10期。

③ 同注①。

无法满足研究生的需要。周文辉等人在我国研究生满意度调查中发现，研究生对课程前沿性的评价低于对课程教学的总体评价，满意率只有 64.5%[①]。张广斌、陈向明通过调查发现，约三分之二的被调查对象认为课程前沿性“一般”“较弱”或“很弱”；在被调查群体中，认为课程前沿性“较弱”或“很弱”比例最高的为负责人（42.4%）、其次为硕士生（33.8%）[②]。马永红等人在调查全日制专业学位研究生教育满意度时同样发现，只有16.4%的被试者对教学内容的前沿性“非常满意”，46.3%的被试者认为教学内容的前沿性“比较满意”[③]。这表明研究生课堂教学普遍缺乏前沿性，无法满足研究生的学习与科研的需求，易使研究生在课堂学习时感到乏味，学习获得感降低。

二、课堂教学因素差异性分析

研究生对课堂教学的评价因人而异，究竟有哪些群体特质样本特征影响研究生学习获得感，需要逐一进行独立样本T检验和单因素ANOVA检验。经分析，不同学位层次、不同培养模式、不同学业成绩、不同入学类别的研究生在课堂教学因素的教学内容、教学方式、教学互动、课后学习任务四个主要方面上存在较为显著的差异。接下来将深入分析不同学位层次、不同培养模式、不同学业成绩和不同入学类别研究生课堂教学因素的差异具体表现在哪些方面。

（一）不同学位层次（硕士/博士）研究生课堂教学因素比较

为比较硕士研究生和博士研究生在课堂教学因素上的差异，本研究根据回收有效数据对硕士研究生和博士研究生在课堂教学因素总分及其具体题项上的得分进行了独立样本T检验，分析结果如表4-2-2所示。

在正式施测的有效回收样本（N=3541）中，硕士研究生3264名，占92.18%；博士研究生277名，占7.82%。数据统计结果显示，攻读不同学位层次的研究生对课堂教学的认可感存在显著差异（P<0.001），其中博士研究生对课堂教学的评价显著高

① 周文辉、黄欢、付鸿飞、刘俊起：《2017年我国研究生满意度调查》，《学位与研究生教育》2017年第9期。

② 张广斌、陈向明：《研究生课程内容研究：价值、选择与组织——基于我国研究生课程现状调研的分析》，《学位与研究生教育》2011年第10期。

③ 马永红、张乐、李开宇、于苗苗：《全日制专业学位研究生教育满意度的调查分析——基于部分全国重点高校应届毕业生的视角》，《高教探索》2015年第12期。

于硕士研究生，这反映博士研究生通过课堂教学得到更多学习获得感。

在课堂教学因素的题项中，硕士研究生与博士研究生在四个题项中的得分具有显著差异（$P<0.05$），博士研究生的得分均值都高于硕士研究生。其中，在“教师上课讲的内容都很有趣”一题上，博士研究生的得分极其显著地高于硕士研究生（$P<0.001$）。在“教师在课上经常与我们互动”“教师会运用多种教学方式进行教学”题项中，博士研究生的得分非常显著地高于硕士研究生（$P<0.01$）。在“各任课教师布置的学习任务都有助于我提高科研能力”题目中，博士研究生的得分略微高于硕士研究生（$P<0.05$）。

表4-2-2　硕博研究生课堂教学因素差异性分析

题项	硕士研究生		博士研究生		t
	M	SD	M	SD	
课堂教学因素总分	14.76	2.883	15.53	2.866	-4.276^{***}
各任课教师布置的学习任务都有助于我提高科研能力	3.71	0.84	3.87	0.843	-2.978^{*}
教师上课讲的内容都很有趣	3.54	0.888	3.82	0.867	-5.009^{***}
教师会运用多种教学方式进行教学	3.67	0.873	3.86	0.846	-3.392^{**}
教师在课上经常与我们互动	3.83	0.807	3.99	0.83	-3.111^{**}

注：*，$P<0.05$；**，$P<0.01$；***，$P<0.001$。下同。

本研究的这一发现与已有研究的结论相符。如，周文辉、王战军等在对我国研究生教育满意度调查中发现，博士生对课程教学“非常满意”的比例达到25.2%，比硕士生高7个百分点，而其不满意率也明显低于硕士生。总体而言，博士生对课程教学的满意度高于硕士生①。又如，陈洪捷、李澄锋等在2017年全国毕业研究生调查中发现，博士、学术硕士、专业硕士课程教学满意感指数分别为76.95、72.20、57.23，博士生对课堂教学的满意度高于学术硕士与专业硕士②。

① 周文辉、王战军、刘俊起、李明磊、吴晓兵、周玉清、赵清华：《我国研究生教育满意度调查——基于在读研究生的视角》，《学位与研究生教育》2012年第12期。

② 陈洪捷、李澄锋、沈文钦、高耀、李敏：《研究生如何评价其导师和院校？——2017年全国毕业研究生调查结果分析》，《研究生教育研究》2019年第2期。

相对于硕士研究生的任课教师，博士研究生的任课教师专业素养可能较高，因此其准备的教学内容可能会更具备深度与广度，能在一定程度上满足博士生的求知欲。同时，博士生人数较少，一般采用小班上课形式。因此，博士生在课堂上与教师互动交流的机会更多，课堂参与感与自主感更强。在某些学科，博士生的课堂甚至会出现师生一对一授课的情况。在这种情况下，博士生受到的学术浸润更深，因此学习获得感水平会更高。此外，博士生的内在学习动机往往高于硕士生，博士生能更加专注于课堂中与教师的学术交流，更好地完成教师布置的学习任务。因此，博士生与硕士生对课堂教学的满意度有显著差异，博士生对教学互动、课后学习任务、教学方式、教学内容的满意度都高于硕士生。

（二）全日制与非全日制硕士研究生课堂教学因素比较

为比较全日制硕士研究生和非全日制硕士研究生在课堂教学因素上的差异，本研究根据回收有效数据对全日制硕士研究生和非全日制硕士研究生在课堂教学因素总分及其具体题项上的得分进行了独立样本T检验，分析结果如表4-2-3所示。

在正式施测的有效回收样本中，硕士研究生共有3264名，其中全日制硕士研究生3001名，占被试硕士研究生总人数的91.94%，非全日制硕士研究生263名，占被试硕士研究生总人数的8.06%。数据统计结果显示，全日制硕士研究生与非全日制硕士研究生在课堂教学认可水平上存在极其显著的差异（$P<0.001$），非全日制硕士研究生对课堂教学的评价明显高于全日制硕士研究生。此外，全日制硕士研究生与非全日制硕士研究生在教学内容、教学方式、教学互动与课后学习任务上的评价都同样存在极其显著的差异（$P<0.001$），非全日制硕士生在这四个方面的评价均显著高于全日制硕士生。

表4-2-3　全日制与非全日制硕士研究生课堂教学因素差异性分析

题项	全日制硕士研究生		非全日制硕士研究生		t
	M	SD	M	SD	
课堂教学因素总分	14.66	2.866	15.84	2.857	-6.401^{***}
各任课教师布置的学习任务都有助于我提高科研能力	3.69	0.84	3.97	0.793	-5.592^{***}
教师上课讲的内容都很有趣	3.51	0.882	3.88	0.891	-6.359^{***}
教师会运用多种教学方式进行教学	3.66	0.869	3.89	0.897	-4.110^{***}
教师在课上经常与我们互动	3.8	0.805	4.1	0.777	-5.783^{***}

根据调查结果可以推测，非全日制硕士生对课堂教学的评价高于全日制硕士生的原因是非全日制硕士生在课堂学习上的内在动机更强。非全日制硕士生往往是在有正式工作的情况下，攻读与工作专业相关的研究生，因此往往希望能在课堂学习中解决自己在工作中遇到的问题，这一群体对课堂学习的期望水平高于全日制硕士生。另外，也正是因为非全日制硕士生培养模式的特殊性，他们可能更珍惜课堂学习的机会。本次调查的数据结果也证实了这一点。在 “我总是期待上专业课”一题中，非全日制硕士生的得分均值显著高于全日制硕士生，这说明非全日制硕士生更期待课堂学习，因此也会更用心地对待课堂学习（见表3-3-10）。此外非全日制硕士生的实践经历丰富，当教师所讲授的内容与他们的经验世界产生联系时，非全日制硕士生会与教师产生共鸣，在课堂上学习与探索的动机会更强烈。

（三）学术型硕士研究生与专业型硕士研究生课堂教学因素比较

为比较不同学位类型硕士研究生（学术型硕士研究生与专业型硕士研究生）对课堂教学因素上的差异，本研究根据回收有效数据对学术型硕士研究生和专业型硕士研究生对课堂教学因素总分及其具体题项上的得分进行了独立样本T检验，分析结果如表4-2-4所示。

在正式施测的有效回收样本中，硕士研究生共有3264名，其中学术型硕士研究生1493名，占被试硕士研究生总人数的45.74%；非全日制硕士研究生1771名，占被试硕士研究生总人数的54.26%。数据统计结果显示，学术型硕士研究生和专业型硕士研究生对课堂教学的评价存在显著差异（$P<0.05$），其中专业型硕士研究生对课堂教学的认可程度明显高于学术型硕士研究生。

表4-2-4　学术型与专业型硕士研究生课堂教学因素差异性分析

题项	学术型硕士研究生		专业型硕士研究生		t
	M	SD	M	SD	
课堂教学因素总分	14.62	2.889	14.87	2.874	-2.506^{*}
各任课教师布置的学习任务都有助于我提高科研能力	3.68	0.84	3.73	0.856	−1.583
教师上课讲的内容都很有趣	3.53	0.879	3.55	0.897	−0.769
教师会运用多种教学方式进行教学	3.63	0.862	3.71	0.881	-2.528^{*}
教师在课上经常与我们互动	3.77	0.817	3.88	0.795	-3.717^{***}

学术型研究生与专业型研究生培养目标与方式的差异影响了学生的课堂满意度。学术型研究生教育是培养“科学接班人”的高层次教育①。学术型研究生需要掌握专业领域的基础理论与系统知识，并且熟悉研究的科学方法。学术型研究生相当于是学术博士的“预备役”。而专业型研究生的培养目标侧重于实践性和应用型指向，主要培养特定职业岗位的应用型和实践型高层次人才②。因此，对学术型研究生与专业型研究生采用的课堂教学模式也有所差异。在学术型研究生的课堂上，教师着重讲授学科专业的基础理论知识与专业前沿动态，传授科学研究的方法论，启迪学生的研究思路，教学方式以讲授法为主。而在专业型研究生的课堂上，教师着重培养学生的专业技能，分享实践经历，教学方式也以演示、讨论和实验为主。因此，专业型研究生对师生互动的感知与认可度会高于学术型研究生，对教学方式也更加满意。

不同类型研究生的自我认知水平也会影响其对课堂教学的满意度。已有研究表明，学术型研究生在创新能力的行为特征、思维特征和人格特征等方面的自评都显

① 胡玲琳：《我国高校研究生培养模式研究》，博士学位论文，华东师范大学高等教育学专业，2004，第108页。

② 吴苏芳：《我国硕士研究生培养模式研究》，硕士学位论文，江西师范大学教育学院高教研究中心，2007，第47页。

著低于专业型研究生[①]。自我认知水平会影响学生的课堂参与程度。因此，专业型研究生课堂的活跃程度往往高于学术型研究生，通过课堂学习产生的学习获得感也更高。

（四）不同学业成绩研究生课堂教学因素比较

为比较不同学业成绩研究生在课堂教学因素上的差异，本研究根据回收有效数据对不同学业成绩研究生的课堂教学因素总分及其具体题项上的得分进行了单因素ANOVA检验，分析结果如表4-2-5所示。

在本研究中，研究者向所有被试的3541名研究生调查了就读期间的成绩情况，提供“优”“良”“中”“差”四个等级供研究生按实际情况进行选择。第一组别，认为自己的学业成绩为“优”的研究生共有999名，占28.21%；第二组别，认为自己的学业成绩为“良”的研究生共有2168名，占61.23%；第三组别，认为自己的学业成绩为“中”的研究生共有348名，占9.83%；第四组别，认为自己的学业成绩为“差”的研究生共有26名，占0.73%。

表4-2-5　不同学业成绩研究生课堂教学因素差异性分析

统计项		平方和	df	均方	F	Sig.
课堂教学	组间	985.107	3	328.369	40.669	0.000
	组内	28 558.209	3537	8.074		
	总和	29 543.316	3540			

通过事后检验多重比较发现，不同学业成绩的研究生在课堂教学因素上存在显著差异（$P<0.001$），且与成绩等级呈正相关，即“优”>“良”>“中”>“差”（见表4-2-6）。

① 朱红、李文利、左祖晶：《我国研究生创新能力的现状及其影响机制》，《高等教育研究》2011年第2期。

表4-2-6　不同学业成绩研究生课堂教学因素多重比较表

统计项	学业成绩对照组1（I）	学业成绩对照组2（J）	平均值差值（I-J）	标准差	显著性
课堂教学	优	良	0.533***	0.109	0.000
		中	1.605***	0.177	0.000
		差	3.945***	0.564	0.000
	良	优	−0.533***	0.109	0.000
		中	1.072**8	0.164	0.000
		差	3.412***	0.561	0.000
	中	优	−1.605***	0.177	0.000
		良	−1.072***	0.164	0.000
		差	2.340**	0.578	0.001
	差	优	−3.945***	0.564	0.000
		良	−3.412***	0.561	0.000
		中	−2.340**	0.578	0.001

随着学业成绩的下降，研究生对课堂教学的整体评价也随之下降。不同学业成绩研究生对课堂教学评价的得分均值变化趋势如图4-2-1所示。可以看出，对自我学业水平认可度越高的研究生，对课堂教学满意度越高，反之，对自我学业水平认可度越低的学生，在课堂教学整体以及四要素上的满意度越低。

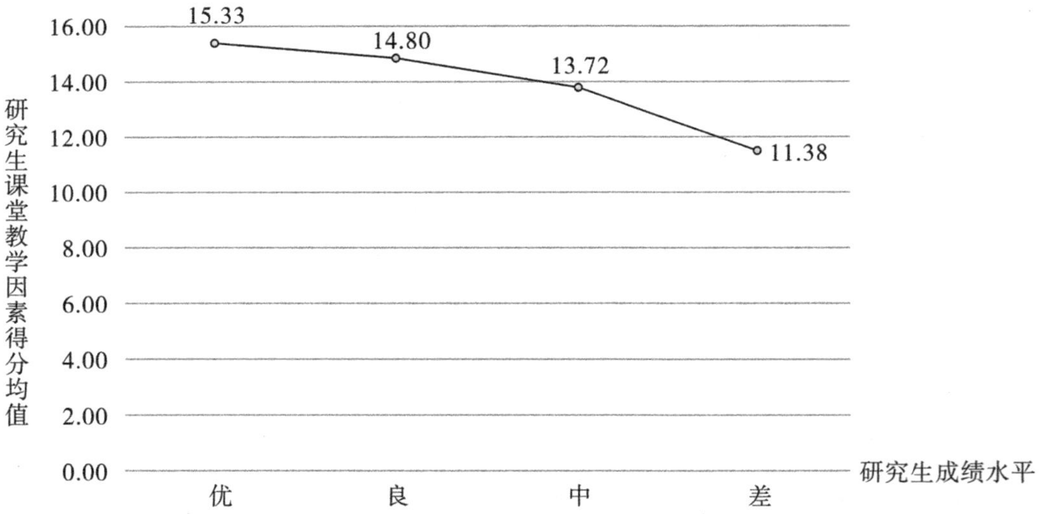

图4-2-1　不同学业成绩研究生课堂教学因素得分均值

与此同时，不同成绩水平的研究生在课堂教学因素的四个题项上也全部呈现出极为显著的差异（P<0.001），分析结果如表4-2-7所示，具体如下：

1. 在对课后学习任务的感知方面，选择成绩等级“优”的研究生的评价显著高于成绩等级“中”和“差”的研究生，与成绩等级“良”的研究生无显著差异。

2. 在对教学内容、教学方式以及教学互动三个因素的感知方面，选择成绩等级“优”的研究生的评分均值都显著高于成绩等级“良”“中”“差”的研究生；同时，成绩等级“良”的研究生的评分均值都显著高于成绩等级“中”和“差”的研究生，成绩等级“中”的研究生的评价均值显著高于成绩等级“差”的研究生。

从以上数据分析可以看出，研究生的学业成绩水平越高，对课后学习任务、教学内容、教学方式以及教学互动的认可度也随之上升。研究生的自我评价影响着对课堂教学的感知。根据自我效能感理论，个体的成败经验会影响其自我效能感，从而影响个体的行为动机。对研究生来说，在学业上获得的成果越多、对自我学业成绩水平认可度越高，那么其自我效能感也会越高，参与课堂教学的动机越强。在课堂教学中，研究生的学习动机越强，其参与课堂教学的积极性与主动性就会越高，对深层学习的发生和进行越有利，从而影响研究生学习获得感的水平。对于学业成绩水平较低的研究生，教师应多设置一些符合其水平的任务，并及时给予积极反馈，促使其自我效能感提升，使他们能更有自信地参与课堂学习。

表4-2-7　不同学业成绩研究生课堂教学因素多重比较表

题项		平方和	自由度	均方	F	显著性
各任课教师布置的学习任务都有助于我提高科研能力	组间	46.175	3	15.392	22.145***	0.000
	组内	2458.384	3537	0.695		
	总和	2504.559	3540			
教师上课讲的内容都很有趣	组间	81.833	3	27.278	35.464***	0.000
	组内	2720.543	3537	0.769		
	总和	2802.376	3540			
教师会运用多种教学方式进行教学	组间	66.202	3	22.067	29.713***	0.000
	组内	2626.843	3537	0.743		
	总和	2693.045	3540			

（续表）

题项		平方和	自由度	均方	F	显著性
教师在课上经常与我们互动	组间	56.950	3	18.983	29.659***	0.000
	组内	2263.898	3537	0.64		
	总和	2320.849	3540			

（五）入学前不同类别硕士研究生课堂教学因素比较

为比较入学前不同类别硕士研究生（同专业本科毕业、跨专业本科毕业或同等学力）在课堂教学因素上的差异，本研究根据回收有效数据对入学前不同类别硕士研究生在课堂教学因素总分及其具体题项上的得分进行了单因素ANOVA检验。研究仅对被试的3264名硕士研究生调查了入学前类别，在所有被试硕士研究生中共有同专业本科毕业硕士研究生2022名，占61.95%；跨专业本科毕业硕士研究生1205名，占36.92%；同等学力硕士研究生37名，占1.13%。分析结果如表4-2-8所示。数据统计结果显示，入学前不同类别硕士研究生在课堂教学因素上的得分存在显著差异（P<0.001）。

表4-2-8　不同入学前门类研究生课堂教学因素差异性分析

统计项		平方和	df	均方	F	Sig.
课堂教学	组间	222.900	3	74.300	8.963	0.000
	组内	29 320.416	3537	8.290		
	总和	29 543.316	3540			

如表4-2-9所示，通过对所得数据进行事后检验多重比较，可以发现，同专业本科毕业与跨专业本科毕业的硕士研究生对课堂教学整体满意度都显著高于同等学力硕士研究生，同时，同专业本科毕业硕士研究生与跨专业本科毕业硕士研究生对课堂教学的满意度无明显差异。如图4-2-2所示，同专业本科毕业研究生与跨专业本科毕业研究生的课堂教学因素得分均值相同，但二者却远远高于同等学力硕士研究生。

表4-2-9　入学前不同类别硕士研究生学校环境因素多重比较表

统计项	学业成绩对照组1（I）	学业成绩对照组2（J）	平均值差值（I-J）	标准差	显著性
课堂教学	同专业本科	跨专业本科	−0.004	0.105	1.000
		同等学力	1.392*	0.478	0.037
	跨专业本科	同专业本科	0.004	0.105	1.000
		同等学力	1.396*	0.481	0.038
	同等学力	同专业本科	−1.392*	0.478	0.037
		跨专业本科	−1.396*	0.481	0.038

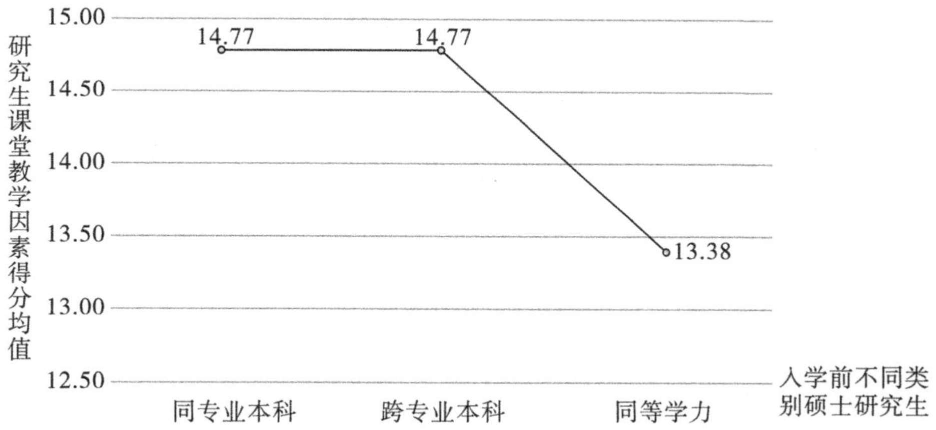

图4-2-2　入学前不同类别硕士研究生课堂教学满意度得分均值

在课堂教学因素的课后学习任务、教学内容与教学方式三个方面，不同类别的研究生的得分均值也表现出了显著差异（P<0.05）。如表4-2-10所示，通过分析可以得到以下四个结论：

1. 在“各任课教师布置的学习任务都有助于我提高科研能力”题项中，同专业本科毕业研究生与跨专业本科毕业研究生的得分均值都显著高于同等学力研究生，而同专业毕业研究生与跨专业毕业研究生的得分均值无显著差异。在此题项中，同等学力硕士研究生的得分均值低至3.22。

2. 在“教师上课讲的内容都很有趣”题项中，同专业本科毕业研究生的得分均值显著高于同等学力研究生。同时，同专业本科毕业研究生与跨专业本科毕业研究生的得分均值无显著差异，跨专业本科毕业研究生与同等学力研究生的得分均值也无显著差异。

3. 在“教师会运用多种教学方式进行教学”题项中，跨专业本科毕业研究生的得分均值高于同等学力研究生。同时，同专业本科毕业研究生与同等学力研究生的得分均值无显著差异，与跨专业本科毕业研究生也无显著差异。

4. 在“教师在课上经常与我们互动”题项中，三个类别的硕士研究生之间无显著差异。

表4-2-10　入学前不同类别硕士研究生课堂教学因素多重比较表

题项		平方和	自由度	均方	F	显著性
各任课教师布置的学习任务都有助于我提高科研能力	组间	10.250	2	5.125	7.292	0.001**
	组内	2291.993	3261	0.703		
	总和	2302.242	3263			
教师上课讲的内容都很有趣	组间	4.989	2	2.495	3.164	0.042*
	组内	2570.833	3261	0.788		
	总和	2575.822	3263			
教师会运用多种教学方式进行教学	组间	4.995	2	2.497	3.282	0.038*
	组内	2481.814	3261	0.761		
	总和	2486.809	3263			
教师在课上经常与我们互动	组间	2.368	2	1.184	1.82	0.162
	组内	2122.210	3261	0.651		
	总和	2124.578	3263			

通过分析可以发现，同等学力硕士研究生对于课堂教学的评价显著低于同专业本科毕业硕士研究生与跨专业本科毕业硕士研究生。本科同专业的硕士生经过了本科阶段的学习，往往对学科知识掌握得更牢固，对专业基础知识有系统而稳固的了解。所以，在课堂上，同专业本科毕业硕士研究生往往更有信心与教师互动，通过课堂学习产生的学习获得感也会更强。跨专业本科毕业硕士研究生对课堂教学的满意度与同专业本科毕业硕士研究生并无太多显著性差异，也许是因为跨专业研究生在硕士入学考试之时已对学习基础知识进行了全面而系统的学习与了解，所以在这个方面，这两个群体的差异不大。而同等学力报考研究生人员未经过本科阶段或硕

士生阶段的系统学习和实践培养，在知识结构的全面性和系统性上与正常学历考生相差较大。由于大专生课程设置少，涉及面窄，教学要求浅，并且在实验、实习上安排少，学生动手能力得不到很好的锻炼，存在潜在的培养缺陷[①]。并且，同等学力硕士研究生入学时的考查方式与普通研究生入学考试存在差异。龚向和等认为，我国同等学力研究生资质考核工作存在不严谨的现象，同等学力资格审查工作弹性大，考生质量难以评估[②]。由于学习能力与知识背景的差异，同等学力硕士在研究生的课堂上往往会感受到学习的落差与力不从心。

① 李谱华、王亚平、王玉环、杨春雷：《同等学力研究生教育的可持续发展探讨》，《西北农林科技大学学报（社会科学版）》2003年第5期。

② 龚向和、卢肖汀：《同等学力研究生教育应予取消》，《苏州大学学报（教育科学版）》2019年第2期。

第三节　导师指导因素

研究生培养质量的高低，受到诸多因素制约，而导师指导在研究生培养过程中无疑起着核心作用。导师是研究生成长和成才路上最重要的示范者、支持者和引领者，在我国新颁发的研究生教育政策中，研究生导师被定义为“第一责任人”，导师自身的学术素养、道德修养和指导水平，在很大程度上决定着研究生的培养质量，影响着研究生的学习获得感。

一、导师指导因素描述性分析

我国研究生培养实行的是导师负责制，导师对研究生学习、科研、品德以及生活各个方面进行个别指导并全面负责[①]。这种负责制赋予导师对研究生培养教育的极大权利，也隐含着重大的责任与挑战。在四个影响研究生获得感的因素——个体自身、课堂教学、导师指导和学校环境中，导师指导与研究生学习获得感相关度位列第二（r=0.685，详见表4-1-1）。但经过描述性统计分析发现，导师指导因素的得分均值达到22.17（满分为30），次于个体自身因素与学校环境因素（详见表4-1-2），在四个影响因素中仅排第三，且略低于中位数值。这说明导师对研究生的学术指导还未达到研究生的心理预期。因此导师除了应致力于成为学科专业领域的专家外，还应该在培养研究生的指导思想和具体环节上不断探索，找到合适的方法。

① 于峰、张勇：《研究生师生关系的非均衡现状及其影响和调整》，《学位与研究生教育》2012年第12期。

表4-3-1　导师指导因素各题项均值、标准差与中位数

题项	均值	标准差	中位数
导师会经常与我进行学术交流	3.58	0.922	4.00
导师给予了我参与课题研究的机会	3.55	1.052	4.00
导师会定期组织学术例会	3.79	1.013	4.00
导师会引导我做好学习规划	3.66	0.935	4.00
在学习过程中，导师总会及时给我有效反馈	3.76	0.896	4.00
导师在学术上对我要求很严格	3.83	0.847	4.00

导师对研究生的学术指导主要体现为学术交流、参与课题、学术例会、学习规划、有效反馈、严格要求六大类。导师指导因素相关的六个题项的得分均值在3.55~3.83之间（见表4-3-1），整体而言处于中等偏上水平，说明研究生对导师指导的现状整体是比较满意的；但由于无单题得分均值超过4.00，说明导师对研究生的学业指导在许多方面仍有较大的改进空间。其中，“导师在学术上对我要求很严格”题项得分均值最高（M=3.83），说明多数导师在培养研究生时有严谨的态度和严格的要求；学生也普遍认为，导师的严格要求更有利于促进自身“研有所获”。“导师给予了我参与课题研究的机会”单题得分均值最低，为3.55，该评价有些许下降也恰恰揭示了当前高校研究生教育的现状，即研究生参与导师研究课题的机会不多，因此很难产出成果，没有实在的收获造成消极的学习情绪体验，从而影响学习获得感，这一方面是导师在指导方面亟待改进的重点。接下来将依次对六个题项进行深入的描述性分析。

（一）学术交流

“导师会经常与我进行学术交流”这一题项得分均值偏低，为3.58（见表4-3-1），可见学术交流环节在导师指导中欠缺明显，没有达到学生与导师进行学术交流的预期，进而影响研究生学习获得感。

对于研究生来说，学术研究是最主要的任务，完成学术任务是自己的本职工作。而研究生学习是基于导师指导的师生互动对话过程，导师学术指导水平是影

响研究生培养质量的重要因素之一[①]。导师与研究生的交流是双向的，并非单纯的输入和输出。师生学术交流频率、支持程度的高低直接影响研究生学习状态[②]。然而，本研究显示，导师与学生进行学术交流的频次与质量并没有满足研究生的需求。造成导生之间较少进行学术交流的原因可能有三点：第一，导师分身乏术。过去在师徒制下，导师通常以一对一的形式来带学生，随着研究生扩招，导师往往一带多，很难兼顾所有学生，有的导师还身兼数职，行政、教学两肩挑，自顾不暇，没有时间与学生充分进行学术交流。第二，导师责任弱化。一小部分导师“放养式”指导研究生，不关心学生成长，忽视与学生的学术交流，学生无法得到导师的帮助，在“孤立无援”的情况下往往很难取得成果，获得成就。第三，研究生自身缺乏交流主动性。有研究显示，绝大多数研究生渴望与导师沟通，却在实际学习和生活中不会与导师沟通[③]。许多研究生（尤其是研一新生）对导师怀有敬畏之心，害怕与导师沟通，常常“躲”着导师。如此一来，导师无法掌握研究生的学习进展，研究生也因缺乏导师指导只能一味盲目学习，彼此不知道对方的需求，造成了事倍功半的后果。

（二）参与课题

“导师给予了我参与课题研究的机会”这一题项得分均值最低，仅为3.55（见表4-3-1），且在四大影响因素下设的22个题项中仅列倒数第二位，这说明当下导师给予研究生参与课题的机会极为欠缺。参与研究课题是最有利于培养研究生科研能力、产出学术成果和提高学习获得感的渠道，此题项的低分值恰好说明导师给予研究生参与课题、项目的机会严重不足，忽视了研究生在科研上主动进取的意愿，直接影响到了研究生的学习获得感，这是导师在后续指导方面最亟待完善的部分。

参与导师课题研究是研究生培养的重要形式，也是提高研究生教育质量的关键因素。纸上得来终觉浅，绝知此事要躬行。亲身参与实践活动所获得的知识、能力往往要比书本上获得的更深刻，所谓“做中学”便是如此。研究生通过参与导师课

① 王轶玮：《英国顶尖研究型大学研究生导师制度及其启示——以牛津大学为例》，《学位与研究生教育》2018年第10期。

② 李臣之、阮沁汐、纪海吉：《研究生学习获得感影响因素的质性探究》，《现代教育管理》2020年第11期。

③ 龚丽、李志、刁黎：《硕士研究生与导师沟通的现状及对策》，《教育探索》2009年第6期。

题研究，尤其是高水平、高层次、创新性的科研课题，可以快速提升自己的科研素养和科研实践能力。导师未能给予研究生所需的参与课题的机会，究其原因，可能有两点：第一，不同学科的导师要求研究生参与课题的意愿存在明显差异。有研究表示，一般理科导师对研究生参与课题的要求最为强烈，其他依次为工科、其他学科、社会学科以及人文学科①，导师让研究生参与课题研究意愿程度上的差异反映了学科研究逻辑的不同。第二，可能与导师个人课题项目数量、课题难度或个人习惯有关。部分导师的研究课题项目较少，任务较简易，导师一人足以完成，无需研究生参与；部分导师的研究课题较为深奥，对研究者水平要求高，导师认为研究生暂时难以达到参与资格；部分导师认为人手多反而会导致结题效率降低等。综上，种种因素都可能影响导师给予研究生参与课题研究的机会。

（三）学术例会

导师与学生进行深入学术交流的主要途径是例会和组会，二者对于培养研究生的学术研究能力、创新能力、逻辑思维、学术积极性和最终提高研究生培养质量都有十分重要的作用。在“导师会定期组织学术例会”这一题项中，研究生普遍给出较为积极的评价，其得分均值较高，为3.79（见表4-3-1），在六个题项中居于第二位，说明多数导师对学生要求严格，会定期组织开展学术例会，以此来了解研究生的研究进展情况。

定期组织学术例会是导师指导研究生的常态模式。研究表明，学术例会能够有效地提升研究生的培养质量，加强团队内的交流和协作，营造健康向上的学术氛围，构建民主和谐的师生及生生关系，增强研究生的归属感、价值感和科研兴趣②。这与本次研究的结果也较为契合，越来越多的导师已经认识到定期组织学术例会对促进研究生进行学术交流的重要性。但组织学术例会的频次还没有达到学生理想预期（均值未达到4.00），其原因推测是导师群体对待学术例会的态度差异性较大。有研究显示，高支持型导师一至两周召开一次例会，中支持型导师两至三

① 周文辉、吴晓兵、李明磊：《研究生参与导师课题研究的现状与对策》，《清华大学教育研究》2011年第4期。

② 杨谦梓、刘矍宇、邓姣：《组会在麻醉科研究生培养中的应用》，《广西医学》2019年第21期。

周召开一次例会，低支持型导师不定期与学生见面进行交流[①]。由此看来，导师组织学术例会的频率上存在较大差异。导师不同，其对待学术例会的态度也相应不同——高支持型导师较为严格，组织学术例会频率高、导生交流频率高，学术指导也相对较深入。若导师“放养”学生，较少与学生进行学术交流，疏于对学生的学业进行监督，研究生就易产生学习倦怠，将注意力放到学习以外的方面，学习时间投入少，学习收获也相对较少。学术例会是提升研究生学习获得感的不二法门，除了增加学术例会的频次外，在后续优化过程中导师也要注重学术例会开展的制度化、结构的创新化，从而提高学术例会的质量与成效。

（四）学习规划

学习规划作为导师学术指导的一部分，也影响着研究生学习获得感。相较于其他题项，“导师会引导我做好学习规划”这一题项得分均值为3.66，处于中等水平（见表4-3-1）。学生的评价不高说明，长期以来，引导学生制定学习规划仍是一个被导师忽视的环节，导师在研究生学习规划方面的指导远低于学生心理期望。导师如何认识到学习规划的重要性并且引导研究生做好、执行好学习规划仍需要深入考量。

正所谓“凡事预则立，不预则废”。洛克（E.A.Locke）于1967年提出的“目标设定理论”（Goal Setting Theory）认为，目标本身具有激励作用，目标能把人的需要转变为动机，使人们的行为朝着一定的方向持久努力，并将自己的行为结果与既定的目标相对照，及时进行调整和修正，从而实现目标[②]。研究生对“导师会引导我做好学习规划”这一题项的评分处于中等水平。本研究认为，或许与以下两个因素有关：一是导师自身没有意识到学习规划对学生学习的重要性。研究生新生入学都处于比较迷茫的状态，如果没有导师引导，没有确定学习目标和制订学习规划就容易变得浑浑噩噩，虚度光阴，而自己制订的学习规划又不够科学、全面，难以发挥规划的效用。二是导师没有引导和监督研究生执行学习规划。研究生学习规划是否能起到实质性作用需要导师对其进行监督。

① 李臣之、阮沁汐、纪海吉：《研究生学习获得感影响因素的质性探究》，《现代教育管理》2020年第11期。

② 王德清：《现代管理学原理》，西南师范大学出版社，2007，第201页。

导师引导研究生制订学习规划，其实就是要研究生对自己未来三年的“研学之旅”进行一定的展望，设定目标，以此来激励自己，做到珍惜时间、“研有所获”。研究生们对这一题项的评分不高，恰恰说明了导师要正视学习规划的重要性，在引导学生制订学习规划方面应加强。

（五）有效反馈

在以师生为主体，以指导和学习两种活动为核心形成的导学关系中，要促进学生学有所得、学有所获，关键一点是导师要及时根据学生情况做出反馈。在“在学习过程中，导师总会及时给我有效反馈”这一题项中，研究生给出的评分均值为3.76（见表4-3-1），相较于其他题项，这一分数处于中上水平。可见，当前研究生对导师的学业反馈时效性和有效性普遍是比较认可的，但从整体而言，导师对研究生的反馈仍有很大的改进空间。

寻求反馈是一种积极主动行为，有利于个体调节自身行为，评价自身能力，纠正个体的行为偏差，进而提高学习效率。个体寻求反馈的基本动机是获取有用的信息以减少不确定性，所以获取有用信息的动机越强，越倾向于寻求反馈①。研究生对寻求导师反馈有一定的需求，研究生对导师这一方面的评价处于中等偏上，推测其影响因素有两方面：一方面，导师反馈要及时。及时的反馈能留住学生灵感和思维的火花，学生在获得导师反馈之后就能立刻进行修正，这是一种高效的学习方式；但是导师工作繁忙，有时候很难当面沟通，如果通过邮件与导师进行交流又有时间间隔，因此反馈的时效性难以保证。另一方面，导师反馈要有效。导师反馈对研究生学习获得感具有积极意义，特别是实质性反馈有着激励作用，研究表明，经常获得导师反馈的学生，学习获得感及对导师的认同感明显偏高②。这是因为在导师制下，研究生获取学术信息的主要渠道是自己的导师，导师通常拥有比研究生更加丰富的阅历和知识经验。通过向导师寻求反馈，研究生获得导师的指导意见，并以此及时调整自身的行为，加速自身成长。所以，导师给予的反馈一定要切中要害，有针对性地提供指导和帮助，切忌只是提几个不痛不痒的小意见，这样无益于

① 王振源、段永嘉、王燕榕：《徒弟寻求反馈促进导师知识共享？一个有中介的调节作用模型》，《管理工程学报》2018年第4期。

② 李臣之、阮沁汐、纪海吉：《研究生学习获得感影响因素的质性探究》，《现代教育管理》2020年第11期。

学生的后续调整。

（六）严格要求

相较于其余五个题项，“导师在学术上对我要求很严格”单题得分均值最高，为3.83（见表4-3-1）。通过数据可以看出，研究生对导师在学术上要求严格持比较满意的态度，说明大多数导师在对研究生进行学术指导时较为严格，而多数学生也认可导师在学术上的严格要求会对研究生学习起到一种鞭策作用。

这是因为导师与学生群体都意识到了严格要求的重要性。导师对学生在学术上严格要求，是自身的责任使然。热爱学生、亲近学生与严格要求并不相悖。“教不严，师之惰”，这是古训，是“亲师”亦必是“严师”。“导”高于“教”，“严”出于“爱”，教师无论是慈还是严，都是仁爱派生出来的。导师对研究生在学术上的严格要求，究其本质是出于对学生的关爱和对学生成才的期盼，也是自身治学严谨的体现。严师的严是严密、严肃和严格，即对学生品德和学问要有严肃的态度和严格的要求。当学生遇见一位严师时，如果能够“迎难而上”，高质量地完成学习任务，更严谨地做好研究，就能学有所获、取得成果，提升自己的学习获得感。

二、导师指导因素差异性分析

导师指导主要反映研究生在学期间其导师的综合指导情况。在第三章的分析中我们发现，自变量“导师指导”与效标变量“研究生学习获得感”之间呈现显著的正相关，相关系数达0.685（见表4-1-1）。但由于研究生的个体差异，所以不同群体对导师指导的评价仍然存在不同之处。为探寻其差异性体现在何处，本节对回收有效样本，通过T检验和单因素ANOVA检验对导师指导因素进行差异性分析，将比较不同性别、不同学位层次、不同培养模式、不同参与科研项目情况、不同科研成果产出情况、不同学业成绩的研究生在导师指导因素上的具体差异。

（一）不同性别研究生导师指导因素比较

为比较男性研究生和女性研究生在导师指导因素上的差异，本研究使用SPSS 26.0软件，根据回收有效数据对不同性别研究生在导师指导因素总分及其具体题项上的得分进行了独立样本T检验，分析结果如表4-3-2所示。

在正式施测的有效回收样本中，男性研究生775名，占21.89%；女性研究生2766名，占78.11%。数据统计结果显示，不同性别研究生在导师指导方面有非常显著的差异（$P<0.001$），且男性研究生在导师指导因素上的得分均值明显高于女性研究生。

表4-3-2　不同性别研究生导师指导因素差异性分析

题项	男性研究生		女性研究生		t
	M	SD	M	SD	
导师指导因素总分	22.75	4.920	22.01	4.420	4.070***
导师会经常与我进行学术交流	3.65	0.973	3.56	0.907	2.234*
在学习过程中，导师总会及时给我有效反馈	3.77	0.939	3.76	0.883	0.404
导师在学术上对我要求很严格	3.90	0.878	3.80	0.837	2.954**
导师会定期组织学术例会	3.92	1.005	3.76	1.013	4.120***
导师给予了我参与课题研究的机会	3.80	1.010	3.48	1.053	7.642***
导师会引导我做好学习规划	3.71	0.980	3.65	0.921	1.604

注：*，$P<0.05$；**，$P<0.01$；***，$P<0.001$。下同。

由表4-3-2可知，男性研究生在导师指导因素的各题项上的得分都高于女性研究生，尤其在“导师会定期组织学术例会”以及“导师给予了我参与课题研究的机会”两个题项上存在非常显著的性别差异。导师组织学术例会以及给予男女研究生参与课题研究的机会是均等的，但研究数据显示，当前男性研究生在学术例会以及参与课题时受导师指导影响更大，相较于女性研究生有更强的获得感，推测这或许与我国的导生性别结构有关。我国现阶段研究生导师中男性数量普遍偏多，男性导师与男性研究生作为同性师生在日常沟通和交流中可能更为顺畅和自然，在第三章“导生亲和感”中曾提及男性研究生认为自己与导师的感情更好，且在遇到困难时更愿意与导师分享。而女性研究生与男性导师有先天的性别差异，在学术例会和参与课题研究中，可能会因为性别差异存在“边界感”，导师在指导过程中也会有所顾忌。相关研究也发现，女性博士研究生在与老师，尤其是与其博士导师沟通的过程中存在较大的师生沟通压力和性别压力①。因此导师应注意研究生的性别差异，

① 孙卉、张田：《女性博士研究生的性别压力及其疏解——基于质性研究的发现》，《研究生教育研究》2020年第3期。

注意对不同性别的学生采取不同的学术交流与指导方式。

（二）不同学位层次（硕士／博士）研究生导师指导因素比较

为比较硕士研究生和博士研究生在导师指导因素上的差异，本研究根据回收有效数据对硕士研究生和博士研究生在导师指导因素总分及其具体题项上的得分进行了独立样本T检验，分析结果如表4-3-3所示。

在正式施测的有效回收样本（N=3541）中，硕士研究生3264名，占92.18%；博士研究生277名，占7.82%。数据统计结果显示，攻读不同学位层次的研究生对导师指导的评价存在非常显著的差异（P<0.001），其中博士研究生对导师指导的评价整体显著高于硕士研究生。

表4-3-3　不同学位层次研究生导师指导因素差异性分析

题项	硕士研究生		博士研究生		t
	M	SD	M	SD	
导师指导因素总分	22.05	4.510	23.66	4.649	-5.694^{***}
导师会经常与我进行学术交流	3.56	0.915	3.82	0.972	-4.471^{***}
在学习过程中，导师总会及时给我有效反馈	3.74	0.891	3.94	0.936	-3.485^{***}
导师在学术上对我要求很严格	3.80	0.839	4.17	0.866	-7.101^{***}
导师会定期组织学术例会	3.78	1.009	3.97	1.047	-3.127^{**}
导师给予了我参与课题研究的机会	3.52	1.048	3.88	1.033	-5.606^{***}
导师会引导我做好学习规划	3.65	0.934	3.87	0.919	-3.892^{***}

在导师指导影响因素的具体题项上，除“导师会定期组织学术例会”这一题项只存在显著差异（P<0.01）以外，其他五个题项均存在非常显著差异（P<0.001），且博士研究生在各题项的得分均值都明显高于硕士研究生。这一数据结果与研究预期及以往研究结果存在一致性，如徐冶琼在*Nature*杂志一项关于全球博士生调查的报告中发现，我国大部分博士生对导师指导总体满意，超过六成对导生关系满意①。

① 徐冶琼：《博士生对导师指导满意吗？——基于*Nature*全球博士生调查》，《中国高教研究》2021年第1期。

博士研究生对导师指导的评价得分明显高于硕士研究生，推测存在三点原因：其一，相较于硕士研究生而言，博士研究生获得学校的培养机会和资助更多，作为导师课题项目中的中流砥柱，得到导师的指导和反馈也更多；其二，博士研究生学业科研更为精专，对自身要求也更严格，更多与导师进行频繁且深入的学习探讨和交流；其三，部分导师身兼硕士生导师和博士生导师两个职位，在精力有限的情况下与博士研究生的沟通交流更为频繁，也更倾向于选择博士研究生作为“小导师”来带硕士研究生。综上所述，博士研究生导师指导因素分值显著高于硕士研究生的原因也就可见一斑了。

（三）两年制与三年制硕士研究生导师指导因素比较

为比较两年制硕士研究生和三年制硕士研究生在导师指导因素上的差异，本研究根据回收有效数据对两年制硕士研究生和三年制硕士研究生在导师指导因素总分及其具体题项上的得分进行了独立样本T检验，分析结果如表4-3-4所示。

本研究仅对被试的3264名硕士研究生调查了学制长度，其中两年制硕士研究生907名，占27.79%；三年制硕士研究生2357名，占72.21%。数据统计结果显示，两年制与三年制硕士研究生对导师指导的评价存在显著差异（P<0.05），三年制硕士研究生的评价高于两年制硕士研究生。

表4-3-4　两年制与三年制硕士研究生导师指导因素差异性分析

题项	两年制硕士研究生		三年制硕士研究生		t
	M	SD	M	SD	
导师指导因素总分	21.66	4.495	22.19	4.508	−3.033*
导师会经常与我进行学术交流	3.54	0.914	3.57	0.915	−0.936
在学习过程中，导师总会及时给我有效反馈	3.75	0.876	3.74	0.897	0.201
导师在学术上对我要求很严格	3.69	0.844	3.84	0.834	−4.318***
导师会定期组织学术例会	3.70	1.018	3.81	1.004	−2.769**
导师给予了我参与课题研究的机会	3.37	1.039	3.58	1.047	−5.059***
导师会引导我做好学习规划	3.61	0.925	3.66	0.937	−1.371

在具体题项中，除在“导师会经常与我进行学术交流”“在学习过程中，导师总会及时给我有效反馈”和“导师会引导我做好学习规划”三个题项上，两年制硕士研究生与三年制硕士研究生没有显著差异以外，其余题项上，“导师会定期组织学术例会”存在显著差异，“导师在学术上对我很严格”和“导师给予了我参与课题研究的机会”存在着非常显著差异，且三年制硕士研究生均高于二年制硕士研究生。

究其根本，两年制硕士研究生和三年制硕士研究生的区别主要体现在人才培养方向和学年制上。从人才培养方向来看，两年制硕士研究生多为专业型研究生，而三年制硕士研究生多为学术型研究生。导师要根据不同学生的特点采取不同的培养模式：前者的培养过程应突出专业特点，以实践为主，因此导师一般会采取产学研相结合的方式，提供更多的实践机会。而在后者的培养过程中，导师通常会给予更有针对性的、严格的学术指导，以培养其学术研究的能力，同时为其提供更多的参与课题、学术会议和讲座的机会，获得更多学术性指导。同时，三年制硕士研究生相较于两年制硕士研究生多了一年的学习时间，在其他影响因素相同的情况下，单从时间因素考虑，三年制硕士研究生一般会获得更多参与课题研究与学术例会的机会，获得更多的学业指导。

（四）参与科研项目情况不同研究生导师指导因素比较

为比较参与科研项目情况不同的研究生导师指导因素的差异，本研究根据回收有效数据对参与过科研项目的研究生和尚未参与科研项目的研究生在导师指导因素总分及其具体题项上的得分进行了独立样本T检验，具体分析结果如表4-3-5所示。

在样本所有3541名研究生中，参与过科研项目的研究生1321名，占37.31%；未参与过科研项目的研究生2220名，占62.69%。数据统计结果显示，参与过科研项目的研究生与未参与科研项目的研究生对导师指导因素评价存在非常显著差异（$P<0.001$），参与过科研项目的研究生对导师指导因素的评价明显高于未参与科研项目的研究生。同时在导师指导影响因素相关的六个题项中，参与过科研项目的研究生与未参与科研项目的研究生都存在非常显著的差异（$P<0.001$）。

表4-3-5 参与科研项目情况不同的研究生导师指导因素差异性分析

题项	参与科研项目的研究生		未参与科研项目的研究生		t
	M	SD	M	SD	
导师指导因素总分	23.35	4.543	21.41	4.507	13.471***
导师会经常与我进行学术交流	3.76	0.923	3.48	0.906	8.790***
在学习过程中，导师总会及时给我有效反馈	3.76	0.923	3.69	0.891	5.866***
导师在学术上对我要求很严格	3.97	0.813	3.74	0.854	8.257***
导师会定期组织学术例会	4.01	0.971	3.66	1.015	10.294***
导师给予了我参与课题研究的机会	4.04	0.892	3.26	1.031	23.768***
导师会引导我做好学习规划	3.80	0.907	3.58	0.942	6.595***

为什么研究生是否参与科研项目会对导师指导存在如此悬殊的评价？究其原因，还是得回到“研究生”本身的属性来看。所谓“研大千之学，究天人之道”，研究生之所以为“研究生”，必然需要突出“研究”二字，而科研能力是衡量研究生学术水平的重要标准①。研究生与导师的关系是共生的，科研项目的顺利开展需要师生、生生之间的良好协作，而导师对研究生的学术指导通常就蕴藏在科研项目的进程之中。导师让研究生参与自己的课题、项目，在这个过程中导师能够根据课题进程引导研究生做好学习规划，经常与研究生进行学术交流，严格要求、督促进程，并且能根据任务进度组织学术例会，给予研究生及时、有效的反馈，而研究生也能实现从“做中学”。这样一来，研究生不仅能得到研究能力的锻炼，也能获得一定的学术荣誉和学术成果。如若研究生未参与任何科研项目、未介入学术研究的实际环节，那么其研究能力、专业能力自然无法得到系统性的训练，其自身也始终没有真正进入“研究生”这一角色中，学习获得感也就无从谈起。因此，参与过科研项目的研究生受导师指导因素的影响明显强于未参与过任何科研项目的研究生。

① 胡军华、郑瑞强：《学术型研究生科研能力结构、约束性因素与促进机制》，《教育学术月刊》2020年第12期。

（五）获得不同数量科研成果研究生导师指导因素比较

为比较获得不同数量科研成果的研究生在导师指导因素上的差异，本研究根据回收有效数据对获得不同数量科研成果研究生的导师指导因素总分及其具体题项上的得分进行了单因素ANOVA检验，分析结果如表4-3-6所示。

在本研究中，研究者向所有被试的3541名研究生调查了就读期间的科研成果数量情况，提供了“暂无科研成果”“已有1到2篇/项科研成果”“已有3到4篇/项科研成果”以及“已有5篇/项及以上科研成果”四个选项供研究生按实际情况进行选择。第一组别，“暂无科研成果”的研究生共有2711名，占76.56%；第二组别，“已有1到2篇/项科研成果”的研究生共有616名，占17.40%；第三组别，“已有3到4篇/项科研成果”的研究生共有127名，占3.59%；第四组别，“已有5篇/项及以上科研成果”的研究生共有87名，占2.46%。从人数占比来看，逾四分之三的研究生都处于“暂无科研成果”之列，其余已取得科研成果的研究生也集中于“已有1到2篇/项科研成果”，说明研究生群体发表科研成果的数量普遍较少，揭示了取得科研成果仍是困扰研究生的一大难题。

表4-3-6　不同科研成果数量研究生导师指导因素差异性分析

统计项		平方和	df	均方	F	Sig.
导师指导	组间	679.475	3	226.492	11.077	0.000
	组内	72 320.786	3537	20.447		
	总和	73 000.261	3540			

科研能力是衡量研究生学术水平的重要标准，也是体现学术型研究生教育质量的重要指标①。本次研究结果发现，研究生参与科研项目的情况并不乐观，科研成果数量也差距较大，推测这一情况产生的原因是受导师指导因素的影响。通过事后检验多重比较发现（详见表4-3-7），获得不同数量科研成果的研究生在导师指导因素上存在非常显著差异（P<0.001），其中“已有5篇/项及以上科研成果”的研究生的导师指导因素得分明显高于“暂无科研成果”和“已有1到2篇/项科研成果”的研究生。

① 胡军华、郑瑞强：《学术型研究生科研能力结构、约束性因素与促进机制》，《教育学术月刊》2020年第12期。

表4-3-7　不同科研成果数量研究生导师指导因素多重比较表

变量	科研成果数量对照组1（I）	科研成果数量对照组2（J）	平均值差值（I-J）	标准差	显著性
导师指导	暂无科研成果	1到2篇/项	-0.841^{***}	0.202	0.000
		3到4篇/项	-1.320^{*}	0.411	0.007
		5篇/项及以上	-1.566^{*}	0.493	0.008
	1到2篇/项	暂无科研成果	0.841^{***}	0.202	0.000
		3到4篇/项	−0.479	0.441	0.698
		5篇/项及以上	−0.725	0.518	0.500
	3到4篇/项	暂无科研成果	1.320^{*}	0.411	0.007
		1到2篇/项	0.479	0.441	0.698
		5篇/项及以上	−0.246	0.629	0.980
	5篇/项及以上	暂无科研成果	1.566^{*}	0.493	0.008
		1到2篇/项	0.725	0.518	0.500
		3到4篇/项	0.246	0.629	0.980

获得不同数量科研成果的研究生导师指导因素得分均值变化趋势如图4-3-8所示。可以清晰地看出，“已有5篇/项及以上科研成果”研究生的导师指导因素得分最高，“已有3到4篇/项科研成果”研究生次之，“已有1到2篇/项科研成果”研究生位列第三，“暂无科研成果”研究生的得分最低。再结合事后检验多重比较的分析结果可以看出，导师指导与研究生科研成果数量有着密切关联，且呈现显著正相关。导师对学生指导越频繁，给予学生的学业支持越多，将促使研究生表现出更强的科研能力，取得更多的科研成果。相反地，受导师指导较少的研究生的科研成果也相对较少，而在这其中，暂未取得任何学术科研成果的研究生的导师指导因素得分均值处于最低水平。已取得学术科研成果的研究生在成果增加的过程中也会逐渐提升对导师指导的评价，数据显示，从“暂无科研成果”到“已有1到2篇/项科研成果”时增幅最为明显，但随着取得科研成果数量的增加其增长趋势逐渐趋于和缓。

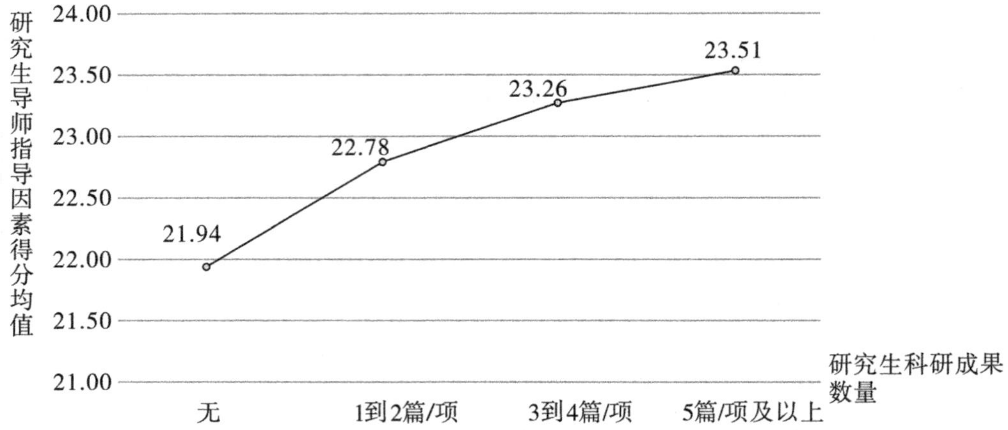

图4-3-1　获得不同数量科研成果研究生导师指导因素得分均值

研究生产出科研学术成果在很大程度上依赖于导师的指导。科研学术成果的产出和发表是一个由量变到质变的过程，导师对研究生的指导也是一个逐渐累积的过程。从研究生暂无科研成果到逐渐取得1到2篇/项科研成果、3到4篇/项科研成果再到5篇/项及以上科研成果的过程，其实是导师在搭建支架并且逐渐撤去支架的过程。

当研究生处于“科研新手”时期时，导师通常会倾注更多心力进行指导，给予充分支持，将研究生“领进门”，研究生也会在导师这种事无巨细的指导之下深受感动，萌发出更强的科研动力。此时，导师指导所起的情感激励作用以及学术指导作用是最强的。

在研究生逐渐掌握科研方法之后，导师会逐渐放手让学生自己做研究，仅仅根据学生的问题提出针对性建议，这时研究生对导师指导因素的评分均值总体仍在上升，只不过其增长幅度逐渐趋于和缓。这说明导师虽然指导研究生的频次少了，但是指导质量并未下降，反而会随着时间的推演、科研项目的积累，培养出了师生之间的学术默契，形成一种更为高效的导师指导方式。在这样有质量又有效率的指导之下，研究生更易激发自身的科研潜能，提高自身的科研能力，产出更多的科研成果。尤其是“已有5篇/项及以上科研成果”的研究生（“5篇/项及以上科研成果”对于大部分研究生来说是较好的成绩）在前期参与科研项目时，获得了最多的导师指导机会，已经具备较强的科研能力，更能深刻理解当前学习的意义与价值，愿意投入更多的时间和精力到学术研究中，在后续的科研中往往会付出更多的努力，导师也乐于给予其更多的支持、鼓励和引导，由此形成一种良性循环。

（六）不同学业成绩研究生导师指导因素比较

为比较不同学业成绩的研究生在导师指导因素上是否存在差异，本研究根据回收有效数据对不同学业成绩研究生在导师指导因素总分及其具体题项上的得分进行了单因素ANOVA检验，分析结果如表4-3-8所示。

在本研究中，研究者向所有被试的3541名研究生调查了就读期间的成绩情况，提供“优”“良”“中”“差”四个等级供研究生按实际情况进行选择。第一组别，认为自己的学业成绩为“优”的研究生共有999名，占28.21%；第二组别，认为自己的学业成绩为“良”的研究生共有2168名，占61.23%；第三组别，认为自己的学业成绩为“中”的研究生共有348名，占9.83%；第四组别，认为自己的学业成绩仅为“差”的研究生共有26名，占0.73%。由此可见，大多数研究生都认为自己的学业成绩处于“优”“良”水平，对自己当前的学业成绩认知清晰、较为满意，其后依次为“中”“差”，说明部分研究生在学业上还有进步的空间。

表4-3-8　不同学业成绩研究生导师指导因素差异性分析

统计项		平方和	df	均方	F	Sig.
导师指导	组间	2682.470	3	894.157	44.976	0.000
	组内	70 317.791	3537	19.881		
	总和	73 000.261	3540			

研究生群体对自己的学习成绩评估本身就存在较大差异，那这是否会相应地影响其对于导师指导的评价呢？通过事后检验多重比较发现（详见表4-3-9），成绩水平不同的研究生对导师指导因素的评分存在非常显著差异（P=0.000），且与成绩等级呈正相关，即“优”>“良”>“中”>“差”。

表4-3-9　不同学业成绩研究生导师指导因素多重比较

变量	成绩对照组1（I）	成绩对照组2（J）	平均值差值（I−J）	标准差	显著性
导师指导	优	良	1.098^{***}	0.171	0.000
		中	2.958^{***}	0.278	0.000
		差	4.553^{***}	0.886	0.000

（续表）

变量	成绩对照组1（I）	成绩对照组2（J）	平均值差值（I-J）	标准差	显著性
导师指导	良	优	−1.098***	0.171	0.000
		中	1.861***	0.257	0.000
		差	3.455*	0.88	0.001
	中	优	−2.958***	0.278	0.000
		良	−1.861***	0.257	0.000
		差	1.594	0.907	0.294
	差	优	−4.553***	0.886	0.000
		良	−3.455*	0.88	0.001
		中	−1.594	0.907	0.294

同时，随着学业成绩的下降，研究生对导师指导因素的评分均值也呈现出阶梯下降的趋势。不同学业成绩水平研究生的导师指导因素得分均值变化趋势如图4-3-2所示。

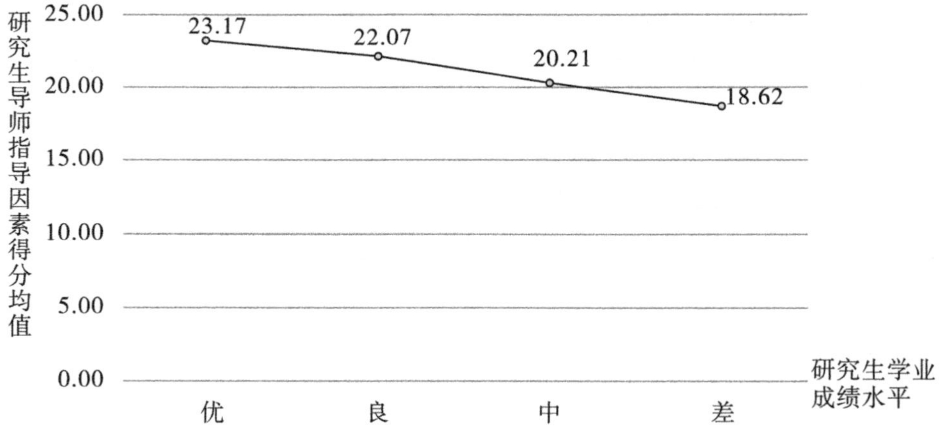

图4-3-2　不同学业成绩研究生的导师指导因素得分均值

结合事后检验多重比较数据分析结果也可以清晰地看出，自我认定成绩水平更高（“优”与“良”）的研究生的导师指导因素得分均值更高；相反地，自我认定成绩水平较低（“中”与“差”）的研究生的导师指导因素评价更低，其中也反映出其获得导师的指导较少。可见，研究生的学业成绩与导师指导因素之间有着非常明显的正相关关系，二者相辅相成。

一方面，充分的导师指导更有利于学生自身学业成绩的提升。导师通过日常与学生进行学术交流和组织学术例会可以了解到学生目前的学习情况和科研进度，从而给予学生及时且有效的建议，并通过邀请学生参与课题、项目等方式锻炼学生的科研能力。反之，受导师指导较少的学生因缺乏与导师及时有效的沟通，在遭遇学习困境时求助无门，从而产生消极心态，同时也会因缺少导师外部监督而滋生学业倦怠。

另一方面，学业成绩较好的学生更倾向于主动寻求导师指导。有研究显示，学习动机是学生个体学习活动的内在驱动力，它以学习行为为表现形式，可促进学习行为的产生，并影响学生的学习成绩[①]。成绩等级“优”“良”的学生通常有更强的学习动机，为维持良好的学业成绩，学习投入也更为充足，相应地会产生更加积极的学习行为。因其本身“乐学”“善学”，往往带有较积极的心态进行学习，也就更乐于向外部求索，寻求更加频繁、深入的导师指导。反之也是如此，学业成绩不太理想的研究生自身的学习主动性较为欠缺，学习动机可能较为功利或不明，对所学专业和所做科研工作的价值和意义理解不够深刻，也就相应地会产生比较消极的学习心理，只想顺利毕业、取得学位。学生的不主动在一定程度上也会降低导师的主动性，师生之间的关系因此越来越疏远，对培养质量起到负面作用，陷入恶性循环[②]。

---

① 胡迎春、董雪：《学生学习动机和学习行为对学习成绩的影响分析》，《高教学刊》2020年第21期。

② 王凤清、律颖、彭耕、王青：《某高校研究生与导师沟通现状调查》，《中国高等医学教育》2018年第1期。

第四节　学校环境因素

学校是研究生学习和科研活动的主要场域，同样也是其学习获得感的关键来源。为进一步了解学校环境对研究生学习获得感的影响，本节将对其内部各要素进行更深层次的分析。

一、学校环境因素描述性分析

在个体自身、课堂教学、导师指导、学校环境四个研究生学习获得感影响因素中，学校环境与研究生学习获得感相关度位列第四，（r=0.592，见表4-1-1）。但经过描述性统计分析发现，学校环境因素的得分均值在所有因素中位列第二，仅次于个体自身因素（见表4-1-2），即M=22.46（满分为30），略低于其中位数值。这说明学校为研究生创设了相对令人满意的学习和生活环境，但必然也存在一些阻碍学校环境建设的关键性问题，使得研究生对其做出不太突出的整体评价。

本研究发现，研究生学习获得感的学校环境影响因素包含中外文电子资源、学习场所、后勤服务、学术讲座资源以及学校周边环境五个要素。进一步通过数据分析得知，学校环境影响因素相关的六个题项单题得分均值介于3.42~4.04之间（见表4-4-1）。其中，单题得分均值最高的题项是“学校提供了多样的中文电子资源”，均值为4.04；单题得分均值最低的题项是“学校的后勤服务十分到位”，均值为3.42。各题项的得分存在较大的差距，表明目前大学资源开发与建设依然面临不平衡、不充分的问题，尚有继续调整与改进的空间。接下来将依次对学校环境各要素做进一步的描述性分析。

表4-4-1　学校环境因素各题项均值、标准差与中位数

题项	均值	标准差	中位数
学校提供了多样的中文电子资源	4.04	0.752	4.00
学校提供了多样的外文电子资源	3.85	0.837	4.00
学校的学术讲座资源很充足	3.76	0.917	4.00
学校有充足的学习场所，如讨论室、实验室等	3.72	0.956	4.00
学校周边环境为学生的交流学习、实习等提供了便利	3.66	0.917	4.00
学校的后勤服务十分到位	3.42	0.924	3.00

（一）中外文电子资源

“学校提供了多样的中文电子资源”是所有题项中唯一得分均值超过4.00的题项。同样，“学校提供了多样的外文电子资源”这一题项的得分均值尽管未达到4.00，但也处于中等偏上水平。以上两个题项均反映的是学生对高校图书馆电子资源的满意程度。通过数据可以看出，大部分研究生对图书馆已经购买的电子资源的评价比较高，说明图书馆的电子资源能够较大程度满足研究生的阅读需求。随着信息技术的高速发展，具备使用便捷、节省时间、信息公布及时等诸多优势的电子资源早已成为研究人员检索和搜集资料的首选。对于大学图书馆而言，推进电子资源数据库建设，既是顺应知识经济时代发展的必然选择，也是提升高等教育人才培养质量的重要手段。2019年中国高校图书馆统计数据显示，在图书馆文献资源购置费中，电子资源购置费占馆均文献资源购置费的54.6%，其所占比例已经过半[①]。这一数据折射出广大师生，尤其是研究生群体对电子资源使用有着高期待、高需求。毫无疑问，研究生的主观努力需要资源支持，学校资源越丰富，研究生的学习获得也就越丰富[②]。加大电子资源投入为研究生获取信息带来了更多便利，也为其科研成果产出提供了强有力的支持。从这个意义上看，学习获得感的提升不可避免地受到图书馆电子资源供给的影响。

① 吴汉华、王波、古永洁：《2019年中国高校图书馆基本统计数据分析》，《大学图书馆学报》2020年第6期。

② 阮沁汐、李臣之、纪海吉：《研究生学习获得及其影响因素的实证研究》，《教育探索》2020年第3期。

（二）学术讲座资源

“学校的学术讲座资源很充足”这一题项的单题得分均值为3.76，处于中等水平。这说明学生普遍认为学校的讲座资源基本满足了他们的学习需求，但是离理想的期望水平还有一定的距离。这个结论与已有研究结果基本吻合，一项关于教育学学术型硕士研究生培养情况的调查数据显示，有48.4%的学生认为学校“经常”安排讲座，而认为“偶尔”“几乎没有”和“没有”开设学术讲座的人数比例达到了41.1%①。可见，仅从频次上考虑，在开设学术讲座方面高校之间存在较大的差异。究其原因，或许与高校不重视、经费投入不足、资源配置不均衡等因素有关。创新力是研究生进行科研活动不可或缺的关键能力。一般而言，创新意识和能力强的研究生更容易产出高质量的科研成果，由此他们的学习获得感会高于其他研究生。讲座，特别是前沿的学术讲座，在促进研究生与学界进行学术交流，了解学术前沿信息和最新研究动态，开阔研究视野，培养创新意识和创新能力等方面具有重要价值。因此，高校未来需要在引入学术资源方面继续增加投入，探索多样化的学术活动形式，全方位地培养学生的科研能力，以提升人才培育质量。

（三）学习场所

“学校有充足的学习场所，如讨论室、实验室等”这一题项的单题得分均值为3.72，处于中等水平。这说明学校的自习室、实验室等硬件设施配置已有一定的基础，但是仍然低于学生的期望。

之所以学生对其评价不高，与当前高校研究生扩招带来的资源配置不均衡问题密切相关。据统计，2000—2019年我国研究生扩招人数增长了78.8万，年平均增长率为12.60%，但在此期间高等教育校舍建筑面积增幅仅为3.35%，远远低于研究生扩招幅度②。这些数据都表明了目前高校资源配置未能跟上研究生规模扩大的步伐，学生的学习空间占有率相较之前不增反减，使得他们并未真正享受到应有的教育资源。已有相关实证研究表明，创造学习空间可以促进学生有效参与，进而提高学习

① 张忠华、徐振霞：《教育学学术型硕士研究生培养现状调查与分析》，《高校教育管理》2017年第5期。

② 王应密、叶丽融：《我国研究生教育规模扩张的发展失衡与应对》，《黑龙江高教研究》2020年第11期。

效果[①]。可以说，研究生学习获得感的提升离不开学校的学习空间建设。因而，高校应当致力于为研究生的自主学习创造更加宽敞和充足的学习活动空间，为解决人才培养质量问题提供物质保障。

（四）学校周边环境

“学校周边环境为学生的交流学习、实习等提供了便利”这一题项的单题得分均值为3.66，处于中等偏下水平。这表明目前大部分研究生对大学周边的环境建设不太满意，整体评价偏低。

本研究认为，这或许与以下三个因素有关：一是城市公共设施布局不合理。部分城市由于缺乏科学的基础设施规划，大量土地资源用于居住区和工业区建设，而未预留更多的公共设施建设用地，所以图书馆、博物馆、学校等公共设施多选址在边缘地段，区域位置较差，可开发空间有限。这些都给学生的交通出行以及资源利用造成了诸多不便，成为阻碍研究生主动投入学习的重要原因。二是周边环境商业化气息浓厚。高校周边地区的产业大多以餐饮和娱乐为主，较少有书店、自习室、阅读室等能为学生提供安静、舒适的学习环境的场所。即便部分正在营业中的学习场所，由于商品价格高、环境嘈杂、室内装修差等，大多数学生选择该地作为学习活动空间的倾向与意愿也大大减弱。三是高校与社会组织缺乏深度合作。“产学研”是高校承担社会责任、培养创新型人才的重要途径。然而，目前“产学研”合作模式面临资金不足、高校内部机制制约、地方配套政策不全等困境，大大降低了校企之间的合作水平与深度，不利于为学生建立起一个长期稳定的“产学研”实习基地[②]。要解决以上存在的问题，地方政府、高等院校、社会组织必须承担起责任，建立健全相关保障机制，致力于为研究生的学习与创作提供一个良好的社会环境。

（五）后勤服务

后勤服务是高校管理工作中的重要组成部分，后勤服务的好坏直接影响到学生的校园生活质量。在本次调查中我们发现，“学校的后勤服务十分到位”是学校环境影响因素相关题项中得分最低的，均值仅为3.42，处于中等偏下水平。通过数

① 许亚锋、塔卫刚：《学习空间对学生学习的影响研究》，《远程教育杂志》2014年第5期。

② 杨志：《高校产学研合作发展现状、困境及发展建议——基于对九十五所高校的调查》，《国家教育行政学院学报》2019年第6期。

据可以看出，当前多数研究生对学校的后勤工作相当不满意，他们期望学校能够在食堂餐饮、宿舍管理、校园绿化和经营网点等方面提供更多、更优质的服务。国内有调查研究发现，学生宿舍硬件设施陈旧、水电供应紧张等问题导致学生对学习环境的满意度仅为10.58%①。通常而言，如果学生的基本生活需要没有得到较好的保障，那么他们可能会花费更多的时间与精力去应对琐碎的生活问题。对于本就承担着课业和科研双重压力的研究生而言，基本生活需要得不到有效的保障，自然会影响到他们对现有生活的满足与期待，此时又谈何对学习和科研保持高度的热情和专注力呢？所以，高校未来还需要在改进后勤工作方面下更多的功夫，进一步优化后勤保障机制，构建与学校发展相匹配的服务体系，推动后勤服务实现高质量发展，为广大师生的工作、学习和生活保驾护航。

二、学校环境因素差异性分析

Pearson相关分析结果显示，“学校环境”与效标变量“研究生学习获得感”之间呈显著正相关关系，相关系数为0.592，达到中度相关。由于研究生的个体差异，所以不同群体对学校环境的评价或许存在不同之处。然而其差异性是否真实存在，以及若有差异具体表现在哪些方面，对于这些问题的回答还需要我们进一步通过独立T检验和单因素ANOVA检验进行差异性分析。本部分我们将重点考察不同学位层次、不同培养模式、不同科研项目参与情况、不同科研成果数量、不同学业成绩的研究生在学校环境因素上呈现出的差异。

（一）不同学位层次（硕士／博士）研究生学校环境因素比较

为比较硕士研究生和博士研究生在学校环境因素上的差异，本研究根据有效数据，使用SPSS 26.0软件，对硕士研究生和博士研究生在学校环境因素总分及其具体题项上的得分进行了独立样本T检验，分析结果如表4-4-2所示。

在正式施测的有效回收样本（N=3541）中，硕士研究生3264名，占92.18%；博士研究生277名，占7.82%。数据统计结果显示，攻读不同学位层次的研究生在学校环境因素上存在十分显著的差异（P<0.001），其中博士研究生的学校环境因素总分得分明显高于硕士研究生。在学校环境因素相关的具体题项中，硕士研究生与博士

① 施佳璐：《硕士研究生学习状态及影响因素分析——基于武汉地区三所高校的调查》，《理工高教研究》2009年第1期。

研究生在所有题项上均存在显著差异（P<0.05），且博士研究生的得分均高于硕士研究生。可见，博士研究生对整体学校环境及其内部重要组成的评价显著高于硕士研究生。

本次调查结果与已有研究存在一致性。例如，陈洪捷等人在2017年全国毕业研究生的调查中发现，博士研究生的总体满意感指数、培养单位满意感指数、管理服务满意感指数均高于硕士研究生[①]。众所周知，相较于硕士研究生，高校招收的博士研究生人数少，所以在同等的图书馆、自习室、宿舍等资源条件下他们的个人资源占有率会相对更高。同时，由于博士是研究生群体中的最高层次人才，这一定位决定了他们在本专业领域的研究必须更加深入、更加精细，也要更具创新性，所以研究生院会为他们提供更多参与前沿学术讲座、国内外学术会议的机会，鼓励他们通过学术交流开阔研究视野，产出高质量学术成果，而给予硕士研究生的机会则相对较少。在内外部因素的综合影响下，博士研究生对学校环境，尤其是电子资源、学术讲座资源的评价会明显高于硕士研究生。

表4-4-2　不同学位层次研究生学校环境因素差异性分析

题项	硕士研究生		博士研究生		*t*
	M	SD	*M*	SD	
学校环境因素总分	22.37	3.893	23.48	4.006	-4.530^{***}
学校的后勤服务十分到位	3.41	0.919	3.53	0.976	-1.969^{*}
学校提供了多样的外文电子资源	3.84	0.835	4.05	0.835	-4.015^{***}
学校提供了多样的中文电子资源	4.03	0.750	4.23	0.750	-4.361^{***}
学校的学术讲座资源很充足	3.74	0.916	3.97	0.899	-4.120^{***}
学校有充足的学习场所，如讨论室、实验室等	3.70	0.954	3.91	0.970	-3.407^{**}
学校周边环境为学生的交流学习、实习等提供了便利	3.65	0.922	3.79	0.847	-2.661^{*}

注：*，P<0.05；**，P<0.01；***，P<0.001。下同。

① 陈洪捷、李澄锋、沈文钦、高耀、李敏：《研究生如何评价其导师和院校？——2017年全国毕业研究生调查结果分析》，《研究生教育研究》2019年第2期。

（二）学术型与专业型硕士研究生学校环境因素比较

为比较不同学位类型硕士研究生（学术型硕士研究生与专业型硕士研究生）在学校环境因素上的差异，本研究根据有效回收数据，使用SPSS 26.0软件，对学术型硕士研究生与专业型硕士研究生在学校环境因素总分及其具体题项上的得分进行了独立样本T检验，分析结果如表4-4-3所示。

在正式施测的有效回收样本中，硕士研究生共有3264名，其中学术型硕士研究生有1493名，占硕士研究生总人数的45.74%；非全日制硕士研究生有1771名，占硕士研究生总人数的54.26%。数据统计结果显示，学术型硕士研究生和专业型硕士研究生在学校环境因素上存在显著差异（P<0.05），其中专业型硕士研究生的学校环境因素总分明显高于学术型硕士研究生。在学校环境影响因素的具体题项中，除了“学校的后勤服务十分到位”“学校的学术讲座资源很充足”2个题项外，学术型硕士研究生与专业型硕士研究生在其余4个题项上均呈现出显著差异（P<0.05），同时专业型硕士研究生的赋分都略高于学术型硕士研究生，但是二者的差别比较小。这一研究结论与周文辉等人在全国研究生教育满意度调查中的结果基本一致[①]。

之所以专业型硕士研究生对学校环境因素的评价优于学术型硕士研究生，主要原因在于他们的学习特征存在差异。不同于学术型硕士研究生，专业型硕士研究生的学习是面向未来职业需要，他们志在成为专业领域内具备扎实理论知识及较强实践能力的应用型高级专门人才，所以在学习过程中会特别重视自身实践应用能力的培养，而对本专业的学术研究兴趣会相对较薄弱，那么学校图书馆、讨论室、实验室等资源已经足以满足他们的基本学习需求。反观学术型硕士研究生，科研是其主要学习任务，学术成果是其将来继续深造的重要条件。要完成科研任务、产出学术成果，离不开学校资源的支持。因此，学术型硕士研究生往往对图书馆文献资源、实验室设备、自习室等资源有更高的期望。然而，当前各高校拥有的资源十分紧缺，导致学术型硕士研究生的个人资源占有率低。总而言之，学术型硕士研究生对学习资源的需求较之专业型硕士研究生更高，所以他们容易因资源需求未得到满足

① 周文辉、王战军、刘俊起、李明磊、吴晓兵、周玉清、赵清华：《我国研究生教育满意度调查——基于在读研究生的视角》，《学位与研究生教育》2012年第12期。

而持有较低的学校环境感知水平。

表4-4-3　学术型与专业型硕士研究生学校环境因素差异性分析

题项	学术型硕士研究生		专业型硕士研究生		t
	M	SD	M	SD	
学校环境因素总分	22.21	3.890	22.51	3.891	−2.168*
学校的后勤服务十分到位	3.42	0.898	3.40	0.935	0.572
学校提供了多样的外文电子资源	3.79	0.849	3.88	0.822	−3.009**
学校提供了多样的中文电子资源	3.99	0.763	4.06	0.739	−2.875**
学校的学术讲座资源很充足	3.74	0.914	3.75	0.918	−0.336
学校有充足的学习场所，如讨论室、实验室等	3.67	0.954	3.73	0.953	−2.058*
学校周边环境为学生的交流学习、实习等提供了便利	3.61	0.900	3.68	0.938	−2.187*

（三）全日制与非全日制硕士研究生学校环境因素比较

为比较全日制与非全日制硕士研究生在学校环境因素上的差异，本研究根据有效回收数据，使用SPSS 26.0软件，对全日制硕士研究生和非全日制硕士研究生在学校环境因素总分及其具体题项上的得分进行了独立样本T检验，分析结果如表4-4-4所示。

在正式施测的有效回收样本中，硕士研究生共有3264名，其中全日制硕士研究生3001名，占被试硕士研究生总人数的91.94%；非全日制硕士研究生有263名，占被试硕士研究生总人数的8.06%。数据统计结果显示，全日制硕士研究生与非全日制硕士研究生在学校环境因素上存在十分显著的差异（P<0.001），其中非全日制硕士研究生的学校环境因素得分明显高于全日制硕士研究生。在学校环境因素相关的具体题项中，除了“学校的后勤服务十分到位”“学校的学术讲座资源很充足”2个题项外，全日制硕士研究生与非全日制硕士研究生在其余4个题项上均表现出了显著差异（P<0.05），同时非全日制硕士研究生的得分也都略高于全日制硕士研究生。这一结论与研究预期设想有所出入。通常而言，比起非全日制硕士研究生，全日制硕士研究生的在校时间更长，与学校的关系理应更为紧密，但是数据统计结果

却出乎意料，即非全日制硕士研究生对学校环境的评价比全日制硕士研究生更高。对此，我们不禁感到疑惑。

我们推测主要有以下两个方面的原因：一是相较于全日制硕士研究生，非全日制硕士研究生的学术资源需求较低。由于大多非全日制硕士研究生都是在职工作者，繁重的工作让他们几乎没有时间与精力在完成课业任务的基础上还能够兼顾科研项目，所以他们自身对学术研究的期望并不高，自然对支持科研成果产出的资源需求相对较低。通常情况下，学校图书馆、讨论室等基础设施已经可以较好地满足非全日制硕士研究生的学习需求，因此他们对学校的资源建设会持有较高的认可度。但是对于全日制硕士研究生而言，科研是研究生阶段的主要学习任务。有的研究生培养单位还要求全日制硕士研究生必须发表一定数量的论文，方能达到毕业的基本要求。撰写学术论文必然离不开参考文献，所以全日制硕士研究生期望学校提供更多的信息资源服务，以保障研究的广度与深度，成功发表学术成果。二是相较于全日制硕士研究生，非全日制硕士研究生的个人资源占有率更高。一般情况下，非全日制硕士研究生是在周末和寒暑假期间上课，而这个时间段内使用图书馆、讨论室、实验室等学习场所的人数少，所以在相同的资源供给条件下，非全日制硕士研究生的个人资源占有率会更高，能够充分享受学校资源带来的便利，对充足的资源有着较高的满意度。而在正常的上学时间段内，自习室、讨论室等学习空间面向全体学生开放，使用人数大幅增加，导致学习空间资源紧缺，使得全日制硕士研究生不能自由地、充分地享受学习资源。

表4-4-4　全日制与非全日制硕士研究生学校环境因素差异性分析

题项	全日制硕士研究生		非全日制硕士研究生		t
	M	SD	M	SD	
学校环境因素总分	22.29	3.877	23.25	3.967	-3.850^{***}
学校的后勤服务十分到位	3.40	0.924	3.52	0.851	−1.912
学校提供了多样的外文电子资源	3.82	0.831	4.02	0.865	-3.614^{***}
学校提供了多样的中文电子资源	4.01	0.745	4.17	0.796	-3.173^{**}
学校的学术讲座资源很充足	3.74	0.922	3.75	0.850	−0.118

（续表）

题项	全日制硕士研究生		非全日制硕士研究生		t
	M	SD	M	SD	
学校有充足的学习场所，如讨论室、实验室等	3.68	0.955	3.95	0.909	-4.598^{***}
学校周边环境为学生的交流学习、实习等提供了便利	3.63	0.920	3.85	0.920	-3.664^{***}

（四）参与科研项目情况不同研究生学校环境因素比较

为比较参与科研项目情况不同的研究生在学校环境因素上的差异，本研究根据有效回收数据，使用SPSS 26.0软件，对参与过科研项目的研究生和未参与科研项目的研究生在学校环境因素总分及其具体题项上的得分进行了独立样本T检验，分析结果如表4-4-5所示。

在接受此次调查的3541名研究生被试中，参与过科研项目的研究生有1321名，占被试总人数的37.31%；未参与过科研项目的研究生有2220名，占被试总人数的62.69%。数据统计结果显示，参与过科研项目的研究生与未参与科研项目的研究生在学校环境因素上存在十分显著的差异（P<0.001），参与过科研项目的研究生的学校环境因素得分明显高于未参与科研项目的研究生。在学校环境因素相关的具体题项中，除了“学校的后勤服务十分到位”这一题项外，参与过科研项目的研究生与未参与科研项目的研究生在其余5个题项上均呈现出显著差异（P<0.05），并且参与过科研项目的研究生的赋分也都高于未参与科研项目的研究生。

良好的科研硬件环境是研究人员展开科研工作的重要保障。换言之，学校在实验室仪器设备、图书期刊、学术交流资助等方面的支持，有助于研究生完成科研任务、产出高水平的科研成果。参与过科研项目的研究生更可能拥有一定的学术成果，而这正是其充分利用了学校资源（实验室仪器设备、图书期刊、学习交流空间等）的具象表现。所以，比起未参与科研项目的研究生，参与过科研项目的研究生不仅十分熟悉学校硬件设施的功能及使用方式，并且更加能够体会到它给学习、科研带来的便利，由此对学校资源建设形成更加正面的看法。

表4-4-5 参与科研项目情况不同研究生学校环境因素差异性分析

题项	参与过科研项目的研究生		未参与科研项目的研究生		t
	M	SD	M	SD	
学校环境因素总分	22.85	3.948	22.22	3.873	4.626***
学校的后勤服务十分到位	3.46	0.955	3.40	0.904	1.903
学校提供了多样的外文电子资源	3.93	0.839	3.81	0.833	4.179***
学校提供了多样的中文电子资源	4.11	0.745	4.00	0.754	3.855***
学校的学术讲座资源很充足	3.80	0.926	3.73	0.911	2.198*
学校有充足的学习场所，如讨论室、实验室等	3.82	0.947	3.66	0.957	5.043***
学校周边环境为学生的交流学习、实习等提供了便利	3.73	0.925	3.62	0.910	3.361**

（五）获得不同数量科研成果研究生学校环境因素比较

为比较不同数量科研成果的研究生在学校环境因素上的差异，本研究根据有效回收数据，使用SPSS 26.0软件，对获得不同数量科研成果的研究生的学校环境因素总分及其具体题项上的得分进行了单因素ANOVA检验，分析结果如表4-4-6所示。

在本研究中，研究者面向3541名被试研究生调查了他们就读期间的科研成果发表情况，提供了“暂无科研成果”“已有1到2篇/项科研成果”“已有3到4篇/项科研成果”以及“已有5篇/项及以上科研成果”四个选项供研究生根据自身的实际情况进行选择。第一组别，“暂无科研成果”的研究生共有2711名，占76.56%；第二组别，“已有1到2篇/项科研成果”的研究生共有616名，占17.40%；第三组别，“已有3到4篇/项科研成果”的研究生共有127名，占3.59%；第四组别，“已有5篇/项及以上科研成果”的研究生共有87名，占2.46%。从人数占比来看，绝大部分研究生“暂无科研成果”，这与姚利民等人的调查结果一致[①]。这说明学术成果创作和发表一直是令广大研究生感到十分苦恼的难题，他们面临的科研状况始终不容乐观。

① 姚利民、史曼莉：《研究生发表论文的调查研究》，《现代大学教育》2008年第1期。

表4-4-6　不同数量科研成果研究生学校环境因素差异性分析

统计项		平方和	df	均方	F	Sig.
学校环境	组间	259.745	3	86.582	5.679	0.001
	组内	53 924.937	3537	15.246		
	总和	54 184.682	3540			

事后多重比较检验结果显示（详见表4-4-7），获得不同数量科研成果的研究生在学校环境因素上的评分存在显著差异（P<0.05），其中“已有5篇/项及以上科研成果”的研究生在学校环境因素上的评分明显高于“暂无科研成果”和“已有1到2篇/项科研成果”的研究生。

表4-4-7　不同数量科研成果研究生学校环境因素多重比较表

统计项	科研成果数量对照组1（I）	科研成果数量对照组2（J）	平均值差值（I-J）	标准差	显著性
学校环境	暂无科研成果	1到2篇/项	−0.222	0.174	0.579
		3到4篇/项	−0.700	0.355	0.198
		5篇/项及以上	-1.529^{**}	0.425	0.002
	1到2篇/项	暂无科研成果	0.222	0.174	0.579
		3到4篇/项	−0.477	0.381	0.592
		5篇/项及以上	-1.307^{*}	0.447	0.018
	3到4篇/项	暂无科研成果	0.700	0.355	0.198
		1到2篇/项	0.477	0.381	0.592
		5篇/项及以上	−0.830	0.543	0.421
	5篇/项及以上	暂无科研成果	1.529^{**}	0.425	0.002
		1到2篇/项	1.307^{*}	0.447	0.018
		3到4篇/项	0.830	0.543	0.421

获得不同数量科研成果的研究生的学校环境因素得分均值情况如图4-4-1所示。具体而言，“已有5篇/项及以上科研成果”研究生的学校环境因素得分最高，“已有3到4篇/项科研成果”研究生的学校环境因素得分次之，“已有1到2篇/项科研成果”研究生的学校环境因素得分位列第三，“暂无科研成果”研究生的学校环境因素得分最低。结合事后检验多重比较的分析结果可以看出，科研成果的发表数

量与研究生个体对学校环境的认知与评价呈正相关。即，研究生对学校环境资源的使用频率和认可度越高，就越有可能产生更多的学术成果；反之，研究生对学校环境资源的使用频率和认可度越低，学术成果产出的可能性则越小。

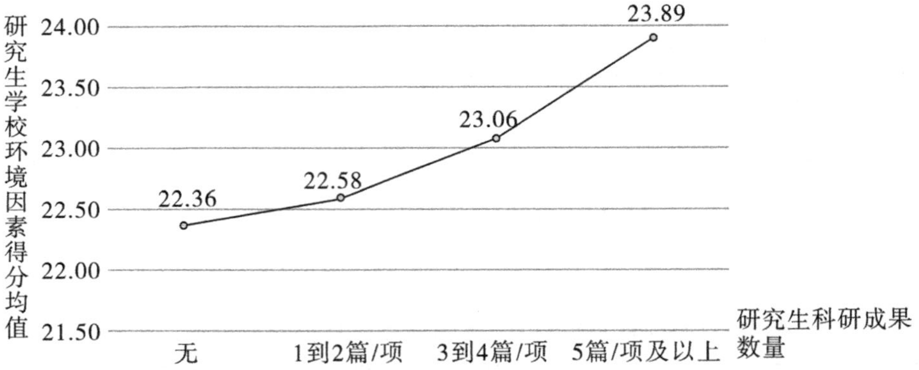

图4-4-1　不同数量科研成果研究生学校环境因素得分均值

科研成果数量及其质量是检验研究生学习成效的重要形式。有学术成果的研究生，特别是发表了“已有5篇/项及以上科研成果”的，他们往往学习目标明确、学习主动性强，善于开发、利用、整合周边资源为己所用，对诸多学习资源的使用方式得心应手。这类学生有着强烈的学业成就感和学习获得感，能够自如地应对研究道路上的种种障碍，对后续研究也怀有更高的期待，愿意投入更多的时间和精力在实验室、图书馆、自习室等场所完成文献阅读、论文写作或验证实验数据等任务。同时在频繁使用学校资源的过程中，他们对其也能有更为直观的体验，由此影响到对学校资源支持的感知与认可。

（六）不同学业成绩研究生学校环境因素比较

为比较不同学业成绩研究生在学校环境因素上的差异，本研究根据有效回收数据，使用SPSS 26.0软件，对不同学业成绩研究生在学校环境因素总分及其具体题项上的得分进行了单因素ANOVA检验，分析结果如表4-4-8所示。

在本研究中，研究者面向3541名被试研究生调查了他们就读期间的学业成绩情况，提供“优”“良”“中”“差”四个等级供研究生根据自身实际情况进行选择。第一组别，认为自己的学业成绩为“优”的研究生共有999名，占28.21%；第二组别，认为自己的学业成绩为“良”的研究生共有2168名，占61.23%；第三组别，认为自己的学业成绩为“中”的研究生共有348名，占9.83%；第四组别，认为自己的学业成绩为“差”的研究生共有26名，占0.73%。超过一半的研究生认为自己的学业成绩处于良好水平，说明大多数研究生对当前的学业成效比较满意，但是还有值得继续努力的空间。

表4-4-8　不同学业成绩研究生学校环境因素差异性分析

统计项		平方和	df	均方	F	Sig.
学校环境	组间	1029.958	3	343.319	22.845	0.000
	组内	53 154.725	3537	15.028		
	总和	54 184.682	3540			

事后多重比较检验结果显示（详见表4-4-9），不同学业成绩的研究生在学校环境因素上的得分存在显著差异（P<0.05），且与学业成绩呈正相关，即“优”>“良”>“中”>“差”。

表4-4-9　不同学业成绩研究生学校环境因素多重比较表

统计项	学业成绩对照组1（I）	学业成绩对照组2（J）	平均值差值（I-J）	标准差	显著性
学校环境	优	良	0.493^{**}	0.148	0.005
		中	1.581^{***}	0.241	0.000
		差	4.292^{***}	0.770	0.000
	良	优	-0.493^{***}	0.148	0.000
		中	1.088^{***}	0.224	0.000
		差	3.799^{***}	0.765	0.000
	中	优	-1.581^{***}	0.241	0.000
		良	-1.088^{***}	0.224	0.000
		差	2.711^{**}	0.788	0.003
	差	优	-4.292^{***}	0.770	0.000
		良	-3.799^{***}	0.765	0.000
		中	-2.711^{**}	0.788	0.003

不同学业成绩研究生学校环境因素得分均值变化趋势如图4-4-2所示。结合事后检验多重比较数据分析结果可以看出，对学业成绩自我评定越高的研究生，对学

校环境的评价越高；相反地，对学业成绩自我评定越低的研究生，对学校环境的评价越低。

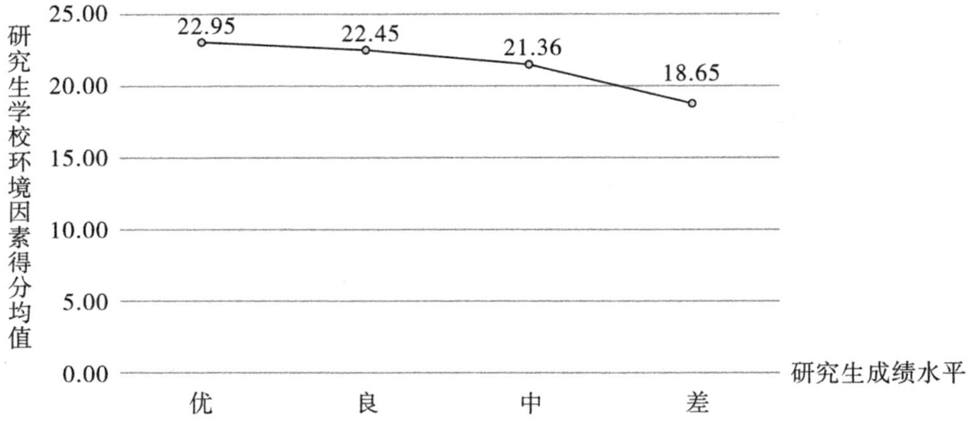

图4-4-2 不同学业成绩研究生学校环境因素得分均值

一般而言，学校的图书馆、实验室、食堂等硬件设施越完备，学生的学习与生活就越便利，其校园生活幸福感也会更为强烈。有调查研究发现，学生的学校幸福感与其学习投入水平有着中等程度的相关[①]。也就是说，在良好的校园环境里，研究生会感到心情愉悦、生活舒适，自身的学习意愿和倾向也会有所提高，更愿意投入更多的时间和精力在学习和科研上，更能取得较为满意的学业成就。所以，在学校环境的助力下，学业成绩越优异的研究生，越容易获得丰富的积极情绪体验，从而对学校充满归属感。而学业成绩较差的学生，缺乏充分的学习热情和动力，无法深切感知到学校资源的质量及其变化，从而可能做出相对较低的评价。

① 徐婷、巢传宣：《高职生学校幸福感对学习投入的影响：班级环境的中介作用》，《职教论坛》2020年第8期。

第五章
研究生学习获得感的提升策略

通过前述四章，我们对研究生学习获得感的实质、理论基础、现状及影响因素有了较为系统的认识。分析问题的目的在于解决问题，本章将进一步提出提升研究生学习获得感的策略，希望对研究生学习获得质量的提升、导师指导有效性的增强，以及研究生教育主管部门管理的针对性和时效性的增强等有所帮助。

第一节　学习自信感的培育

德国学者鲁多夫·洛克尔有段名言："信心是行为的父亲。你只要相信你的目标，就可以说你已经走了一半的路程了。"[①]这句话充分强调了学生树立自信心的意义。学习自信感是学习获得感的重要构成成分，培育研究生学习自信感是提升研究生学习获得感的基础之一。

一、学习自信感之于学习获得感提升的价值及机理

剖析学习自信感与学习获得感的关系，有助于认知学习自信感之于学习获得感提升的价值及内在机理。

（一）学习自信感与学习获得感的关系

综合车丽萍、姚莹莹和卢家楣教授等人对自信与自信感的定义阐述，立足于研究生学习获得感的大框架，我们认为，学习自信感反映了研究生在学习和科研中的一种正向自我认知，是对自身能力和水平的一种肯定。

研究结果表明，学习获得感与学习自信感呈显著正相关，相关系数达0.866，属高度相关关系。自信心对于研究生的学习获得感至关重要。良好的自信心能促使学生积极感知，有目的地观察并展开思考和想象，在紧张的学习中保持较高的情绪，对教学内容保持浓厚兴趣，不受外界干扰，坚定目标，专注于学习和研究[②]，在学

① 转引自周跃南《探索素质教育规律 创建自信教育模式》，《上海师范大学学报（哲学社会科学版）》2000年第5期。

② 李炳全：《自信教育探析》，《教育探索》1997年第5期。

习和研究中能保持正向、积极的感受。当前研究生主要任务是从事科研，科研的基本任务就是探索、认识未知。在科研过程中，势必会经历各种各样的困难和挫折，需要研究生总结原因并解决问题，这就要求研究生有坚定的自信，相信自己能通过百折不挠的努力找到解决问题的方法。研究生拥有自信心对其科研获得有促进作用，而科研成果的获得会促使研究生产生正向感受。

（二）学习自信感之于学习获得感提升的价值

1. 学习自信感支撑学习获得感的形成

“自信感是一种对自己的学习能力确信的情感。”[①]在学习过程中，研究生会产生多种多样的“感”，但不是所有“感”都能形成学习获得感。当研究生对自己的学习水平、科研能力等有积极、肯定的自我认知和确信，充满自信感，会更有动力地去完成学习任务，进而有所收获，在此基础上形成学习获得感。

2. 学习自信感的多元成就学习获得感

学习获得感并不是简单的一种正向感受，而是由自信感、愉悦感、希望感、导生亲和感和同伴亲近感共同构成的，其感受的过程并不是直线式上升或下降，而是呈现波浪式的缓慢抬升。自信感作为学习获得感的重要组成部分，体现了学习获得感的复杂性。

本研究主要涉及研究生在学习和科研层面上的自信感。学习和科研是广泛的概念，如加涅将学习分成言语信息、智慧技能、认知策略、动作技能与态度[②]；潘菽主编的《教育心理学》一书则根据内容与结果把学习分为四类：知识的学习，技能与熟练的学习，心智的、以思维为主的能力的学习，道德品质与行为习惯的学习[③]。根据科研任务和方法不同，科研可以分为基础研究、应用研究和开发研究等。因学习和科研的分类不同，个体的自信感在其中也有不同的表现，如部分研究生是因为对知识的获得而感到自信，部分研究生因熟练掌握技能而产生自信感等，自信感来源的多样性体现了学习获得感的复杂性。

---

① 卢家楣、刘伟、贺雯、袁军、竺培梁、卢盛华等：《我国当代青少年情感素质现状调查》，《心理学报》2009年第12期。

② R.M.加涅等：《教学设计原理》，皮连生译，华东师范大学出版社，1999，第9-10页。

③ 潘菽主编《教育心理学》，人民教育出版社，1980，第53页。

3. 自信感丰富研究生的情感体验

学生的情感体验是指学生在学习和科研中一种总体的、带有情绪色彩的感受与看法，这种情感体验包含积极情感（愉快、轻松等）和消极情感（抑郁、焦虑、紧张等）[①]。学习与科研就像是一场充满着多种可能性的探索之旅，研究生沉浸其中，经历着愉悦、沮丧等各种体验，既是一种整体化的学习状态，也是一个充盈着希望、自信、温暖的过程。自信感作为研究生重要的情感体验之一，大大丰富了研究生情感体验的深度。当研究生顺利完成学习或科研任务时，其自信感增强；当研究生在学习和科研中遇到困难与挫折时，这时可能会产生不自信心理。

此外，自信感还会影响其他方面的情感体验。在本研究中，通过Pearson相关分析得出，自信感和希望感呈显著正相关，相关系数达0.743（见表3-1-8），呈高度相关关系。这表明研究生在学习中保持较强的自信心时，也会提高对学习的期待。

（三）学习自信感之于学习获得感提升的内在机理

从理论层面和现实层面来看，学习自信感之于学习获得感提升有其坚实的逻辑基础——学习自信感能够促使研究生产生主观积极的感受，从而提升学习获得感。

1. 学习自信感之于学习获得感的理论逻辑

马斯洛的需要层次理论是学习自信感的理论基础。马斯洛在《人类动机理论》一文中，提出了需求层次论的观点并最早对自信心进行了阐述。他认为，需要是人格形成和发展的动力，并列举了五种互相关联的人类基本需求：生理需求、安全需求、归属和爱的需求、自尊需求、自我实现需求。其中，自尊需求分为两类：第一，希望有实力、有成就、能胜任、面对世界时有自信心，以及要求独立和自由等欲望。第二，渴望有名誉或威信、赏识、关心、重视和高度评价等。马斯洛认为，自信心是在自尊需求得到满足时产生的一种情感体验，它使人觉得自己在这个世界上是有价值、有力量、有能力、有位置、有用处和必不可少的。然而，这些需求一旦受挫，就会使人产生自卑感、软弱感与无能感。这些负面的情感会使人丧失基本的自信心。从对严重的创伤性神经病的研究中，我们很容易明白基本自信心的必要性，并且理解到没有这种自信心的人们将会感到何等

① Diener E., "Subjective well-being," *Psychological Bulle-tin*（1984）: 3.

的无依无靠[①]。由此可见，自信感是人不可或缺的情感体验，有自信的人会获得精神力量，从而更好地适应生活。

研究生在学校进行学习时有自尊的需求，希望被他人肯定，而自尊需求的满足是以获取知识和对自己的知识具有一定的自信感为前提。人们对自己的知识具有一定的自信感后，便认为自己有价值，从而自尊需求得到满足，于是才能踏入自我实现的大门，也就是最高层次的需求。研究生在自我实现阶段的学习，能够产生一定的实在收获，获得正向的积极感受。

2. 学习自信感之于学习获得感的现实逻辑

我国古代教育就非常强调自信的重要性。我国古代教学过程有所谓的“教学七阶段论”，即立志、博学、审问、慎思、明辨、时习、笃行[②]。其中立志这一阶段，就是要求教育者要激发学生的学习自信心，鼓励他们树立志向，下决心去探求学问。由此可见，古代教育家将学习自信感放在重要的位置。

今天，国家日益注重创新教育和素质教育，我们更应该重视对研究生自信感的培养。党的十八大以来，习近平总书记高度重视高校教育事业的内涵发展，就研究生教育做出了一系列重要论述，推动研究生工作在改革中不断创新发展。2020年7月29日，在全国研究生教育会议召开之际，习近平总书记做出重要指示，要从党和国家事业发展需要的大局出发，培养造就大批德才兼备的高层次人才。“德才兼备”的研究生需要坚定的自信感才能完成国家的使命，自信感高的研究生对未来社会发展起到至关重要的作用。学习自信感作为重要的情感因素之一，影响着研究生学习进程及自身的发展，也影响着社会的发展。对于社会发展来说，研究生作为国家高学历人才，能够有力推动未来的国家建设和社会进步。如何发展和培养研究生的自信，是当前研究生教育面临的一个非常重要的问题。

二、学习自信感培育机制与方法

通过数据分析与文献梳理发现，个体自身、学校、导师、环境及家庭是影响研

① Maslow A.H., “A theory of human motivation,” *Psychological Review*（1943）: 370–396.

② 燕国材、朱永新：《现代视野内的中国教育心理观》，上海教育出版社，1991，第79–87页。

究生学习自信感的重要因素。因此，本节基于这五个影响因素提出以下几点建议。

（一）强化自我主体意识，培养积极向上的学习感受

研究生是学习的主体，善用积极的心理暗示、构建和谐的人际关系、丰富社会实践活动方式，是研究生学习自信感建立的关键。

1. 运用积极的心理暗示，提升自我期望水平，维持学习自信感

提升研究生自信感的方法之一是巧用心理暗示，正确认识自我，并提升对自我的评价。据《心理学大词典》，“心理暗示是用含蓄、间接的方式对别人的心理和行为产生影响。暗示作用往往会使别人不自觉地按照一定的方式行动，或者不加批判地接受一定的意见或信念”。这表明了心理暗示是人或环境以一种悄无声息的方式向个体发出信息，个体在无意识的情况下接收信息，从而做出相应反应的社会现象。心理暗示对人的情感体验具有很大的影响，积极的心理暗示能够带来正向的感受，消极的心理暗示则能引起个体负面的情感体验。

研究生应学会运用积极的心理暗示，当在学习科研中遇到困难，感到自信心不足时，应该告诉自己：不要怕！我能行！当然，积极的心理暗示并不是让人骄傲自负，其作用是缓解自身的心理冲突，保持良好的心理品质，促使自己保持适当的自我期望水平，做到既能了解自身的优势，又能审视自己的劣势，采取理智的态度应对自己的优劣势，并自觉地调节自身的思想和行为，不断进行自我完善以培养与发展自身的能力，树立学习和科研的自信。

2. 建立并保持和谐的人际关系，增进学习自信感

采用Pearson相关检验分析发现，导生亲和感、同伴亲近感均与自信感呈显著正相关，相关系数分别达0.611和0.630（见表3-1-8），呈中度相关关系。这说明自信感的提升离不开与导师、同伴建立关系并与其保持和谐的人际关系。马克思说过，“人是一切社会关系的总和”。在学习科研中，研究生必然会与同伴、导师等进行交往。由于受到自身条件和外在环境的影响，研究生有时无法对自己的能力与知识储备进行客观评价，容易产生自卑、焦虑、胆怯等消极心理，影响自信感的形成。因此，研究生应转变怯于与他人相处的状态，学习与他人交往的技巧，与他人进行情感交流，明白拥有自信这一良好品质的社会意义，积极对自己进行自信感教育。只有建立自信感，建立和谐的人际关系，才能够激发生命活力、提升精神境

界、感受美好生活。

在师生相处中，导师与研究生之间是一种互为主体的关系，导师和研究生之间是平等的，因此研究生要认识到与导师互动是自己的权利，应抓住机会表达自己的想法，主动参与到导师主持的课题中，遇到问题时应积极与导师进行沟通交流。

在与同伴相处中，研究生要做到宽容大度，保持良性互动的人际关系。除了日常交往之外，研究生还可以积极参与各项活动，从中找到兴趣相投的朋友，增进彼此的交流。在与他人进行交往时，要怀有谦卑、乐观的心态。当用积极乐观的心态与他人交流，理解和关心他人时，不仅能获得自我肯定，建立并保持和谐的人际关系，而且能获得他人的尊重与认同，获得自我满足，从而提升自信感。

3．丰富社会实践活动方式，增强学习自信感

马克思提出："全部社会生活在本质上是实践的。凡是把理论引向神秘主义的神秘东西，都能在人的实践中以及对这个实践的理解中得到合理的解决。"①这表明了所有的事物本质上来说都是实践的产物。研究生学习本质上也是一种实践活动，因此研究生的自信感也来源于实践。邓小平指出："社会实践是培养理论与社会实践结合、学用一致、全面发展的新人的根本途径。"②实践是检验真理的唯一标准，研究生不仅要学习理论知识，更要将理论与实践相结合，丰富自己社会实践活动的形式，在社会实践活动中增强自信感。只有真正做到理论知识与实践锻炼的有机结合，实现知行合一，才能使内心得到锻炼，建立自信感，提高应对消极情绪的能力，在实践中实现个人的发展。因此，研究生在学习科学理论的同时，应该主动接触社会，参加多种社会实践活动。

（二）以学校为主导，构建良好合力机制

研究生的自信感源于学校、个体、家庭、社会互动带来的整体影响，其中学校起到关键的引导作用。

1．开发自信感培育课程

学校在研究生教育阶段应开设专门的自信感培育课程，尽早把自信感培育作为一门选修课程纳入研究生教育课程体系，面向有需要的研究生，对其讲授系统的自

① 马克思、恩格斯：《马克思恩格斯选集》（第1卷），第58-61页。
② 邓小平：《邓小平文选》（第二卷），第107页。

信感知识，开展相应的有针对性训练活动。

目前完整开设自信感教育课程并形成较为成熟的教育教学模式的高校基本无迹可寻，更多的是将培养研究生自信感这一目标融入现有课程，甚至不少高校根本没有认识到研究生学习自信感教育的重要意义。

因此，高校应开展研究生自信感调查研究，有针对性地将自信感教育纳入研究生教育中，鼓励导师开设自信感选修课程，设置专门的课时、教学计划及考核与评定标准，开发系统完备、科学规范的教材，提供相应的教学保障措施，确保研究生自信感培育落到实处。

2. 创造自信感培育和谐氛围，建立合理有效机制

学校要关心研究生的身心健康发展。只有心理健康的研究生才能积极主动地迎接生活和工作中的各项挑战。为促进研究生的健康成长，学校应建立完善的心理健康预防、干预机制。

在预防机制方面，首先，学校可以通过开展丰富多彩的学术交流、文体娱乐活动，营造和谐愉悦的氛围，不断提升研究生的自信心。其次，除了为研究生开设自信感教育课程外，学校还可以通过举办有关提升自信感的讲座、开通心理健康热线等方式，为研究生化解负面情绪提供外界手段支持，使研究生的心理健康保持良好水平。最后，学校应为研究生定期组织心理咨询，为其建立心理健康教育档案，密切关注每一位研究生的心理变化。

在干预机制方面，一旦发现研究生心理健康存在问题，通过查阅心理健康档案深入了解情况后，应立即成立由研究生导师、学科带头人、研究生辅导员和心理咨询师组成的应急小组对其进行必要的心理干预，并及时记录心理干预的各项工作，确保不让研究生的身心受到伤害。

除了建立合理完善的心理健康预防、干预机制外，学校在教育质量考核机制上也亟须改进。传统的研究生考核机制以学业成绩和科研成果为标准，成绩较差或无科研成果的研究生常常因不够优秀而产生自卑心理。因此，学校应建立一个科学合理的考核机制，以激励为主，将研究生的综合素质纳入考核体系并进行全面评估。如此一来，研究生的积极性得到提高，更能满怀信心投身于学习。

3．建设科学完善的师德师风考核评价机制，提升教师素质

当前，高校对教师的考核评价机制不健全，主要以教育教学工作量和科研成果数量作为教师评优和晋升的主要依据，而忽视了职业道德在教师评价体系中的重要位置。在这一机制的影响下，高校教师大多将工作重心放在教学和科研上，部分高校教师在自身的师德修养和责任意识上有待加强。如有的导师贬低、辱骂学生，致使研究生自信心受挫，变得自卑、胆怯甚至出现抑郁情绪，严重伤害了学生的人格尊严和身心健康。因此，建立一支高质量的师资队伍，吸纳全球优秀人才，让教师真切意识到完善和提高自身综合素质的重要性并付诸行动，是保障研究生提升自信感的先决条件。

除了教师自身要培育坚定的教育信仰和高尚的教育情操外，高校建立师德师风考核评价机制同样至关重要。建立科学完善的师德师风考核评价机制可以从以下三方面入手：第一，确立师德考评目标。学校应深入调研，准确把握本校教师素质的总体情况，合理制订相应的考核目标。第二，明确师德考评内容。标准之一是要便于操作，内容精简，既要有思想政治方面的指标，也要有教学、社会服务等工作情况的指标，既要有效能指标，也要有素质指标。第三，重视评价结果的效用。高校应当将师德考核评价的结果作为教师年度考核、评优的重要标准，对于违反职业道德规范与准则的教师，坚决实行一票否决制，做到奖惩分明，让有德者备受尊重，失德者寸步难行。

建立科学完善的师德师风考核评价机制，有助于促使教师提升个人的道德修养，改善对待研究生的态度，让学生可以真切感受到导师的友善和学习科研的乐趣，进而逐渐增强自身的学习自信心。

（三）以导师为主力，提升自信感教育效果

导师是研究生教育的第一责任人。相关研究表明，导师指导对研究生学习获得感产生关键影响。学校、社会、政府可以为研究生学习提供最大化的外在支持，但导师与研究生的关系仍然是保障研究生学习质量最重要的着力点。

1．增加研究生参与科研的机会

通过调查研究发现，参与过科研项目的研究生与未参与科研项目的研究生在自信感上存在显著差异。参与过科研项目的研究生在自信感上的得分均值为22.10，未

参与科研项目的研究生的得分均值则为21.04（见表3-3-15），参与过科研项目的研究生比未参与科研项目的研究生自信感高。无论是专业型硕士研究生还是学术型硕士研究生都有一定量的科研任务，都需要完成高质量的学术论文。但是，仅仅只完成学术论文还不够，研究生参与导师的科研项目，产出高质量的科研成果，能够给研究生带来成就感和自信感，能够给研究生一种良好的学术体验。因此，导师应充分给予研究生科研机会，帮助研究生提升自信感。

首先，导师应主动让研究生参加自己主持的科研课题，学校也应尽可能地增加科研实践活动的机会，特别是对于专业型研究生来说，导师应与校外实践基地加强交流，给予研究生参与实践的机会。其次，导师除了给予研究生参与科研项目的机会外，还应积极寻找各种学术资源和资金支持，鼓励研究生到各地参与学术交流，或邀请知名专家学者来校做学术报告。最后，增加科研机会离不开硬件设施的改善。特别是对于理工科类研究生来说，科学研究是建立在实验的基础上，为了确保研究生能够心无旁骛地进行科学研究，导师应引进与改善相关专业的实验设备，并对实验设备有序管理。

2. 实行赏识性指导

本研究的调查问卷中，“我在专业学习上很有成就感”“我觉得我的专业能力比大多数同学强”的得分均值排在自信感维度的所有测量题目中的倒数第一与倒数第二位（见表3-2-6），这说明研究生的自我认同较低。究其原因，除了研究生自身因素以外，还与教师的教育模式有很大联系。皮格马利翁实验表明，学生自信心的强弱与教师期望有关。可见，导师给予研究生鼓励与期望是增强其自信心的有效手段。在研究生自信感的培养中，我们可以将这一理论创造性地运用到实际工作中，通过建立以赏识为内涵的教育模式，提升研究生的学习自信感。赏识教育是指导师认识并赏识学生才能，从而使学生增强自信、主动发展的教育模式[①]。每一个研究生都希望自己的努力成果能得到导师的肯定和赞美，而不是否定和嘲讽。

导师应通过与研究生的日常交流，观察和了解研究生的优点，进而挖掘研究生的学习和科研潜力，并给予肯定和赞赏，以帮助研究生获得自信感，促进研究生主动积极地发展。当然，赏识教育并不等于一味地表扬，如果导师对赏识教育的认

① 崔学鸿：《赏识教育初论》，安徽大学出版社，2003，第18页。

识流于表面或理解片面，会使赏识教育实践走入“怪圈”或误区。当研究生在学术上出现较为严重的错误时，如学术不端、学术造假等现象，导师应就事论事进行批评，但也不能上纲上线，伤害研究生的自尊。

3．树立模范榜样

在对研究生的自信感培养中，导师应注重言传身教的作用。德国教育家第斯多惠曾说：“教师是学校里最重要的师表，是直观的最有教益的模范，是学生最活生生的榜样。”①导师是研究生学术生涯的指导者，也是人生道路的引路人。以“言传”来教授知识是导师应尽的义务，以“身教”为研究生树立榜样更是每一位导师的天职。因此，导师应重视自身的榜样示范作用。

自信感是一种情感体验。在实行自信感教育的过程中，导师本身自信感高，研究生在与其长期相处中受到导师自信满满状态的潜移默化影响，也会积极效仿教师的自信品质，从而激发自信心，增强自信感。此外，对部分自信心明显薄弱的研究生，导师应加强对其的关注和引导，多给予关心和鼓励，积极评价，从而促使学生提升个人的自信感体验。

（四）建立支持性环境，增强自信感培育实效性

研究生自信感培育是一项系统工程，需要良好的文化环境，有赖于多方面力量的参与和支持。

1．消除性别刻板印象，倡导男女平等

基于前述调查研究，通过独立样本T检验分析发现，自信感在研究生群体中有着显著的性别差异，男性研究生的自信感得分均值为22.00，女性研究生的自信感得分均值为21.27（见表3-3-1），男性研究生的自信感明显高于女性研究生，这与国内已有的研究结果存在一定的相似性。究其原因是社会对性别存在刻板印象，使得男性研究生和女性研究生的自信感存在差异。

性别刻板印象是关于男女两性行为特征的固定、陈旧、僵化、带有偏见的印象，即“人们对男性或女性应当具有特定行为和特征的相对稳定的信念”②。简单来说，性别刻板印象是指脱离现有社会期待与要求的陈旧观念与印象，并且它将两

① 王道俊、王汉澜主编《教育学》（新编本），人民教育出版社，1989，第551页。

② 金盛华：《社会心理学》，高等教育出版社，2005，第126-147页。

性群体的行为特征进行分离化的分类与认识[①]。在中国传统观念中，男性和女性基于生理性别的差异而在社会分工中占据不同的地位，通常男性被赋予更高的社会地位，女性则相对处于弱势地位。这种地位上的不平等，加剧形成了男性是高大、开朗且具有权力和威望的，女性则被视为温婉、娇柔且顺从男性的性别偏见思想。社会对女性的角色和评价长期受此传统观念的限制，致使社会对女性的期望值相对较低，加之现实生活中实际存在的就业、成功机会不均等现象，这些内外的压力导致部分女生低估自我，自信感总体偏低。

因此，导师在指导研究生学习过程中，要做到一视同仁，给予男女研究生平等的学习机会、均衡的资源支持条件。学校在研究生招生、培养、评奖、支持校外合作研究等方面，也要消除性别歧视。社会企业应给予男女平等的就业机会，不能重男轻女，应看到女性忍耐力强、善于与他人相处、稳定性高等优势，消除性别刻板印象，使女研究生的外在压力减小，恢复自信感。

2．发挥政府协调监督职能，促进高校与社会行业之间有效合作

前述研究表明，全日制与非全日制研究生在自信感水平上存在显著差异，非全日制研究生的自信感水平明显高于全日制研究生（见表3-3-9）。

原因可能在于，全日制研究生脱产学习，没有收入来源，且面临较大的就业压力。在市场经济社会环境下，存在一种只着眼于利益最大化，急功近利、金钱至上的思想。这种思想严重影响了全日制研究生的自信感。具体来说，为迎合市场需求，部分用人单位和企业盲目追求人才的高学历，忽视了研究生的心理健康和积极品质。缺乏良好的自信感教育环境氛围，使得当代研究生茫然、焦虑、自信受挫，对社会的负面影响未能进行客观评价和辨析，易对自我和社会产生消极看法和不良的价值取向，从而影响自身对自信感的体验。

为解决上述问题，政府可以建立协调机制，横向层面涉及省教育厅、科学技术厅和财政厅等部门，纵向层面还可能涉及市、县政府。省教育厅作为主要牵头单位，协调同级部门之间的关系及省政府与市、县政府之间的关系，明确划分部门之

① 李沁：《小学高年级课堂教学中性别差异表现及其对策研究》，硕士学位论文，东北师范大学教育学系，2015，第59页。

间的事权和责任[①]，促进高校、企业之间实现真正有效合作，以期帮助研究生提高实践能力和职业发展能力。

除了建立良好协调机制外，政府还应发挥监督职能。政府须监督和管理高校人才培养的质量、行业企业的人才需求状况等，妥善处理两者存在的突出问题。高校、行业之间的有效合作能够帮助研究生解决将来从事的职业领域的实际问题，减小就业焦虑，获得较强的实践应用能力和良好的社会适应能力，提升自信感。

（五）以家庭为基础，重视多元发展

家庭文化氛围、家长期望等会影响研究生学习的质量，进而影响研究生的学习获得感。但是，较之中小学教育，研究生与家庭之间的关联度相对降低，家庭容易成为研究生教育遗忘的角落。

1. 树立科学的家长教育理念

习近平总书记在会见第一届全国文明家庭代表时发表重要讲话，指出："中华民族历来重视家庭，正所谓'天下之本在家'。"家庭教育实践证明，有什么样的家庭就有什么样的家庭教育，因此从家庭教育角度看，培育研究生的自信感必须提高家庭教育理念的科学性。家庭成员要重视言传身教，正如习近平总书记所要求的一样："广大家庭都要重言传、重身教，教知识、育品德，身体力行、耳濡目染，帮助孩子扣好人生的第一粒扣子，迈好人生的第一个台阶。"家庭是研究生成长过程中的亲密环境。父母担任着教育研究生理想、价值观的责任，科学的家庭教育理念能促进研究生勇攀高峰、积极进取，帮助其愉快而紧张地度过研究生学习生活。

当前中小学家庭教育主要围绕子女升学展开，家长往往重视子女的课程学习，忽视了子女的思想品德教育、心理健康教育、兴趣爱好培养、良好行为习惯养成等[②]。研究生阶段的家庭教育往往更受到严重忽视。家长基本不知道研究生在校生活是怎样一回事，有的家庭因研究生学习所在地太远而长时间没有联系，有的家庭因父母知识结构、文化程度与研究生有很大差异而少了交流的共同话题和意愿等。

① 姚志友、董维春：《我国专业学位研究生教育改革路径探索——一个整体性教育的视角》，《学位与研究生教育》2019年第11期。

② 马爱兵：《中小学家庭教育指导存在的问题及改进策略》，《教育理论与实践》2019年第5期。

中小学时代由家庭经济、血脉等建立起的紧密联系，到了研究生阶段就变得松散，甚至因价值观不一致导致情感关系疏远。因此，家长应树立科学的家庭教育理念，采取更为灵活民主的交往方式。

首先，要树立父母与子女平等观。中国传统家庭教育中有“父为子纲”的陈旧思想，而当今父母与子女之间应是一种以平等为特征的新型关系。父母应尊重孩子，双方在平等的基础上进行交流，这样有助于培养孩子的健全人格，增强自信心。其次，要坚信每个孩子都有无限潜能。霍华德·加德纳认为：“只要大脑没有受伤，如果有机会接触利于培养某一种智能的环境和条件，几乎每个人都能在那一智能的发展上取得非常显著的效果。”[①]父母应该从研究生的天性出发，发现其个性特点，并尽可能地创造适宜的环境条件，鼓励他们认识自己，促进其潜能发展最大化。最后，尊重研究生的主体地位。研究生已经成人，需要且可以自己对学习与生活负责。家长应倾听孩子的心声，给孩子提供表达自己想法的机会，及时掌握孩子的思想、心理动向，帮助其克服学习与生活困难，树立自信，让其在轻松愉悦的家庭环境中健康成长。

2. 重学笃行，言传身教

研究生在人际交往、学业和生活上遇到问题时，可能会情绪不稳定，出现自卑、焦虑和胆怯等负面情绪，家长应给予孩子正面的鼓励，以“身教”示范提升孩子的自信感，消除孩子的不良情绪，帮助其获得战胜困难的勇气，并对孩子的思想与行为做出正面肯定的评价以增强其自信心。

家长要做研究生学习的榜样。随着时代不断发展，知识更新速度也越来越快，家长应及时更新自己的知识和思想体系，不断学习新知识，提升其自身修养，才能跟上时代发展的节奏和步伐；否则，家长的家庭教育理念、方法等有可能落伍。正如马克思所说：“教育者本人一定是受教育的。”[②]因此，家长本身也需要不断学习，要有终身学习的思想，致力于建立学习型家庭，让研究生在耳濡目染的家庭学习氛围中快乐地成长，潜移默化地提升自信感。尽管研究生在所学专业领域可能远远超过自己的父母，但父母的社会经历永远是研究生的宝贵财富，因而父母应作为

① 霍华德·加德纳：《多元智能》，沈致隆译，新华出版社，2003，第50–51页。

② 马克思、恩格斯：《马克思恩格斯文集》（第1卷），第500页。

研究生的人生导师，陪伴其勇敢前行。

家长要做研究生言行的榜样。父母的言行举止会对孩子产生深刻的影响。父母的自信感在一定程度上决定着孩子的自信感。一方面，家长自己在面对问题和困难时，应积极进取，努力克服，朝着预先设定的方向奋斗。另一方面，当研究生出现自卑、焦虑等消极情绪时，父母应当采取榜样激励教育方式，引导其客观辩证地对待消极情绪，及时调节不良情绪，保持健康、乐观的心态。

第二节　学习愉悦感的增强

奥苏贝尔在其意义学习理论中曾指出："学习者必须具有掌握学习材料的心向是实现意义学习的内部条件之一，也就是一种愿意学习、乐于学习的学习情感。"[①]正所谓"好之者不如乐之者"，当研究生在学习过程中产生愉悦感时，其学习兴趣、成就动机和学习意愿等都会得到强化，学习焦虑也会得到缓解，将更主动地投入到学习和科研中，进而拥有更多的学习获得。由此可见，分析学习愉悦感对于学习获得感提升的价值及机理，探讨研究生学习愉悦感的增强策略与方法具有重要意义。

一、学习愉悦感之于学习获得感提升的价值及机理

情感指个体对客观事物所持有的比较稳定、深刻且具有社会意义的态度体验及相应的行为反应[②]。关于情感的分类复杂多样，如根据情感所造成的影响与结果的不同，可将情感分为积极情感和消极情感。研究生学习愉悦感指研究生在学习、科研过程中持续产生的一种愉快、喜悦的心理状态，属于积极情感。而研究生学习获得感本质是一种积极的情感体验和正向的主观感受，所以学习愉悦感是研究生学习获得感的重要组成部分，这一观点在前文的数据分析中已经得到验证。接下来将从理论层面论述学习愉悦感之于学习获得感提升的价值及机理。

---

① 陈宁：《大学生学习情感现状调查及教育启示》，《黑龙江高教研究》2012年第11期。

② 郑雪主编《积极心理学》，北京师范大学出版社，2014，第5页。

（一）学习愉悦感之于学习获得感提升的价值

根据已有的有关情感研究的经验，人们认识到，从功能和作用来认识情感的基本性质可能是一条有效的途径。这一点对于学习愉悦感也不例外。参照弗雷德里克森（Fredrickson）提出的积极情感的扩展—建构模型，可以发现学习愉悦感的价值主要有以下三点。

1. 激发学习行动趋向

行动趋势研究认为情感是有机体在进化过程中，为了适应环境而被赋予的，尤其是消极情感，它们一般是在应对威胁生存的环境中逐渐进化而来的。许多情感心理学家建构情感模型时，把情感定义为“与特定行动趋向相关联的一些东西”，例如愤怒生成攻击欲求、恐惧产生逃离欲求、厌恶引发驱逐欲求等。这种特定行动趋向对人们应对危险和生存挑战来说，是必需且关键的。但对于积极情感，一般研究认为它并不伴随特定行动趋向，不产生具体的行动，而是激发个体一般的活动性（即接近或趋近倾向），进而促进活动的连续性[①]。所以，如果研究生在学习过程中产生了愉悦感，其学习行动趋向会得到激发，使其保持趋近和探索新颖事物，保持与学习环境的主动联结。

此外，弗雷德里克森指出，除具有一般的活动激活倾向外，积极情感也可与部分特定的行动倾向相联系，如快乐使人产生冲破限制、创新的愿望[②]。由此可以推断，当研究生对学习和科研产生兴趣时，会产生探索、掌握和运用新知识的意愿；当研究生对学习生活感到满意时，会产生保持现有的学习环境，并把这些环境和自我以及他人融为一体的愿望；当研究生对自己的学业成就感到自豪时，会产生想与他人分享成功和在将来取得更大成就的愿望；当研究生产生学习愉悦感时，会产生强烈的学习动机，有沉浸、享受学习的愿望。而且，积极情感所激发的行动趋向的广泛性远远高于消极情感[③]。这意味着研究生产生学习愉悦感的同时，学习焦虑、学业倦怠等消极情感对其学习行为的负面影响会被弱化，进而产生更多、更积极的学习行动趋向。

---

① 郑雪主编《积极心理学》，第7–9页。

② 郭小艳、王振宏：《积极情绪的概念、功能与意义》，《心理科学进展》2007年第9期。

③ 同注①。

2. 扩展思维—行动空间

消极情感会限制一个人在特定情境下的思维—行动空间，即促使个体在特定情境下做出由进化固定下来的某些特定行为。例如，当我们的祖先处于危险情境时，恐惧、害怕等消极情感的特定行为倾向限制了人的思维—行动空间，使人的思考和行动局限在以保护自己生命为核心的几种特定行为方式上，以使人类祖先在很短的时间内做出逃跑、攻击、躲避等行为。总而言之，消极情感对个体的思维—行动空间存在一定的限制作用。

相反，积极情感能扩展个人的思维—行动空间。积极情感能够提升个人的注意力，增强其认知灵活性，扩展个体的认知地图①。比如，愉悦、满意等情感能让研究生产生前进的动力，变得更有创造力，更愿意探索新知识，寻求新的学习体验。换言之，学习愉悦感不仅仅是学习环境的积极产物，还能促使研究生积极探索，扩展自身的思维—行动空间，追求更高的学业成就，成为更有探索精神和创新精神的研究者。积极情感与扩展思维—行动空间两者呈正相关关系，所以研究生的学习愉悦感越强，其认知灵活性越强，认知地图越大，学术视野越开阔。

3. 建构个人学习资源

尽管消极情感会限制人们的思维—行动空间，而积极情感会扩展人们的思维—行动空间，但这些影响都是暂时的。随着积极情感与消极情感的变换，人们的意识范围也相应地扩展和收缩。但弗雷德里克森表示，积极情感所激发的思维—行动空间的扩展，能在更长的时间尺度上对人类产生重要的影响。“因为随着时间的推移，扩展的思维—行动空间有助于人们建构相对持久的个体资源，包括身体资源（如身体技能、健康）、智力资源（如知识、心理理论、执行控制）、人际资源（如友谊、社会支持网络）和心理资源（如心理恢复力、乐观、创造性）。”②由此可知，学习愉悦感不仅能使研究生当前感觉良好，还能通过扩展思维—行动空间的效应，推动研究生建构个人学习资源——如增强与导师、师兄师姐、同学、知名学者的联系以形成个人学习支持网络，积极查阅与整理书籍、论文、研究报告、政府工作报告等以形成个人学习资源库。而且，充足的个人学习资源有助于研究生更

① 郑雪主编《积极心理学》，第7–9页。

② 同上。

顺利、更投入地学习，进而提升研究生的学习愉悦感。

由此，学习愉悦感在学习者内部形成了积极的“情感—认知—行为”循环。具体而言，学习愉悦感通过激发研究生的学习行动趋向，使研究生的思维—行动空间得到扩展；随后，得到扩展的思维—行动空间为研究生建构持久的个人学习资源提供机会；反过来，持久的个人学习资源又增加了研究生在未来学习中产生更多积极情感的可能性。最终，在学习愉悦感与个人学习资源建构不断循环、螺旋式上升的过程中，研究生的成长和转变最终得以实现。

（二）学习愉悦感之于学习获得感提升的机理

研究生在学术生活中，与社会、学校、导师和同学等建立了一定的关系。错综复杂的现实世界在每个研究生的意识中反映出来，但是研究生并非消极、机械地反映自己周围的现实。研究生在积极地认识与影响外部环境的同时，对现实世界的事物与现象也持有自己的主观态度。这一态度表现为每个研究生有不同的研究观点、学习兴趣、研究志向以及各种学习情感。“不依赖于人而存在的，但又与人有着密切联系的现实世界是情感赖以产生的源泉”①，“情感、情感生活是现实的一种独特反映形式”②，研究生对现实世界的主观态度就表现在这一形式之中。研究生在与学习环境相互作用时，对受到的刺激、影响做出各种反应，其中许多反应带有感情色彩，具有稳定、不断复现的特点，因而逐渐演变成表达对待现实的情感态度的固定形式，并在研究生的学习生活中占有重要位置，对研究生的学习行为产生一定影响。

研究生的情感生活及其情感是周围现实在其意识中的特殊反映。因此，研究生的情感生活及其情感与其认知过程有机地联系着。在认知过程中，研究生可以分辨出知识的有用性、可用性和再生性。研究生的情感体验同其所感知现象的实质和特征有关，同其对所感知现象的属性的认识程度有关，同其对这些现象在满足需要、愿望方面的作用有关。由于情感同认识过程有联系，研究生对学习环境的各种刺激都能做出相应的反应。因此情感的作用在于，提高研究生对学习中各种刺激的反应能力，为研究生与学习环境建立有益联系提供可能。“情感作为稳定的心理状态，

① 雅科布松：《情感心理学》，王玉琴译，黑龙江人民出版社，1988年，第143页。

② 同上。

因受着环境的制约可在各种形式与强度的情感反应中表现出来。”[①]即在情感当中存在着研究生与周围现实之间的活生生的、随条件变化而变化的联系。

每个研究生的学习情感的特点、性质、特殊属性以及与他人的差异，既取决于个人的性格特征，也取决于作为研究者的研究生进行学术研究、完善知识建构、获得学业成功等学习需求的本性，还取决于个人以往的学习经验和已有的学习态度。当研究生自身具备敢想敢创、积极进取的性格特征，并且有强烈的学习需求、丰富的学习经验和端正的学习态度时，就极有可能在学习和科研过程中拥有更加积极、正向的学习体验，产生更强烈的学习愉悦感。

研究生在学习过程中会出现各种各样的学习需要，这些需要会促使研究生产生满足这些需要的愿望，并推动研究生开展旨在满足这些愿望的活动。研究生会根据学习活动的进展、科研活动的成效以及学习需求得到满足过程中出现的障碍产生各种情感体验。这些体验会影响研究生进一步研究学习的动机强弱。如果学习需求难以得到满足，研究生便容易产生学习焦虑或学习倦怠感等消极情感，进而降低学习兴趣，形成阻碍学习的心理屏障。如果学习需求总是得到满足，研究生便容易产生学习愉悦感或自信感等积极情感，进而提高成就动机，产生助推学习的内在动力。

而且，一旦研究生对学习产生稳定的情感态度后，这种情感态度就会转化为其个性的某种属性。而情感一旦成为个性特点以后，会在很大程度上制约其行为举止。由此可以推断，当研究生在学习过程中时常有愉悦感时，这种学习愉悦感会转化为他的个性特点，对其学习行为产生持久的促进作用。与此同时，这种个性特点不单单指向学习本身，它还会扩展到与学习相关的各方面。所有周围环境中涉及学习的有益变化，都可能会激发研究生的愉悦感。长此以往，研究生必然成长为积极乐观、不怕困难、敢于创新的优秀研究者。

二、学习愉悦感增强策略与方法

本研究主要从“当全身心投入学习时，我会感到很充实”“我总是期待上专业课”“我很享受学习的过程”三方面考察了研究生学习愉悦感现状。基于该现状，提出以下提升学习愉悦感的策略与方法。

---

① 雅科布松：《情感心理学》，第143页。

（一）提高专业课教学质量

在愉悦感维度中，“我总是期待上专业课”题项的得分均值最低，仅为3.52，处于中等偏下水平，表明目前研究生的课程体验有待提升，研究生对任课教师的满意度与期待值也有待提高。这可能是因为很多研究生培养单位均存在“重科研、轻课程”现象，导致不少师生误认为研究生的主要任务是科研，而不是学好课程；而且研究生课程的学科性和专业性很强，非本学科领域专家很难对其进行过程性监控与评估，在实际教学中，研究生课程（尤其是专业课，如教育学的教育研究方法课等）的教学内容、教学方式、考核内容与成绩评定等环节都是由任课教师决定，依靠任课教师的学术道德维持课程教学质量。这种教学过程检查评估机制的缺失极其容易造成“水课”现象；此外，研究生课程教学缺乏有效的激励机制，很多单位的研究生课程任课教师的教学回报远低于科研回报，导致研究生课程任课教师把主要精力放在科研而非课程教学上①。由此可见，从学校、教师和学生自身三个层面推动研究生课程教学质量的提高尤为迫切和重要。

首先，学校应完善准入制度和考核制度，健全教师培训机制。一方面，学校应制订和完善任课教师的遴选标准，提高研究生课程任课教师的准入门槛，从源头上提高任课教师队伍的质量；另一方面，学校应定期对任课教师的教学水平、学术水平、教学态度和教学效果进行考核评估，并且适时给予针对性的反馈与指导。例如，以教育研究方法课程为例。已有研究显示，教育研究方法课程的教学更多地停留于使学生在“知”的层面上懂得有哪些研究方法，较少按程序性知识的要求提升到运用方法“做”研究的能力培养层面②。针对这种课程实施过程中的缺陷，学校应立即与有关学院和任课教师沟通，明确教育研究方法课程的实践性导向——教育研究方法课程以培养能合理、正确且灵活地运用各种研究方法及其组合对教育领域的相关问题进行探索的研究者为追求，突出教育研究方法课程的工具性。故可以考虑组建教学共同体，把擅长于质性研究方法和量化研究方法的任课教师集合起来，各任课教师主讲自己擅长的研究方法，这样便能较好地缓解部分授课教师由于自己

---

① 杨玉春、张广斌：《研究生课程管理研究：现状·问题·建议》，《学位与研究生教育》2013年第5期。

② 袁顶国、陈亮：《研究生“教育研究方法”精品课程技术平台建设研究》，《电化教育研究》2010年第5期。

不熟悉或不擅长某种研究方法，而总是让学生停留在识记研究流程的浅层学习层面上。与此同时，学校应建立健全与研究生任课教师职业情操、教学理念、知识素养和师德素养相关的培训机制，对不同类型任课教师实行常态化分类培训，强化对任课教师专业知识和专业能力的测评，关注任课教师职业素养和道德素养的提升，以期不断提升任课教师的教育教学水平。

其次，教师应落实“以学生为中心”的教育理念，建设符合学生需求的高效课堂。一方面，教师要充分尊重学生，了解学生的学习需求，采用灵活多样的教学形式，开展理论结合实践的教学活动，营造轻松愉快的教学环境，充分调动学生的学习积极性和主观能动性，让其从被动的知识接受者转变为主动的知识生成者，体会学习过程中的乐趣，沉浸于整个学习活动之中，油然而生强烈的学习愉悦感。另一方面，教师要提高自身知识储备，树立终身学习理念，增强课堂组织能力，勤于、乐于、善于与学生沟通，回应学生的期待，及时进行教学反思并不断改进教学方式，破解研究生课堂教学中的难点和困境，构建个性化教学。与此同时，教师也要不断提升自身的科学研究能力，这样才能更好地指导研究生运用所学专业理论和知识解决实际问题，增强自身的教学吸引力，提高研究生在课堂中的活跃程度。

最后，研究生自身应发挥课程主人翁精神，主动参与课程建设。研究生在课程教学中的主体地位决定了其参与研究生课程管理的合理性和必要性。没有研究生参与的研究生培养方案、课程计划和教学实施计划，不仅有悖于现代研究生教育理念和科研创新要求，更是在刻意轻视研究生的课程主体地位。因此，研究生不仅要积极参与到课程教学体系的建设中，更应在其中发挥自身特有的能动性，主动参与培养目标及课程体系的制订，与学校、教师一同建立符合切身实际、与时俱进、供求平衡的课程计划，并主动地就培养目标和课程教学环节反馈有效的意见和建议，促进培养单位课程教学体系和研究生培养模式的改革①。只有这样，教师才能实现高效教学，学生才能实现按需学习。

① 呼丰、王开永：《地方高校研究生课程教学体系建设实践与改革思考》，《高等农业教育》2016年第2期。

（二）提高研究生学习投入水平

在愉悦感维度中，“当全身心投入学习时，我会感到很充实”题项的得分均值最高，达到4.20。这表明目前研究生的学习投入程度较高，具备一定的研究热情。学习投入是影响学习者学习成功的关键因素，在学生的学习过程中起着至关重要的作用，与学生的学习持续性、学业满意度、学习绩效以及学业完成情况高度相关[①]。当学生专注于学习时，学习动机和学习绩效得到提升。影响研究生学习投入的因素主要包括个体自身、教师、同学和学校环境等。因此，要提高研究生学习投入水平，使研究生沉浸于学习带来的成就感和愉悦感中，就要从以下几方面入手。

首先，学校应加强对研究生的经济支持，丰富学习资源。一方面，学校应完善奖助学金制度。由于研究生考试没有年龄限制，非全日制研究生的学习方式也没有脱产限制，所以研究生群体虽以22~30岁的成年学生为主，但也包含了不少更为年长的社会工作者。对于研究生来说，他们已经具备了凭借劳动获得经济收入的能力，然而要成为心无旁骛的学术研究者就意味着研究生的生活必须以学习和科研为中心，而不是以获得经济收入为中心；也意味着在同龄人已经开始养家糊口时，研究生要戒骄戒躁，沉浸于学术之中。但是，面对现实生活的压力，大多数研究生很难做到“一心只为学术”，尤其是家境较为困难的研究生和已经组建家庭、育有子女的研究生，经济来源是这些研究生不可回避的重要问题。根据马斯洛需要层次理论，个体的生理需要得到满足是高层次需要得以实现的前提与保障，奖助学金作为满足研究生生理需要的重要经济来源，是存在经济压力和经济困难的研究生顺利完成学业的重要保障，学校应当予以充分重视，在力所能及的范围内适度增加奖助学金的数额、种类以及覆盖范围，从物质层面减轻研究生群体的经济压力，促使研究生安心地投入到学习与科研中。

另一方面，学校应构建多元、现代化的研究生学习资源库。研究主题的多样性和新颖性意味着研究生所接触的学习资源必须是多元和现代化的。当研究生拥有能够满足其需求的学习资源时，他才能把更多的时间和精力放到学习和科研中，而

① Kuh, George D., “What Student Affairs Professionals Need to Know About Student Engagement,” *Journal of College Student Development*, no.6 (2009): 683-706.

不是耗费大量力气在搜集、整合学习资源上。因此，学校应汇聚来自各个学校、地区、国家的力量共同构建多元、现代化的研究生学习资源库，打破研究生寻求学术资源的时空限制、地域限制、经济限制和文化限制。学校可以与互联网技术团队合作，充分发挥网络的便捷性和即时性，进行跨学校、跨地区、跨国家的多元对话，通过网络共享学习资源。而且，在这一资源库中应设立一个便捷高效的反馈模块，以便各个学校、地区和国家的研究生能够及时反馈自己的资源需求，并迅速得到相应的帮助。这样才能极大地提升研究生的学习效率，使其实现“高投入高产出”的学习效果。

其次，导师要与研究生建立良好的导生关系。导师作为研究生的第一负责人，对研究生的成长和发展起着举足轻重的作用。导生关系的好坏很大程度上决定了研究生的学习生活是否顺利。良好的导生关系不仅有助于强化研究生的成就动机和深化导师的学术影响力，还有助于优化师生之间的学术互动，促使师生充分表达沟通真情实感，减轻研究生的心理负担和情感羁绊，大胆地投入科研创新中。然而，要建立良好的导生关系，导师就必须站在学生的角度思考问题，尊重学生的想法，悦纳学生的不足和缺陷，关注学生的情感变化，在学生需要帮助的时候能够做到“知无不言，言无不尽”，那么学生才会“敢于求教、乐于求教、善于求教”，用更多的学习投入来回报导师。这也与社会交换理论主张的“人类关系的本质是一种互惠性的社会交换关系，交往双方会感知到对方的付出，会给予付出方相应的回报作为交换”[①]相吻合。

再者，研究生自身要端正学习态度，增强自身的学习动机。研究表明，学习态度是学习投入的重要影响因素[②]。当研究生对学习和科研持有认真、执着的态度，就不会轻易地被学习和科研中遇到的难题所击倒，而是越挫越勇，见招拆招，直面困难与挑战，并将这些困难与挑战转化为绝佳的成长机会。“打铁还须自身硬”，要提高学习投入水平，研究生必须先端正自身的学习态度，当察觉自己有所懈怠时，应及时与导师和同伴沟通，适时排解烦闷情绪和倦怠情绪，清除阻碍学习投入

① 张丽娜：《师生互动对研究生学习投入的影响机制》，硕士学位论文，华中师范大学应用心理学系，2016，第47页。

② 仲雪梅：《我国研究生学习投入的影响因素分析》，硕士学位论文，华东师范大学高等教育学系，2011，第65页。

的心理障碍。与此同时，研究生应加强内部学习动机。当研究生把外部学习动机转化为内部学习动机后，其学习态度也必然发生积极的转变。目前不少研究生的学习动机是由就业压力、提升学历、光宗耀祖等外部刺激产生的，这使得他们内部学习动机不足，混淆了学习目标，进而大大影响了其学习兴趣。所以研究生要学会反思自己的学习动机，尝试发掘学习的乐趣，激发内驱动力。只有这样，研究生才能真正体会到学习和科研过程中的快乐，而这种积极的情绪体验又会反过来促使研究生更加热爱学习，取得突破性发展。

（三）提倡享受学习文化观

在愉悦感维度中，“我很享受学习的过程”题项的得分均值仅为3.63，处于中等偏下水平，表明目前研究生的学习压力较大，未能真正地体会到探索知识的奥妙与乐趣。不少研究生都在奉行“苦行僧式”的学习文化观，认为要想取得学业成功，“必先苦其心志，劳其筋骨，饿其体肤，空乏其身，行拂乱其所为”。然而，研究生对“苦学”信条的恪守与服膺，必然导致其对“苦学”路径的遵从和依赖。这两者相互促进、彼此强化，也就共同触动、诱发了研究生对学习的抵触和排斥情感，从而造成学习意义的失落、扭曲与异化①。由此可见，培育研究生的“享受式”学习文化观对于提升研究生学习愉悦感具有重要意义。但这种观念的培育绝非仅凭学习者的一己之力就能实现，而是需要借助各方力量的共同作用。

首先，学校应自上而下树立“为兴趣而学”的学习观念。目前部分高校为了在学科评估和院校排名中拔得头筹，仍在极力奉行“唯论文主义”，把发表高水平论文作为教师评奖评优的首要指标和学生顺利毕业的基本要求，使得师生每日在压力下学习和研究，将大量的时间和精力投入到低质量的知识创造中，进而失去学术研究的兴趣和热情。因此，学校应自上而下树立“为兴趣而学”的学习观念，明确科研创新的目的是驱动个人、学校和国家的发展，而不仅仅是为了发论文。那么如何才能真正树立“为兴趣而学”的学习观念？学校必须从以下两方面入手。一方面，学校应重建教师评价体系，减少对教师的过度评价，试行教学导向评价（依据教学成果评价教师）、代表作评价（依据最佳学术成果评价教师）、社会服务评价（依据社会服务成果评价教师）等多种评价方式，引导教师不再把论文写作仅仅视为工

① 王洪席：《学习文化观转换与学生学习力提升》，《教育发展研究》2015年第8期。

作任务，而是将其视为个人成长的阶梯。只有这样，教师才能基于研究兴趣开展科研工作和教学工作，养成“乐于科研、乐于教学、乐于创作”的良好心态，并将这种心态传递给学生，营造“寓教于乐”的教学氛围。另一方面，学校应建立充满弹性的学生考核制度，赋予学生自由研究的权力，而不是将学生困于低质量学术论文的写作中，进而剥夺他们的创造活力与创造激情，增加他们的心理负担。当学生能够自如、自主地选择研究主题，并获得来自外界的学习支持时，他们才能充分展现自己的学术风采，达到“为自己而学、为兴趣而学”的理想境界。

其次，教师应坚持“以学生兴趣为取向”的教学理念。兴趣是学生求知的内在动力和愉快学习的诱因[①]。一方面，教师要充分关注研究生的学习生活，把研究生的学习生活和教学内容有机结合起来，把研究生感兴趣的话题转化为具有学习价值的教学内容，提高教学内容的实用性和适用性，引导研究生主动获取知识。另一方面，要因材施教，选择研究生感兴趣的教学方式。例如，学生在小组合作时表现更佳，教师便可以采用任务式教学，让学生以小组合作的形式完成学习任务，充分发挥同伴学习的效用；如果学生在辩论式教学时表现更佳，教师则应该以某一热点话题为“牵引绳”，鼓励学生就这一话题展开辩论，激发学生的学习热情，在观点的碰撞中发掘学生的学术潜能。总的来说，只有当教师选择学生喜闻乐见的教学内容，采用灵活多样且基于学情的教学方式时，学生的创造力才能得到充分释放，学习才能成为学生的愉悦感源泉。

最后，研究生应建立开放型学习共同体。佐藤学认为“学习是一种从已知世界到未知世界的旅程。在这个旅程中，学习者与新的世界、新的他人、新的自身相遇与对话”[②]。可见，学习是一种基于“享受原则”的对话性实践。建立开放型学习共同体便是实现基于“享受原则”的对话性实践的最佳方式。在组建开放型学习共同体的过程中，研究生的归属感和身份认同感会不断得到提升，主动参与并享受学习的意愿也会日益强烈，最终养成“趣学”“好学”“爱学”的行为习惯和精神品质。因此，研究生在学习和科研中，应主动拓展自己的学术交往圈，通过线上、线下交流平台实时与导师、同伴、专家学者进行对话与合作，以“问题解决”为宗

① 王洪席：《学习文化观转换与学生学习力提升》，《教育发展研究》2015年第8期。
② 佐藤学：《学习的快乐——走向对话》，钟启泉译，教育科学出版社，2004，第57页。

旨、以“学术合作”为基点、以“互助共享”为原则组建开放型学习共同体，随时纳入有益的学习支持，结交志同道合的学术伙伴，在导师的引导下、同学的陪伴下、专家学者的感染下，吹响学术研究的集结号，开启学术研究的新篇章。

第三节 学习希望感的发展

希望感是以目标为导向的概念，是个体在明确目标后伴随着追逐目标的信念和实现目标所设计的策略而产生的，是对目标终会实现、美好未来终会到来的期待。学习希望感是指学习者理解学习的意义与价值，并会在将来进行持续的学习投入的积极情感。只有个体真正理解学习的意义和价值，才会产生设定学习目标的冲动。这种冲动会让学习者产生不懈的动力，设计实现目标的策略，并持续伴随着实现目标的全过程。目标实现的过程也是学习者更深入理解学习的意义与价值的过程。目标的实现是对学习意义与价值的肯定，这种肯定会鼓励学习者持续投入，会再一次触发学习者继续设定目标、追逐目标、实现目标的冲动。目标实现往往伴随着个体积极的情感体验，促进学习获得感的提升。但如何明确学习目标，如何坚定实现目标的决心和信念，又如何设计目标实现策略，以此来培育希望感，进而推动学习者积极学习呢?

一、学习希望感之于学习获得感提升的价值及机理

希望属于认知领域的概念，它由目标导向的动力和实现目标的路径组成[①]。关于希望感较有影响力的概念和理论模型是由斯奈德（Snyder）等人提出的，希望感被定义为“目标的思考过程，这个过程伴随着朝着目标前进的动力和实现这些

① Snyder C.R., Harris C., Anderson J.R., Holleran S.A., Irving L.M., Sigmon S.T., Yoshinobu L., Gibb J. and Langelle C., Harney P., “The will and the ways: development and validation of an individual-differences measure of hope,” *Journal of Personality and Social Psychology* 60, no.4（1991）: 570–585.

目标的路径”[①]。希望感受目标、意愿动力、路径思维三个要素影响，这三者紧密结合，目标激发个体努力，路径思维提供个体实现目标的条件保障，意愿动力提供个体追求目标的动力，三个要素合力能让个体获得较高的希望感。反过来，希望感更强的个体对实现目标的信念更坚定，会努力想出更多的方法来实现目标，表现出“我能做到”“我要继续坚持”这些心理状态。因此，明确的目标、坚定的目标实现信念、丰富的目标实现策略与高希望感互为因果。高希望感促使个体追求目标时产生持久意愿动力和多样目标途径，是保障学而有所得、得而有所感的前提条件和最终目的。学习获得感的提升依赖于高希望感的形成。同时，希望感的提升也有益于获得感的提升。

（一）高希望感的意义

1．希望感与积极情绪呈正相关

斯奈德认为，希望感模型虽然是强调希望感的认知特质，但这并不意味着希望感与情感是无关的。研究表明，情绪性质反映了个体的希望水平。高希望感的个体会以积极的情绪状态来实现既定目标，低希望感的个体更倾向于以消极的情绪状态来对待目标[②]。对自己抱持希望的事情，个体通常会主动追求，而不是被动等着愿望实现，这是一种积极的情感态度。斯奈德等人的研究表明，希望水平较高的大学生，其希望感与绝望、抑郁等负面情绪呈显著负相关，与自我控制欲、自尊等积极情绪呈显著正相关[③]。徐强的研究表明，大学生的希望感与主观幸福感呈非常显著的正相关[④]。也就是说，希望感水平高的个体所体验的主观幸福感也较高，较高的主观幸福感带来更丰富的积极情绪。李涛等人指出，大学生的抑郁情绪与希望感呈显著负相关，具体表现为抑郁和希望感的路径思维和意愿动力这两个维度呈显著负

① Snyder C.R., “Conceptualizing, Measuring, and Nurturing Hope,” *Journal of Counseling & Development* 73, no.3（1995）: 355-360.

② 同上。

③ Snyder C.R., Harris C., Anderson J.R., Holleran S.A., Irving L.M., Sigmon S.T., Yoshinobu L., Gibb J. and Langelle C., Harney P., “The will and the ways: development and validation of an individual-differences measure of hope,” *Journal of Personality and Social Psychology* 60, no.4（1991）: 570-585.

④ 徐强：《大学生希望感与心理健康的关系》，《中国健康心理学杂志》2010年第2期。

相关[①]。这说明希望感水平越高的大学生，其抑郁情绪表现越弱。

在大学学习生活中，各种不顺利的情境和来自各方面的压力都会导致个体出现消极情绪，但是希望感水平较高的个体更多地采取积极回应方式，运用坚定的内在动机来寻找实现目标的路径，并沿着路径达成目标，从而减少失败感和无助感的产生，降低抑郁情绪发生的可能性。

2. 高希望感能促进积极情绪和积极行为的产生

希望感与积极情绪的正相关性使得希望感能给个体其他积极心理品质提供动力源泉，有助于改善个体的整体心理机能[②]。高玲玲等人认为希望理论的应用可整体改善个体的心理机能和水平，提高希望水平可促进个体其他积极心理品质的增强[③]。禹玉兰等人认为，高希望感的个体可以产生极大的动力去实现目标，目标实现后又会进一步增强个体对下一个目标的希望感，也就更容易体验到幸福[④]。当个体在实现目标的过程中遇到挫折时，成功的经验可以提升个体继续追求目标的意愿动力，意愿动力的提升会推动个体更坚定地去追逐目标。当目标达成，则会让个体有实实在在的获得，同时达成目标的成功经验也有助于高希望感的保持，进而又促进个体产生积极情绪的体验。这种良性循环使得希望感的提升非常有必要。此外，高水平的希望感以及与之密切相关的积极情绪还能促使个体的积极应对方式和行为的产生。彭辉分析得出，希望感水平较高的个体会运用更加积极的应对和处理方式来解决问题。[⑤] 这是因为，在遇到困境时，高希望感的个体更倾向于给自己积极的心理暗示，鼓励自己朝着既定的目标继续前进。

---

① 李涛、田晓红：《大学生希望感、自传记忆具体性与抑郁的关系》，《中国健康心理学杂志》2013年第7期。

② Chang E.C., "Hope, problem-solving ability, and coping in a college student population: Some implications for theory and practice," *Clin Psychol* 54, no.7 (1998): 953.

③ 高玲玲、张英华、张美芬：《癌症患者的社会支持与希望的相关性研究》，《中国行为医学科学》2004年第1期。

④ 禹玉兰、谭健烽、李鹤展、万崇华：《广东省大学生希望与主观幸福感的相互关系》，《郑州大学学报（医学版）》2012年第3期。

⑤ 彭辉：《基于心理学的高职学生希望感研究》，《广西教育》2013年第43期。

（二）高学习希望感之于学习获得感提升的机理

1．高希望感形成的内在逻辑

希望感三大要素分别为目标、路径思维、意愿动力。目标是希望感的核心部分，它可以是个体期待得到的任何事物或期待实现的任何梦想。但“有志者事竟成”这个说法并不能完全成立，有目标的人不一定有实现目标的意愿动力和实现目标的途径，有目标并不一定意味着能“成”，但无志者肯定事事不能。斯奈德认为“单凭动力或途径不足以产生高希望”①，即没有指向目标的意愿动力和实现路径就没有高希望，目标的确定很关键。

当目标不是唾手可得，但也不是遥不可及时，个体才会想方设法地实现它，产生实现目标的希望。路径思维是指个体认为自己能够寻得抵达目标的有效途径，是对一系列有效实现目标的计划和方法的认知能力，它产生于目标确定之后，可预测实现目标的可能性和可行性。意愿动力是激发个体沿着既定的路径实现目标的动力系统。当个体有了明晰的目标、方法和途径的时候，动力就显得尤为重要，它是推动个体通过一定的方法和途径实现目标的内在支持②。由此可知，高希望感形成的关键在于目标制定要明确且合理，目标实现的路径思维要有可行性和选择性，目标实现的意愿动力要足够坚定且贯穿追求目标的全过程。

2．高学习希望感推动学习获得感提升的机理

希望感是个体对自身发展的积极期望，它能增强积极情绪，抑制消极情绪，促进积极应对行为的发生。以斯奈德的希望感模型为框架，个体过往学习目标达成的成功经验会促使个体产生继续追求下一个目标的冲动，这个冲动使得个体积极主动生成达成目标的策略和方法，强化实现目标的决心与动机，产生实现目标的积极外显行为。一旦目标达成，那么成功的经验又会加强个体实现下一个目标的希望感，产生循环的体验模式。因此，如果个体具有清晰明确的目标，对实现目标有极为坚定的决心，以及有实现目标的可行方式时，则可认为个体具有较高的希望感。如果个体能一直处于这一循环体验模式中，那么个体会对每一个目标都保持高度的希望

---

① Snyder C.R., “Conceptualizing, Measuring, and Nurturing Hope,” *Journal of Counseling & Development* 73, no.3（1995）: 355-360.

② 徐强：《大学生希望感与心理健康的关系》，《中国健康心理学杂志》2010年第2期。

感，对任何事物都会抱有积极的期待。最后，个体会因为这种积极应对的态度和行为而成功达成目标，并在这种成功的学习体验中有所收获，从而提升学习获得感。

研究生的学习和生活会遇到很多的难题和挑战。高学习希望感的研究生在充满压力的学习环境中仍然坚信问题总会解决，困境总会过去，学习目标终会实现，进而为了达到既定的学习目标不懈努力。于他们而言，学习目标是明确的，为实现目标所设计的路径是丰富的，实现目标的意愿动力是足够坚定的。学习希望感较低的研究生在学习过程中遇到困难时，目标会变得不明确，甚至会选择放弃目标，逃避失败，路径思维会受阻，出现无助感，意愿动力也远远不足以支撑个体继续追逐目标，出现难以坚持的情况。

获得产生于既定目标的实现，如果没有高水平的学习希望感，就不会想要制定为之不懈奋斗的学习目标，没有学习目标就不会知道自己需要什么，没有需要又怎么判断是否有所获得？没有付出就没有收获，如果不尝试付出努力去寻找新方法、新途径，那么个体只能在困难面前束手无策；如果不能长期维持意愿动力水平，那么也终难以保证个体实现目标的可能性，又谈何实现目标，谈何实实在在的获得呢？没有实实在在的获得又谈何获得感呢？研究生学习获得感的产生是以实实在在的学习收获为前提的。研究生希望感水平的高低能影响积极情绪和积极行为的产生，进而影响学习获得感水平的高低。因此，提升学习希望感是提升研究生学习获得感的关键路径。

二、学习希望感的发展策略

希望感由目标、路径思维、意愿动力三要素组成，以此推论，学习希望感也包含学习目标、学习目标实现策略、学习目标实现信念这三方面。根据相关分析结果，个体自身因素、导师因素、学校因素、课堂因素均与学习希望感显著相关，达到中等强度，其中相关系数最大的是个体自身因素（0.698），相关系数最小的是学校因素（0.536）。因此，下文我们将以学习希望感的三大要素为框架，即以如何制定学习目标、如何设计目标实现策略、如何坚定目标实现信念为行文框架，探讨四个影响因素的主体应如何帮助研究生提升学习希望感水平。

（一）制定明确合理的学习目标

目标是希望感的核心部分，制定明确合理的学习目标是培育希望感的关键。明确的学习目标可以让个体看到付出努力后丰收的希望，此时目标可以起到激励作用。合理的学习目标可以让个体避免因为好高骛远而产生过多的挫败感，避免因为目标过低而缺少努力的激情，从而无法保持充盈的希望感。

1. 研究生要明晰制订学习目标的基本思路

研究生最应关注的学习目标应该是学业成绩、科研成果、就业等指标。但不管是以哪个指标为学习目标，研究生在制订学习目标时都要先明确个人发展的意义，尽可能让目标有合理的挑战性和清晰的时间阶段。首先，明晰自我定位，回答好“我是谁”的问题。只有先读懂自己，才能结合自身实际，回答“我想做什么，我想得到什么”，也就是明确个体的学习目标。但是凡事不可能一蹴而就，个体仍需要将这个学习目标继续细化，将总的学习目标细化成由时间序列串联起来的子目标，要在实现目标的路上设计好“阶梯”，以期通过“拾级而上”直抵目标终点。具体而言，研究生在制订学习目标时，先明确自己的研究生身份，结合专业要求、就业意向等确立一个总的学习目标，以此指引长期学习规划的制订。比如说，设定总目标为“我要当省优秀研究生”。然后再细化成一个个子目标，以此为中期学习规划的指导，如“在研一学习成绩排名要达到专业第一，研二要在核心期刊发表论文”。再细化一点，明确短期学习规划的学习目标，比如“这一周我要完成某本书的阅读”。只有这样制订目标，研究生才能知道学习目标的起点和终点在哪，目标间的梯度是否合理，目标制订是否符合适宜、渐进的特点。同时，为了实现更长期的目标，研究生也要学会在实现目标的过程中犒劳自己，奖励自己在小目标上取得的成就，以此激励自己不断进取。

2. 导师、学校要参与和引导研究生学习目标的制订

研究生制订学习目标当然不是“孤军奋战”，导师、学校等多方的力量应参与进来，帮助研究生调整和优化目标，如制订与学业成绩、科研成果相关的学习目标，可多鼓励导师参与。根据调查研究，研究生的学业成绩和希望感呈正相关。禹玉兰也指出，学业成绩良好的学生希望感水平和意愿动力会高于其他的学生①。此外，调查研究结果还显示，发表论文数量不同的研究生的希望感存在显著差异，同

① 禹玉兰、罗军、李俊娇：《大学生希望感及其影响因素的研究》，《中国健康心理学杂志》2012年第5期。

样呈正相关关系。因此，体验到学业成绩和科研成果的成功是提高希望感的关键路径之一。那应该如何设计学业成绩和科研成果的目标呢？设定之后又如何判断目标是否合适呢？此时，导师的介入就显得非常重要。导师要积极参与研究生培养方案制定过程，尤其关注学业成绩、科研成果这两项学习目标的审核，结合课题、经费、团队等资源初步判断学习目标的可行性，及时纠正和调整不合理的学习目标。

制订与就业相关的学习目标则需要校方更多的支持。调查结果显示，研究生的希望感在学科类别上存在显著差异，主要体现在教育学专业的研究生的希望感优于理学专业的研究生。相对理学专业而言，教育学专业的研究生就业方向更加明晰，职业选择比较固定。也正因此，教育学专业的研究生在就业上的希望感更高些。对于研究生群体，明晰自己的就业意向是首要前提，学好相应的专业知识和专业技能是就业的基本保障。高校作为优秀人才培养基地，在研究生的就业意向上可安排职业生涯规划课程，结合SWOT分析帮助研究生结合自身条件和社会需求判断就业优势和劣势，以此指导学习方向。同时，在研究生的培养模式上应关注就业导向，重视教学内容和教学方法的实操性，加强专业知识与社会实践的结合应用，培养专业化实用型人才。如加强校企合作，安排研究生到专业对口的企业实习，根据教学内容安排研究生加入不同部门或项目组参与学习，通过深入了解企业相关岗位职责和要求，协助研究生调整就业意向和学习目标以适应时代发展要求。

3．学习目标处于“明确—动态调整—明确”循环中

学习目标的制订往往不是一蹴而就的，由于各种不可控因素的干扰，会一直处于动态调整过程中。当在学习过程中受阻，无法按照预期实现目标时，研究生一方面要正确归因和积极自我排解，把失败看作是战略部署失误，而不是自身智力和能力的缺乏，尽量避免消极情绪影响自身的学习热情；另一方面，倘若面临的是绝对的目标障碍，重新设定目标，降低预期也不失为一种积极的应对方式①。希望感水平和积极应对方式的正相关关系意味着学习目标的动态生成性，明确的学习目标并不代表自始至终都是同一个学习目标。学习目标有阶段性、动态性，学习目标的明确性是阶段性目标的明确，是目标动态调整后的明确，所有积极应对目标制定和调

① Snyder C.R., “Conceptualizing, Measuring, and Nurturing Hope,” *Journal of Counseling & Development* 73, no.3（1995）：355-360.

整的行为都能有效提高希望感。

（二）坚定实现目标的决心和信念

目标的实现需要个体对自己的目标有认同感，否则即使再完美细致的目标都有可能因为半途而废而落得不如意的结果。如何让个体实现目标的决心和信念更加坚定？一是个体应学会与自己对话，通过自我激励来调动内驱力，通过自嘲来调整心态，加强自我控制来实现目标。二是家人、导师、同伴应督促研究生个体不断前进，勇往直前。三是学校应开发相关课程资源和开放服务中心，帮助研究生提升抗压能力。只有在一次次目标成果实现的情况下，个体才会坚信下一个目标也会实现，持续保持高昂的希望感。

1. 研究生个体通过自我对话寻找内在动机

坚定实现目标的决心和信念需要个体找到实现目标的内在动机，这种内在动机的推动作用不会因外部环境的改变而削弱。也就是说，如果个体找到了实现目标的内在动机，找到为实现内在需要而努力奋斗的动机，那么个体才能在实现目标的过程中排除万难、专注前行。因此，研究生需要通过自我对话寻找自己追求目标的内在动机，这种动机并不是为了获得外界的物质奖励或者名气声望，也不是为了规避惩罚，而是为了实现自我价值。研究生的学习应该是主动自发的学习，这种学习行为源于研究生对学习的期望。由这些期望生成的内在驱力形成目标动力，让研究生对目标的实现充满信心和期待。

2. 通过与家人、教师、同伴的交流互动维持高内驱力

在实现学习目标的过程中，往往会遇到单靠学习者个人能力难以解决的难题。此时，良好的学习人际网络对学习者非常重要。“当个体的人际交往越开阔，获取到的有用的信息越多时，个体越倾向于采取更加灵活而积极的方式来解决问题。”[①]郭传辉发现，人际关系对希望感具有显著的预测作用[②]。时蓉华也认为，友好和谐的人际关系有助于大学生心理健康发展，能有效提升个体的自信心和希望

---

① 唐燕、郑子健、史文：《不同年级大学生的社会支持、应对方式比较及其相关研究》，《中国健康心理学杂志》2007年第6期。

② 郭传辉：《大学生希望与自尊、人际关系的关系研究》，硕士学位论文，福建师范大学基础心理学系，2012，第63页。

感[①]。良好人际交往网络的建立不仅有助于个体维持较高水平的内驱力，还能给个体提供良好的社会支持，为他们的希望感水平提高打好基础。

因此，要坚定实现目标的决心和信念以提升希望感，研究生需要与家人、教师、同伴建立和谐的交往关系网络。良好的人际交往关系不仅可为研究生提供客观的物质和信息帮助，而且还能够给予其主观支持，如情感上的关心、安慰、理解和包容。客观支持能给研究生带来更多的力量感，可以有效克服目标实现过程中遇到的困难。但比起物质上的客观支持，内心感受到的主观支持更为重要，如：唐燕等认为大学生更重视对社会支持的主观感受[②]；黎志华等人发现社会支持的主观支持维度显著影响大学生希望感水平及其意愿动力、路径思维水平，而社会支持的客观支持、社会支持利用度维度没能对希望水平产生显著影响[③]。个体经验到的或感知到的支持越多，产生的积极情感越强烈，对目标实现就越充满希望。亲人、导师、同伴等提供的支持能有效帮助研究生缓解压力带来的伤害，能有效减弱和消解消极情绪，以更乐观积极的态度去追求目标的实现。

家庭是每个人最坚实的后盾。调查显示，求学期间主要居住场所不同的研究生的希望感水平存在显著差异，“居家”的研究生的希望感水平高于“住宿舍”的研究生；不同婚姻情况的研究生的希望感水平也存在显著差异，“已婚未育”和“已婚已育”的研究生的希望感水平均高于“未婚”的研究生。也就是说，亲人对研究生产生的影响是显著的。作为研究生学习生活的重要参与者，家庭成员不仅可以给研究生提供必要的物质支持，还能给他们提供坚实的精神支持，亲密的家庭氛围能给予他们力量和信心。因此，家庭成员在互动沟通过程中要对研究生的个体价值和能力给予积极评价，对其学习目标的实现难度予以理解，表达对其学习目标实现的美好期待，并尽力给予合理帮助，坚定其实现目标的信念，提升研究生的希望感。

但实际上，学术型研究生的学习生活更多是处于学校环境中，研究生与导师、同学之间的人际关系对其学习生活影响更大。王祥坤认为班级氛围对青少年的希望

① 时蓉华：《新编社会心理学概论》，东方出版中心，1998，第170-190页。

② 唐燕、郑子健、史文：《不同年级大学生的社会支持、应对方式比较及其相关研究》，《中国健康心理学杂志》2007年第6期。

③ 黎志华、尹霞云：《社会支持对大学生希望的影响机制：自尊和自我效能感的中介作用》，《心理发展与教育》2015年第5期。

感有直接、积极的影响作用。班级氛围在教师与学生之间产生链接作用。于研究生而言，班级可以包括“授课班级”“师门”这样一些概念，教师就是借助班级管理过程、班级氛围与班级文化的创造过程对研究生施加影响。王祥坤还认为班级氛围对学生的学业表现、人格心理特征等方面有重要的影响作用①。班级氛围的好坏，不仅会影响研究生的学习表现，也会影响研究生的心理健康和人格品质的塑造。也就是说，良好的班级氛围往往能帮助研究生获得更好的学业成绩，这样的成功学习体验往往又会给研究生学习目标的制定带来积极的反馈。良好的班级氛围是研究生群体共同营造的学习环境，是研究生个体心灵成长的积极场域，能对研究生发展产生积极的作用。研究生求学期间合作交流最多的教师往往是其导师。因此，导师在与研究生进行学术交流的同时，除了尊重研究生的兴趣、个性，给予适当的情感和心理鼓励、支持外，也可以以任务驱动的形式倒逼研究生主动学习，尝试论文写作和发表，通过建立奖励手段激励研究生取得优异的学业成绩和科研成果，以此成功体验来增长研究生的希望感。

在这个班级环境中，朋友是研究生另一层重要的人际关系，包括学生身份的朋友和已就业的朋友。与学生身份的朋友交往，结伴学习、学术交流等活动能让研究生在实现目标的过程中不孤单，朋友之间互相鼓劲，可以让研究生们在追求目标的路上走得更远。与已就业的朋友交往，他们能给研究生提供有效的社会资源，构筑有效的社会支持系统，从而增强研究生的希望感。调查结果显示，全日制研究生与非全日制研究生的希望感水平存在显著差异，非全日制研究生的希望感水平高于全日制研究生。也就是说，社会朋友能给研究生带来的社会支持可能是校园生活圈难以比拟的。研究生应该多参与社会实践，结交朋友，发展人脉，在前辈们的分享中汲取优秀经验，进行自我教育，遇到问题要坚定实现目标的决心，不轻言放弃。

3．学校应开发心理教育课程和设立服务中心以提高研究生抗压能力

有研究发现大学生希望感水平与应付方式、心理控制源等显著相关②。研究生实现目标的过程难免会遇到各种挑战。因此，提高研究生心理抗压能力是提高希

① 王祥坤：《青少年希望感的影响因素分析》，硕士学位论文，闽南师范大学基础心理学系，2017，第48页。

② 徐强：《大学生希望感与心理健康的关系》，《中国健康心理学杂志》2010年第2期。

望感的手段之一。学校可通过开设心理健康教育必修课程向研究生普及心理健康知识，提高研究生的心理素质；还可成立学业压力心理咨询中心，专门为因学业和科研产生消极情绪的研究生提供心理咨询服务，指导研究生个体自我调适，鼓励研究生主动学习心理知识和寻求心理援助，有意识结交可以一起谈论学习目标的朋友，相互鼓励，结伴逐梦。同时，研究生也要学会把挫折当作考验和锻炼来积极应对，乐观面对学习生活。

（三）设计丰富的目标实现策略

目标实现策略是个体为实现其目标所设计的一系列行动。个体行动之前会先对行动结果进行预判，如果个体与环境的交互作用所带来的结果偏离目标时，个体的行为和认知会做出相应的改变来应对。这些应对方式就是实现目标的策略，它们或是提前预设好的策略，或是在实现目标过程中生成的策略。个体为实现目标设计的策略愈多，就愈有信心实现目标，希望感也就愈强。

1. 为希望感水平低的研究生提供针对性指导和行为训练

首先，要尤其关注希望感较低的研究生的目标实现策略设计。希望感水平低的研究生更有可能“一条路走到黑”，也更有可能在遇到困难后就停止追求目标，觉得未来不太可能会成功，从而抱持消极态度和情绪。为甄别出希望感水平较低的研究生群体进而对其进行针对性指导，可尝试通过问卷调查、日常观察、日常交流等方式掌握所有研究生的希望感现状，再有选择地进行针对性关注。相对而言，研究生的学识、生活阅历等方面具有局限性，导师若能重点关注希望感水平低的研究生，并在他们遇到问题时帮其出谋划策，通过事例分析、实践训练等手段，引导其主动面对困难，积极应战，可以高效提升这部分研究生的希望感水平。除了导师之外，还可由专业心理教师对甄别出来的希望水平低的研究生群体进行心理辅导干预活动。这种通过行为训练提高个体路径思维的方式被证实是有效的，它包括主题练习、交往模式、沟通实践和情境呈现等行为训练[①]。训练不仅可以丰富路径策略，还能帮助研究生清楚感知和实践已经掌握的策略，让研究生对自我充满信心和希望，从而提高其希望感水平。

---

① 李永慧：《大学生希望特质团体心理辅导干预效果评价》，《中国学校卫生》2019年第1期。

2．全体研究生开展希望教育和积极心理学教育

其次，应对整个研究生群体开展希望教育，可以通过多种多样的课程形式吸引研究生自主融入希望教育中来，如开展以希望为主题的主题班会、交流会、拓展训练活动。比如，主题班会可以"寻找你可以效仿的榜样"为题，让研究生从榜样经历中汲取力量和灵感。同时也可安排希望感高的研究生分享经验，现身说法，将自己在解决问题中的心路历程（路径思维与动力思维）展示给大家参考，引导大家在替代学习中成长。交流会可以问题解决为核心，组织研究生进行自由交流，分析在实现目标过程中遇到的困难，在会上寻求帮助和指导，会后也可设置希望感提升专题团体心理辅导活动。拓展训练活动主要是组织系列希望感素质拓展项目，包括合理目标制定训练、路径思维培训、意愿动力训练等。

在路径思维的培训中要贯穿"条条大路通罗马"的思想，训练研究生"一题多解"的思维，培养"Plan B"的规划习惯，训练不屈不挠的精神；在遇到问题时发散思维，寻找新的解决方式，或是利用社会支持系统，向他人寻求帮助，形成坚信问题总会解决、目标总会实现的积极心态。陈海贤等人指出，加强路径思维的基本原则是目标分解和寻找替代方法[①]。前者借鉴行为塑造技术中的小步子原理，与前述的目标制订方法一致。这种把大目标分解成许多有内在逻辑的小目标的方法本身就是一种目标实现策略。后者在希望疗法中应用时常常要求咨询者和来访者一起讨论，得出尽可能多的目标实现策略，或者借用冥想等技术让来访者尽可能具体生动地设想实现目标时会采取的步骤和可能遇到的阻碍。

再次，对研究生群体开展积极心理学教育也是必要的。黎志华指出，路径思维和抑郁水平存在极为显著的双向作用[②]。也就是说，如果个体缺乏目标实现策略，那么将会导致更高的抑郁水平；反过来，当个体的抑郁水平较高时，那么他对自我价值判断会偏向消极，在寻找目标实现策略时会持消极心态，路径思维也将变得异常迟钝。因此，除了正面丰富研究生的目标实现策略之外，还要对研究生进行必要的积极心理教育，避免消极情绪对其路径思维的抑制作用。

---

① 陈海贤、陈洁：《希望疗法：一种积极的心理疗法》，《桂林师范高等专科学校学报》2008年第1期。

② 黎志华：《大学生希望感的发展轨迹、影响因素及其与心理健康的关系》，博士学位论文，中南大学应用心理学系，2013，第88页。

简言之，希望教育是“让每个学生都对自己充满自信，对明天充满希望的教育”①。研究生希望感的培育方式总结起来主要有以下几个方面：一是研究生要根据实际情况制定和细化学习目标，对学业成绩、科研成果、就业等提出一定的要求和做出规划。对此，学校和导师要对研究生的培养方案进行严格把关和积极引导，并调整教学策略以满足研究生的学习需求。二是研究生要通过自我激励来调动内驱力，建构良好的人际交往网络以获取社会支持，以此坚定实现目标的决心和信念。三是设计丰富的目标实现策略，通过导师针对性的谋策和校方系列的希望教育课程来丰富研究生的目标实现策略。

① 黄万胄：《希望教育理论与实践》，《教育研究》1999年第11期。

第四节　导生亲和感与同伴亲近感的形成

导生亲和感与同伴亲近感是学习获得感的重要构成部分，且研究生与导师、同伴的亲和关系直接或间接地影响研究生的学习积极性，从而对学习获得感有积极或消极的影响。导生亲和感、同伴亲近感二者与自信感、希望感、愉悦感的区别在于，后三者都是学习者与自身互动产生的感知，导生亲和感与同伴亲近感则是学习者与他人互动产生的感知。导师与研究生、研究生与同伴等之间形成多重复杂的交往关系，这些关系所形成的各种形态力量都会对研究生学习获得感产生重要影响。研究生如何从冲突、矛盾、混沌关系走向亲和，增强导生亲和感与同伴亲近感，对于研究生学习获得感的提升至关重要。本节内容将就导生亲和感、同伴亲近感之于学习获得感提升的机理及策略展开论述。

一、导生亲和感之于学习获得感提升的机理及策略

研究生科研能力与创新能力的培育，不仅需要研究生自身的努力，与导师的培养也有着莫大的关系。研究生与导师的相处情况、关系亲疏，都会对研究生科学研究的态度、方法等产生很大影响。因此，需要重视导生亲和感对研究生学习获得感的提升作用，充分发挥导师、研究生在其间的重要作用。

（一）导生亲和感之于学习获得感提升的价值及机理

导生亲和感作为研究生学习获得感的构成要素之一，具体表现为导生亲和感强的研究生会为了得到导师更多的赞许和爱护而努力学习，可以从以下三个方面来讨论这一问题。一是研究生与导师建立了亲和的关系，导师往往会成为学生追随和模

仿的人物。二是研究生从导师那里得到赞许和爱护，如研究生被导师评为聪明的、有发展前途的，并且受到种种优惠的待遇，所有这一切将会使研究生感到满足。三是享受到这种满足乐趣的研究生，会有意识地使自己的行为符合导师的标准和期望，以从外界获得更多的赞许和爱护。麦基奇（W.J. McDeachie）等人的研究表明“与教师有较多亲和倾向的学生，其学习成绩高于那些缺乏亲和倾向的学生”[①]；本研究通过数据分析发现，“当我取得进步时，导师会替我开心”为高得分题项（M=4.03），这也在很大程度上说明导师与学生之间存在强烈的情感联系。研究生与导师的良好关系会促进研究生的学习。反之，疏远甚至相互对立的师生关系、同伴关系，则会对研究生的学习起消极作用，其学习获得感就会大打折扣。

良好的导生亲和感可从知识维度和情感维度提升研究生学习获得感。在知识维度方面——主要是指知识传授与创造，导师通过传道授业解惑提高研究生的学习获得感。导师作为前辈，可以在学术、资历、品德和为人等方面对研究生进行传道、授业、解惑，使其学术事业、人格养成、人品修为等得到发展，并潜移默化地影响其世界观、人生观和价值观[②]；导师可以为研究生提供课题参与、学术交流、科研试验等各种机会，在研究思想、研究方法、研究方向等方面指导研究生[③]。特别是刚刚接触学术研究的研究生，对学术的发展趋势知之甚少，对未来的研究方向也把握不准，而导师对学术研究方面的最新发展趋势有比较深入的了解，可以为研究生提供可供参考的研究方向和思路。在情感维度方面——主要指通过情感交流融洽关系，导师与研究生的情感交流也会影响研究生的学习获得感。导师既是师，亦是友，其情感联系和社会交际等活动也会产生泛教育关系[④]，对研究生学习绩效产生重要的影响。随着高校对研究生毕业要求的提高，研究生面临着较大的学习压力，导师可以在心理和情感上为研究生提供咨询，正确开导研究生，让研究生有明确的方向和积极向上的心态，从而促进研究生学习绩效的提升。

---

① 胡畏：《亲和动机也是一种学习动力》，《成才》1999年第11期。

② 陈恒敏：《导师、研究生关系的内在属性冲突及其超越——兼论一元主义雇佣关系的建构》，《江苏高教》2018年第1期。

③ 陈万明、李玉倩：《不当督导对研究生科研创新绩效的影响：师生关系视角》，《研究生教育研究》2018年第5期。

④ 同注②。

（二）导生亲和感的培育机制与策略

导生亲和感的培育离不开导师与研究生两个主体的互相作用，且由于学术见识、专业程度等的差异，导师在导生亲和感的培育中占据较为重要的地位与角色，因此导师要积极发挥主观能动性，通过多种途径直接促进研究生建构良好的导生亲和感；也需要研究生积极与导师沟通，在师生互动中增强导生亲和感。

1．导师应树立大爱的学生观

研究结果显示，不同户籍、年龄、类型、专业研究生的导生亲和感存在显著差异，这从侧面反映出同一导师的不同类型研究生的导生亲和感及其与导师的关系存在显著差异。

每一个人都有享受关怀和体验成功的需要。为了让更多的学生品尝到学习的乐趣，导师应该树立大爱的学生观，关爱、呵护每一个同学，为每一个同学创造机会，让他们都能身心愉快地投入学习。人只有在生理和心理双重安全的前提下，思维才会敏捷，做事才会专注和投入，才能拥有快乐和幸福[①]。每个研究生都拥有才能、潜能，导师是研究生最重要的潜在才能开发者，研究生也渴望自身的某一优点或特长得到导师的赏识与重视。导师对研究生的尊重与爱护，能让研究生感受到自己与导师之间是一种可以信赖、亲近的社会关系，这有助于导生亲和感的培育。

具体而言，首先，导师需要帮助研究生发现自身的优点。不同研究生的人格特点、性格特质不一样，但每个人都有或大或小的闪光点。很多研究生由于自我认知的局限性，难以发现自身的优点与特长，所以在研究生学习生涯中备感焦虑和自卑。导师可以帮助研究生发现自身的优点，尊重、欣赏、爱护研究生，让研究生获得自信和尊严，从而对接下来的研究生学习充满信心与勇气。

其次，导师需要学会用欣赏的眼光看待研究生。研究生的学习是研究性学习，研究生自主开展学习，永远比被强制性地要求学习要好，所以导师要用欣赏的眼光看待研究生，在教学反馈中注意正向引导，让研究生感受到导师的爱护与激励，从而调动自身的内在学习动力。

最后，评价研究生应以德为导向。以学习结果、学习产出为标准可以比较研究生的学习进度、进步和差异，但也需要考虑到教育活动是引导人向善的活动。十年

① 管建刚：《不做教书匠》，福建教育出版社，2006，第175页。

树木，百年树人。“立德树人”不是一时的口号，而是长期的、融于日常的育人目标。导师在对研究生做出评价时，不仅要根据平时的学习表现、最终的学习产出，还应结合研究生日常的为人处世，对研究生做出主观与客观相结合的评价，最终引导研究生成为有道德、有理想的青年。

2. 导师须提高综合职业素养

本研究通过数据分析发现，成绩水平不同的研究生在导生亲和感上存在显著差异，其中“优”>“良”“中”“差”、“良”>“中”“差”；成绩水平不同的研究生对导师指导因素的评价也存在显著差异，其中“优”>“良”“中”“差”、“良”>“中”“差”。这一方面提醒导师要发挥自身指导对研究生的重要影响，促进研究生成绩水平的提升；另一方面也促使导师反思自身的指导方式，提高综合职业素养，以为研究生提供更为有效、合适的指导。在终身教育理念盛行的新时代，教师群体也在不断学习，而且也需要不断学习，才能适应新时代对教师的要求。教师是一门专业性很强的职业，不仅要求从业者有扎实的专业基础知识，综合职业素养更要过硬。就大多数学者的研究发现来看，研究生导师的综合素养应包括学术指导、道德修养两方面。研究生导师除了需要注意提升这两方面的素养，也需要发挥它们对研究生的积极影响。

具体而言，一是用专业学术指导学生。培养研究生离不开导师专业的学术水平与高超的指导能力，这将促进研究生思维方式的转变、科学精神的树立及科研能力的提升。但部分研究发现，当前研究生导师自身的专业水平难以满足不同研究生的学习需求，或导师自身“不通学术、不做学术研究，对包括学位论文在内的学术研究指导都很少，就更不要奢谈对研究生具有创新价值的学术指导了”①。所以研究生导师需要扮演好自己的角色，认真履行职能，在学术水平与指导研究生方面不断提升自身，从而更好地培养研究生。在学术水平方面，研究生导师既要不断加深基础研究理论水平，从而帮助研究生完善理论基础，也要以本专业研究理论为基础，开展应用研究、综合研究，再结合研究进行指导，促进研究生提高自身学术能力。尤其在学术规范方面，研究生导师的治学态度与科学精神，直接影响到研究生对学

① 赵彩霞、眭依凡：《学术型硕士研究生学术创新影响因素探究——基于对学术型硕士研究生访谈的研究结果》，《学位与研究生教育》2017年第7期。

术的态度。在指导研究生方面，研究生导师不仅要做到因人而异、因材施教，更要关注研究生在学习、生活、知识、能力、道德等多方面的发展。培养研究生，不只是培养他们的学术能力，更要培养有道德、有理想的研究者，所以需要导师关心研究生的生活全方面，及时地进行沟通与指导。

二是用道德修养影响学生。自萨乔万尼（Thomas J. Sergiovanni）在1992年提出“道德领导”以来，道德领导理论得到学者们广泛的关注和讨论。尽管对高等教育阶段研究生导师的道德领导研究较少，但大部分学者都认同“导师的道德修养是道德领导力的核心要素”[①]。研究生导师的道德修养来源于自身长期经历的沉淀，这是后天长期生活形成的素养，它会影响研究生的学术道德和职业道德，并且对研究生学术价值观、人生价值观的建立起到重要作用，甚至影响研究生的终生发展。就当前复杂的社会大环境来看，少数导师的价值观存在偏差、学术道德修养欠缺。这一方面源于高校考核压力，研究生导师肩负教学、科研任务的考核评估，而高校对研究生评估侧重科研能力方面，相对忽视对研究生道德品质的要求，因此部分导师花在研究生身上的时间与精力较少，花在研究生道德修养方面的时间与精力就更少了。另一方面受社会功利主义影响，当前高校与社会有着紧密的联系，产学研相结合的模式能够极大效率地将高校科研成果转化为能带来社会效益的产品。因此，社会向高校教师抛出的丰厚“橄榄枝”，与教师专职教研教学的收入形成鲜明对比。部分导师受功利主义影响，承接社会项目过多，耗费自身时间、精力过甚，难以兼顾教学、育人、科研等工作，而在日常教学培养工作中表现出倦怠或浮躁等态度，会间接影响研究生的道德观。故需要研究生导师加强道德修养，以道德标准和大众认同的价值观念作为参照，在科研工作和研究生培养工作中保持认真负责的态度，用心培育研究生；在研究生培养上注重人文关怀，尊重研究生的学术研究兴趣和未来人生规划，在学术指导过程中不仅注重培养研究生的专业知识、科研思维与能力，更关注研究生的身心发展和学习成长。

3．研究生要积极与导师沟通

导生亲和感的建立与增强，不仅需要导师做出努力，也需要研究生积极与导师

---

① 赵雯娟：《高校硕士研究生导师道德领导力模型构建及其提升策略研究》，硕士学位论文，青岛大学教育经济与管理学系，2018，第29页。

开展沟通。前文的数据分析发现，导生亲和感总分均值（M=22.86）低于同伴亲近感（M=23.71），可见研究生应积极与导师沟通，提高导生亲和感。

积极与导师沟通是建立导生亲和感的第一阶段，而这一阶段又分三步走。首先是克服心理障碍。很多研究生在沟通方面存在障碍，尤其是心理障碍。一方面，个体由于心理敏感程度不同，或生长环境、过往学习经历存在差异，在与其他同学比较时容易产生自卑情绪。另一方面，研究生阶段的学习方式与本科时期大有不同，部分研究生不适应导师的个别指导，不懂如何与导师近距离接触，甚至会因为导师在学术上的权威性、专业性，而对导师的单独指导备感焦虑。所以研究生需要克服内心的障碍，与导师良好沟通。比如跟师门同学交流自己对导师的看法，请教相处方式，跟师兄师姐或导师表达自己的担忧与焦虑，请有经验的师兄师姐或导师为自己提供参考意见。

其次是积极主动与导师沟通。一方面，保持积极的心态。导师时间有限，有科研、教学等多方面的压力和工作，偶然遗漏学生的消息在所难免。如果发给导师的消息石沉大海，研究生应该调整好心态，积极主动地再次进行沟通。另一方面，主动进行沟通。无论是自己的读研计划，还是自己最近的学习进展，或者是学业、生活方面的困扰，都可以在适当的时候找导师请教。当下的研究生培养模式与信息技术的发展，拓宽了师生沟通的渠道，所以研究生可以自由选择线下寻求导师的帮助或线上请教。

最后是及时给予反馈。积极沟通不只指当面一次性的沟通，还需要持续给予导师反馈。很多研究生读研期间就参与到导师的课题研究中，或有着自己的研究课题。及时给予导师反馈，不仅是对导师课题研究的尊重，也是对导师指导的尊重，同时有助于导师在研究生的反馈中了解研究生的学习进展或问题，从而调整指导策略与建议。因此，良好导生亲和感的建立离不开研究生积极与导师沟通，而在积极与导师沟通的过程中，研究生也需要注意克服自己的心理障碍，并及时给予导师反馈。

二、同伴亲近感之于学习获得感提升的机理及策略

在马斯洛看来，人的基础需要在于归属和爱。一个人通常把自己看作是一个家庭、一个集体、一个组织以及其他群体的成员。这种群体成员的资格感或力求隶属

于某一群体的愿望，可以增强个体的活动积极性。当一个人感到自己为某一群体所认同或接纳，感到自己真正属于一个有声誉的群体，并成为其中的一分子且发挥作用时，他就会认为自己是有能力、有成效的。因此，研究生有寻找同伴、寻求归属的内在需求。且就当前时代发展而言，“单打独斗”的研究往往难以比得上合作研究的效力。故建立与增强同伴亲近感，有助于研究生在研究学习活动中提高科研效率、收获科研成果、发掘科研志趣，从而提升研究生学习获得感。

（一）同伴亲近感之于学习获得感提升的价值及机理

良好的人际交往对每个人的成长和发展都十分有益，也是和谐社会的重要组成部分。研究生作为一个特殊群体，其心理、学识、年龄、素质等因素都有着与常人不同的特点，而且处于从学校到社会的过渡阶段，更面临着种种问题，人际交往就是重点问题之一。戴尔·卡内基（Dale Carnegie）在《成功之路》一书中提出：一个人的成功，只有百分之十五是由于他的专业技术，而百分之八十五是靠人际关系和他的为人处世的能力。亲密、和谐的同伴友谊能为研究生带来更为丰富且充实的校园生活，同时影响其学习投入、学习体验等，帮助其在学习上、生活中取得更大成功。

良好的同伴亲近感可从态度维度和行为维度两方面提升研究生学习获得感。在态度维度层面，良好的同伴亲近感可以帮助彼此树立正确的发展观念，增强对学习的投入程度，激发彼此参与学术活动的热情，实践积极的人生观和价值观。反之，不良和消极的同伴关系，则会让学生好逸恶劳、不思进取、趋易避难。在访谈中，许多受访研究生表示自己的同伴，尤其是同门师兄师姐们是自己学业进步、人生发展的指路人，在很大程度上影响自己对学业的态度和投入程度，帮助自己获得了更加积极的学习体验。在行为维度层面，良好、积极的同伴亲近感可以直接促进学术研讨。王善苗等通过对硕士生进行深度访谈发现，有受访者表示自己在学术上取得的成果、奖项离不开其他同学的榜样激励，如“很大一部分功劳来自我的师姐，我觉得她对我影响还挺大的，她就像一个引导者一样，带领我前进”[①]。可见师门同学对研究生的学习成长有着重要且不可替代的作用，优秀的师兄师姐虽不及导师学

① 王善苗、陈何芳：《教育学硕士生学习体验的影响因素探析》，《扬州大学学报（高教研究版）》2019年第2期。

术水平深厚，但对研究生来说，他们的成功更具可复制性，也更能激励自己。

（二）同伴亲近感的培育机制与策略

研究生学习与个体以往的学习有着巨大的差异。一是因为研究生这一群体普遍年龄偏大，有直接从本科升学的，也有工作后返校再读的，所以研究生已基本形成对世界的认知模式，身心发展较为成熟，对学习有着自己的看法和安排；二是研究生的学习活动是研究性、社会性学习，不再是以前“就知识学知识”的学习活动，需要与社会接触，在研究中学习，为社会贡献新的观点、发现。前文的数据分析发现，同伴亲近感维度的得分均值最高（M=23.71），这说明在本调查样本中，大部分学生都对同伴亲近感持较高的认同感。且同伴亲近感与学习获得感总分的相关系数（r=0.833）大于导生亲和感与学习获得感总分的相关系数（r=0.828），在一定程度上表明，同伴亲近感与学习获得感的关联更为紧密。这是因为研究生不仅能在师生互动中收获颇多，也能认识到同伴是自己研究生学习生涯中的重要伙伴，可以从对方身上学到在导师处学不到的东西。

无论导师的指导是否完善、学校提供的科研学习资源是否充足、课堂教学质量优劣与否，最终都需要研究生自身去积极推进同伴亲近感的发展。因此研究生必须学会对自己负责，在与同伴交流中围绕学术展开有效对话，从而直接促进同伴亲近感的增强；导师可组建学习共同体，通过搭建学习交流的平台，间接促进研究生增进同伴亲近感。

1. 研究生须学会对自己负责

尽管不同学制、学年、年龄、成绩研究生的导生亲和感、同伴亲近感存在显著差异，但相关性分析发现个体自身影响因素与研究生学习获得感的相关性最强（r=0.761）。可见，作为研究生，对自己负责、对学习负责是第一要务。哪怕自身的先天属性或某一方面的条件跟其他同学存在差异，也可以“择其善者而从之，其不善者而改之”，不放弃努力，不丧失希望，在认知、行为、情感层面坚持热爱所学专业，这将极大地影响自身对学术研究的态度。

首先，观念上要端正态度。研究生作为研究者，学习过程常围绕学术研究展开。而部分研究生对待学习的态度较为松散，一方面畏于学术研究的严格要求，在研究学习过程中缺乏耐心，另一方面又对自己放松要求，缺乏学习责任心，一再虚度时光。研究生作为身心成熟的社会个体，应当明白自身的角色与处境，除了要做好一名学生，更要谨记自己也是一名研究者，要对自己所选专业负责、所写论文负责，要在学习期间掌握基本的研究能力，方能不负自己。

其次，行动上要付诸实践。增强同伴亲近感需要研究生主动沟通、交往。在学习实践中，研究生可以与研究对象交流，与同伴沟通解决问题，在动态的学习互动中完成研究，哪怕最终的研究发现是重复研究，或是研究未半而中道放弃，也能在无形中促进自己与同伴的关系，增强自己的同伴亲近感。

最后，情感上要坚持热爱。在学习过程中始终坚持热爱，是对自己所学专业的负责。在学习中，研究生可以从以下几点出发，增强自己的学习亲和感。一是在自己所热爱的研究领域努力耕耘。有研究发现部分研究生并不喜欢自己所学的专业[①]。能够在自己所热爱的专业、领域做研究，本身是一件幸事。二是与无学习动机的任务建立亲和关系。当自身对所负责的学习任务不感兴趣时，可以通过调节学习动机、调整心态，努力挖掘学习任务对自身成长的意义，积极与其建立亲和关系。三是在挫折中坚持不放弃。研究受挫是很正常的事，正如爱迪生发明灯泡，在7000多次尝试后才找到最合适的灯丝。研究生遇到挫折时要具体问题具体分析，从而做出进一步的调整。当然，在这过程中也可以跟导师、同伴积极沟通，集众人之力寻找问题的解决办法。

综合来看，无论是在认知层面端正学习态度，还是在行为层面付诸实践，抑或是在情感层面坚持热爱，都强调研究生要学会对自己负责，对自己的研究、学习负责。当研究生意识到学习与自己的关系，认识到自身努力在学术研究、人际交往中的能动性，便可以积极发挥自身的主观能动性，增强同伴亲近感。

2. 研究生应有效与同伴交流

五个维度中，同伴亲近感的得分均值最高（M=23.71），这表明当前研究生在同伴亲近感方面的体验较好。这不仅是因为研究生有和同伴建立亲近关系的内在需要，而且也因为研究生在现实生活中与同伴的相处机会更多、生活模式相近，所以同伴带给研究生的亲近感最高。与同伴“有效”交流，可以提升已有的同伴亲近

① 周海涛、史少杰：《教育学学术型研究生课程建设浅析》，《学位与研究生教育》2017年第2期。

感，具体应注意以下几点：一是学会倾听。做一个有效的倾听者，应在沟通过程中集中注意力，不打断对方的谈话，不急于判断，注意非语言性沟通行为，仔细体会弦外音，以了解对方的主要意思和真实内容。交流的“有效”是对交流双方而言的，所以要明确自己展开对话的最初目的，也要理解对方所想要表达的意思，围绕自己与对方的意图展开交流，才是兼顾彼此的有效交流。

二是清晰地表达自己的观点。社会建构主义理论研究者认为话语本身具有局限性，所以人们在语言表述时需要加以注意，才能准确地表达自身观点。以往有研究者强调沟通能力对沟通质量、亲近关系的影响，比如倾听能力，情感控制能力，清晰表达观点的能力和技巧[①]。这一方面充分说明了清晰表达自己观点对听者的重要性；另一方面，这也是表达者应尽的义务。很多人秉持“被误解是表达者的宿命”的想法，所以不介意被其他人误解。但表达者一开始就有义务把自己的观点表达清楚，至于被听者误解、曲解，这已经不是表达者能够掌控的范畴。

三是在交流中解决问题。研究生与同伴围绕学习展开的话题交流如若最终形成思路或方法，会增加交流的意义与价值，然后推动彼此展开下一次对话，从而增进同伴亲近感。在郑葳看来，学习共同体是一个有生命力的学习系统，能够自我组织并促进成员学习，在系统内部通过协商、对话而完成自身的构建任务[②]。同伴间的彼此对话，不仅有助于解决自己学习中面临的问题，也会渐渐地促进学习共同体这一学习集体的形成。与同伴的交流有助于促进彼此之间的亲和感，但就学习获得感的层面而言，围绕学习展开的有效对话，才能快速促进同伴亲近感的增长。

3．导师可组建学习共同体

同伴亲近感的增进并非凭空增长，需要通过具体的实践活动发生作用，而学习共同体有助于研究生增进同伴亲近感。学习共同体是指以知识建构与意义协商为内涵的学习平台，强调人际心理相容与沟通，在学习中通过人际沟通、交流和分享各种学习资源而相互影响、相互促进的学习集体[③]。这种学习集体的发展需要集体内

---

① 池丽萍：《亲子沟通的三层次模型：理论、工具及在小学生中的应用》，《心理发展与教育》2011年第2期。

② 郑葳：《学习共同体——文化生态学习环境的理想架构》，教育科学出版社，2007，第229页。

③ 荣超：《学习共同体理论及其对教育的启示》，《教育探索》2010年第7期。

各成员互相沟通、团结合作，也会反过来促进各成员形成良好的同伴关系，建构亲近感。

以同伴互助为基础的生生学习共同体，不仅可以发挥同伴互助、共同克难的作用，还可以培养良好的合作研究能力，增进同伴亲近感。研究生导师不仅可以将自身所带的博士研究生、硕士研究生、本科生进行跨年级分组合作，还可以与其他导师开展沟通合作，极力促成不同专业、学校的研究生组建学习共同体。这种以同伴互助为基础的生生学习共同体，一是有助于促进不同个体思想交流、拓展视野。每一个研究生都有着独立的认识和见解，过往的学习经历使其对世界有着特有的解读方式。当前的科研环境不再适合单打独斗、闭门造车，应该以开放的怀抱接纳不同的思想，在不同观点的碰撞中发现思维的火花。二是贴近学生生活。无论是日常的上课学习，还是课后的生活交流，研究生接触更多的是师门同学、专业同学。导师一方面可以积极组织师门学生围绕课题或项目组成基础的学习共同体，另一方面可以鼓励学生跨导师、跨专业、跨学校、跨地域地结识其他学术研究者，构建学术人脉资源。三是发挥同辈榜样示范的作用。个体在评估自己的自主学习能力时，主要以同辈群体的能力和成就为参照，同伴的自主学习会对个体产生榜样示范作用。在这过程中，导师需要注意引导生生学习共同体发挥出正向、积极的价值导向，避免研究生在学习集体的社会比较中产生自卑情绪。

综上所述，研究生的导生亲和感与同伴亲近感是研究生与他人互动生成的情感，这离不开研究生自身的努力，但也需要研究生导师有所作为，在导师、研究生自身的双重努力下，建立、增强研究生的导生亲和感、同伴亲近感，将极大地影响研究生学习获得感的提升。

参考文献

一、中文参考文献

1．专著

[1] 北京大学哲学系外国哲学史教研室．西方哲学原著选读：上卷．北京：商务印书馆，1982.

[2] 车丽萍．自信心及其培养．北京：新华出版社，2004.

[3] 车文博．当代西方心理学新词典．长春：吉林人民出版社，2001.

[4] 车文博．人本主义心理学．杭州：浙江教育出版社，2003.

[5] 陈宝凯．人本主义心理学导论：中译本前言//布勒，埃伦．人本主义心理学导论．陈宝凯，译．北京：华夏出版社，1990.

[6] 陈独秀．陈独秀文章选编：上．北京：生活·读书·新知三联书店，1984.

[7] 陈鼓应．老子注释及评介．北京：中华书局，2009.

[8] 陈鼓应．庄子今注今译．北京：中华书局，2009.

[9] 崔学鸿．赏识教育初论．合肥：安徽大学出版社，2003.

[10] 邓小平．邓小平文选：第二卷．北京：人民出版社，1994.

[11] 恩格斯．路德维希·费尔巴哈和德国古典哲学的终结．北京：人民出版社，1997.

[12] 恩格斯．社会主义从空想到科学的发展．北京：人民出版社，1997.

[13] 恩格斯．自然辩证法．北京：人民出版社，1972．

[14] 费希特．人的使命．梁志学，沈真，译．北京：商务印书馆，1982．

[15] 戈尔曼．情感智商．耿文秀，查波，译．上海：上海科学技术出版社，1997．

[16] 管建刚．不做教书匠．福州：福建教育出版社，2006．

[17] 郭本禹．当代心理学的新近展．济南：山东教育出版社，2004．

[18] 国际21世纪教育委员会．教育：财富蕴藏其中．联合国教科文组织总部中文科，译．北京：教育科学出版社，1996．

[19] 黄楠森．马克思主义哲学史．北京：高等教育出版社，1998．

[20] 加德纳．多元智能．沈致隆，译．北京：新华出版社，2003．

[21] 加涅等．教学设计原理．皮连生，译．上海：华东师范大学出版社，1999．

[22] 江泽民．全面建设小康社会，开创中国特色社会主义事业新局面：在中国共产党第十六次全国代表大会上的报告．北京：人民出版社，2002．

[23] 杰根．社会建构和教育过程//斯特弗，盖尔．教育中的建构主义．高文，译．上海：华东师范大学出版社，2002．

[24] 金盛华．社会心理学．北京：高等教育出版社，2005．

[25] 康德．任何一种能够作为科学出现的未来形而上学导论．庞景仁，译．北京：商务印书馆．1982．

[26] 康德．实践理性批判．韩水法，译．北京：商务印书馆，1999．

[27] 孔子．孝经．吕平，编．乌鲁木齐：新疆青少年出版社，1996．

[28] 李秉德．教学论．北京：人民教育出版社，2000．

[29] 李文阁．回归现实生活世界哲学视野的根本置换．北京：中国社会科学出版社，2002．

[30] 刘少杰．国外社会学理论．北京：高等教育出版社，2016．

[31] 陆九渊．陆九渊集．北京：中华书局，1980．

[32] 陆游．陆游诗词赏析．向彤，选析．南宁：广西人民出版社，1986．

[33] 马克思，恩格斯．德意志意识形态．中共中央马克思恩格斯列宁斯大林

著作编译局，译. 北京：人民出版社，1961.

［34］马克思，恩格斯. 马克思恩格斯全集：第2卷. 中共中央马克思恩格斯列宁斯大林著作编译局，译. 北京：人民出版社，1957.

［35］马克思，恩格斯. 马克思恩格斯全集：第23卷. 中共中央马克思恩格斯列宁斯大林著作编译局，译. 北京：人民出版社，1972.

［36］马克思，恩格斯. 马克思恩格斯全集：第48卷. 中共中央马克思恩格斯列宁斯大林著作编译局，译. 北京：人民出版社，2007.

［37］马克思，恩格斯. 马克思恩格斯选集：第1卷. 中共中央马克思恩格斯列宁斯大林著作编译局，译. 北京：人民出版社，1995.

［38］马克思，恩格斯. 马克思恩格斯选集：第2卷. 中共中央马克思恩格斯列宁斯大林著作编译局，译. 北京：人民出版社，1995.

［39］马克思，恩格斯. 马克思恩格斯选集：第4卷. 中共中央马克思恩格斯列宁斯大林著作编译局，译. 北京：人民出版社，1995.

［40］马克思，恩格斯. 马克思恩格斯文集：第1卷. 中共中央马克思恩格斯列宁斯大林著作编译局，译. 北京：人民出版社，2009.

［41］马欣川. 现代心理学理论流派. 上海：华东师范大学出版社，2003.

［42］毛泽东. 毛泽东选集：第二卷. 北京：人民出版社，1991.

［43］毛泽东. 毛泽东选集：第一卷. 北京：人民出版社，1991.

［44］冒从虎. 欧洲哲学通史：上卷. 天津：南开大学出版社，1985.

［45］苗元江. 心理学视野中的幸福：幸福感理论与测评研究. 天津：天津人民出版社，2009.

［46］默顿. 社会理论和社会结构. 唐少杰，齐心，译. 南京：译林出版社，2006.

［47］潘菽. 教育心理学. 北京：人民教育出版社，1980.

［48］庞树奇. 普通社会学理论新编. 上海：上海大学出版社，1998.

［49］庞树奇，范明林. 普通社会学理论. 3版. 上海：上海大学出版社，2000.

［50］秦惠民. 学位与研究生教育大辞典. 北京：北京理工大学出版社，1994.

[51] 塞利格曼．持续的幸福．赵昱鲲，译．杭州：浙江人民出版社，2012．

[52] 时蓉华．新编社会心理学概论．上海：东方出版中心，1998．

[53] 斯通普夫，菲泽．西方哲学史．丁三东，张传有，邓晓芒，等译．北京：中华书局，2005．

[54] 四川大学古籍整理研究所．宋集珍本丛刊．北京：线装书局，2004．

[55] 王道俊，王汉澜．教育学：新编本．北京：人民教育出版社，1989．

[56] 王德清．现代管理学原理．重庆：西南师范大学出版社，2007．

[57] 王金芳．四书五经详解：孟子．北京：金盾出版社，2009．

[58] 王廷相．王廷相集．北京：中华书局，1989．

[59] 王阳明．传习录．张怀承，注译．长沙：岳麓书社，2004．

[60] 吴明隆．结构方程模型：AMOS的操作与应用．2版．重庆：重庆大学出版社，2010．

[61] 习近平．决胜全面建成小康社会 夺取新时代中国特色社会主义伟大胜利：在中国共产党第十九次全国代表大会上的报告．北京：人民出版社，2017．

[62] 习近平．让人民群众有更多获得感//习近平．习近平谈治国理政：第二卷．北京：外文出版社，2017．

[63] 荀子．荀子．叶绍钧，选注．宛志文，校订．武汉：崇文书局，2014．

[64] 雅科布松．情感心理学．王玉琴，译．哈尔滨：黑龙江人民出版社，1988．

[65] 燕国材，朱永新．现代视野内的中国教育心理观．上海：上海教育出版社，1991．

[66] 杨韶刚．人本主义心理学与教育．哈尔滨：黑龙江教育出版社，2003．

[67] 杨治良，郝兴昌．心理学辞典．上海：上海辞书出版社，2016．

[68] 叶秀山．前苏格拉底哲学研究．北京：人民出版社，1983．

[69] 赵万里．科学的社会建构：科学知识社会学的理论与实践．天津：天津人民出版社，2001．

[70] 郑葳．学习共同体：文化生态学习环境的理想架构．北京：教育科学出版社，2007．

[71] 郑雪．积极心理学．北京：北京师范大学出版社，2014.

[72] 中共中央文献研究室．毛泽东年谱（一八九三——一九四九）：修订本：中卷．北京：中央文献出版社，2013.

[73] 中国社会科学院语言研究所词典编辑室．现代汉语词典．7版．北京：商务印书馆，2016.

[74] 周秉钧．白话尚书．长沙：岳麓书社，1990.

[75] 朱熹．四书章句集注．北京：中华书局，1983.

[76] 朱智贤．心理学大词典．北京：北京师范大学出版社，1989.

[77] 佐藤学．学习的快乐：走向对话．钟启泉，译．北京：教育科学出版社，2004.

2．期刊论文

[1] 白强．一流大学视角下一流研究生教育的思考．研究生教育研究，2017（2）.

[2] 包志梅．博士生课程学习与科研活动关系密切度及其对科研能力的影响：基于对48所研究生院博士生的调查．学位与研究生教育，2021（1）.

[3] 暴占光，张向葵．自我决定认知动机理论研究概述．东北师大学报，2005（6）.

[4] 蔡基刚．期刊论文发表与研究生学术素养和专业素养培养．学位与研究生教育，2020（7）.

[5] 蔡玲丽．大学生人际交往自我效能感调查．中国公共卫生，2012（3）.

[6] 陈海贤，陈洁．希望疗法：一种积极的心理疗法．桂林师范高等专科学校学报，2008（1）.

[7] 陈恒敏．导师、研究生关系的内在属性冲突及其超越：兼论一元主义雇佣关系的建构．江苏高教，2018（1）.

[8] 陈洪捷，李澄锋，沈文钦，等．研究生如何评价其导师和院校？：2017年全国毕业研究生调查结果分析．研究生教育研究，2019（2）.

[9] 陈进前，岳昌君．在职硕士研究生教育个人收益率实证研究．教育学术

月刊，2019（11）.

［10］陈宁．大学生学习情感现状调查及教育启示．黑龙江高教研究，2012（11）.

［11］陈姝娟，周爱保．主观幸福感研究综述．心理与行为研究，2003（3）.

［12］陈万明，李玉倩．不当督导对研究生科研创新绩效的影响：师生关系视角．研究生教育研究，2018（5）.

［13］陈威．建构主义学习理论综述．学术交流，2007（3）.

［14］陈新忠，未增阳．学术型研究生培养现状及改善策略．研究生教育研究，2013（5）.

［15］陈志祥．硕士研究生学术与就业的矛盾及其对策．学位与研究生教育，2011（7）.

［16］程硕，贾存显．独生子女大学生与非独生子女大学生焦虑和抑郁症状的比较．中国心理卫生杂志，2019（10）.

［17］池丽萍．亲子沟通的三层次模型：理论、工具及在小学生中的应用．心理发展与教育，2011（2）.

［18］楚永全，陈文婷，黄昊．研究生校园朋辈关系探微：基于班级、宿舍关系及交友圈的分析．学位与研究生教育，2012（2）.

［19］代安荣．回归育人之道，促进均衡获得．教育科学论坛，2017（32）.

［20］代景华．河北医学院校大学生获得感的调查研究．实用预防医学，2018（3）.

［21］戴桂斌．阶级与阶层：社会分层的两种模式．宁夏社会科学，2007（1）.

［22］董云川，李敏．研究生教育规律初探．研究生教育研究，2018（5）.

［23］段建华．主观幸福感概述．心理学动态，1996（1）.

［24］范皑皑，季楚煊，柴亦林．时间累积与时间分配：学术型硕士的时间投入对科研产出的影响研究．江苏高教，2020（7）.

［25］房广顺，李鸿凯．以大学生获得感为核心提升思想政治理论课教学质量．思想理论教育，2018（2）.

[26] 风笑天．独生子女青少年的社会化过程及其结果．中国社会科学，2000（6）．

[27] 冯培．学生获得感：高校思想政治理论课教学质量年的要义．中国高等教育，2017（11）．

[28] 高芳祎．我国研究生课程与教学改革效果的调查研究．学位与研究生教育，2012（10）．

[29] 高玲玲，张英华，张美芬．癌症患者的社会支持与希望的相关性研究．中国行为医学科学，2004（1）．

[30] 高清海．论实践观点作为思维方式的意义：哲学探进断想之二．社会科学战线，1988（1）．

[31] 葛治波．提高研究生科研、创新能力的切入点：抓好研究生课程教学．扬州大学学报（高教研究版），2005（4）．

[32] 耿有权，彭维娜，彭志越，等．全日制专业学位研究生培养模式运行状况的调查研究：基于全国14所重点高校问卷数据．现代教育管理，2012（1）．

[33] 龚丽，李志，刁黎．硕士研究生与导师沟通的现状及对策．教育探索，2009（6）．

[34] 龚向和，卢肖汀．同等学力研究生教育应予取消．苏州大学学报（教育科学版），2019（2）．

[35] 郭小艳，王振宏．积极情绪的概念、功能与意义．心理科学进展，2007（9）．

[36] 郝一双．大学生课堂参与行为分析．高等工程教育研究，2007（6）．

[37] 何晓聪．研究生创新自我效能感的结构与特征实证研究．科技管理研究，2014（12）．

[38] 何瑛．主观幸福感概论．重庆师院学报（哲学社会科学版），1999（4）．

[39] 呼丰，王开永．地方高校研究生课程教学体系建设实践与改革思考．高等农业教育，2016（2）．

[40] 胡军华，郑瑞强．学术型研究生科研能力结构、约束性因素与促进机

制．教育学术月刊，2020（12）．

［41］胡畏．亲和动机也是一种学习动力．成才，1999（11）．

［42］胡迎春，董雪．学生学习动机和学习行为对学习成绩的影响分析．高教学刊，2020（21）．

［43］黄刚．从马克思社会有机体理论透视社会建设的哲学意蕴．理论与改革，2008（4）．

［44］黄明福，王国玉．新形势下工科研究生与导师的关系研究：以北京理工大学为例．学位与研究生教育，2015（8）．

［45］黄万胄．希望教育理论与实践．教育研究，1999（11）．

［46］黄学，周永红，吕催芳．研究生成就动机特点及其影响因素分析．学位与研究生教育，2011（7）．

［47］黄勇，苏莹荣．社会情景中的个人及个人行动．贵州社会科学，2002（1）．

［48］姜华．高校博士研究生科研产出影响因素的实证分析．科学决策，2015（7）．

［49］蒋永穆，张晓磊．共享发展与全面建成小康社会．思想理论教育导刊，2016（3）．

［50］蒋瑜仙，陈伊．研究生心理韧性与主观幸福感的相关性研究：基于硕士生和本科生的差异比较．教育学术月刊，2020（6）．

［51］况志华．人性观的后现代转向对心理学研究范式的冲击．南京理工大学学报（社会科学版），2006（4）．

［52］黎志华，尹霞云．社会支持对大学生希望的影响机制：自尊和自我效能感的中介作用．心理发展与教育，2015（5）．

［53］李宝，张文兰，张思琦，等．混合式学习中学习满意度影响因素的模型研究．远程教育杂志，2016（1）．

［54］李炳全．自信教育探析．教育探索，1997（5）．

［55］李臣之．校本课程开发应关注学生的利益．教育科学研究，2007（3）．

［56］李臣之．校本转化中教师课程领导．课程·教材·教法，2014（8）．

［57］李臣之，陈洁敏，阮沁汐．初中生语文学习获得感实证研究．广东第二

师范学院学报，2021（2）.

［58］李臣之，阮沁汐，纪海吉．研究生学习获得感影响因素的质性探究．现代教育管理，2020（11）.

［59］李东林，郑玮，朱静．硕士研究生学习态度及其与学校因素的相关研究：以深圳S大学为例．高教探索，2017（7）.

［60］李光普．社会比较研究概况．科教导刊（中旬刊），2011（4）.

［61］李瑾瑜．关于师生关系本质的认识．教育评论，1998（4）.

［62］李梦颖，刘子超．在校大学生学习性投入的调查与研究：对南京林业大学本科生的抽样调查．北方经贸，2017（3）.

［63］李谱华，王亚平，王玉环，等．同等学力研究生教育的可持续发展探讨．西北农林科技大学学报（社会科学版），2003（5）.

［64］李骐，戴一飞．非全日制硕士研究生招生中“隐形失衡”问题探究．学位与研究生教育，2020（2）.

［65］李强，于璇，叶欢．从获得感角度来看高职思想政治理论课实效性．改革与开放，2017（24）.

［66］李善峰．“地方性知识”与农村高危人群自杀行为的社会环境：一个基于田野调查的研究报告．民俗研究，2017（6）.

［67］李涛，田晓红．大学生希望感、自传记忆具体性与抑郁的关系．中国健康心理学杂志，2013（7）.

［68］李祥，魏月寒，张晗．非全日制研究生社会认同度的理性审视与制度反思：基于一则非全研究生就业同权的舆情分析．研究生教育研究，2020（4）.

［69］李孝更，蔡国春．硕士研究生学习适应性及其影响因素分析：基于江苏6所高校教育学研究生的实证研究．学位与研究生教育，2015（7）.

［70］李永慧．大学生希望特质团体心理辅导干预效果评价．中国学校卫生，2019（1）.

［71］李子建，尹弘飚．课堂环境对香港学生自主学习的影响：兼论“教师中心”与“学生中心”之辨．北京大学教育评论，2010（1）.

［72］廖和平，王克喜，邓淇中．社会性别视角下的高校女研究生“成长”问

题及成因分析：基于6省（市）的18所高校的调查数据．湖南科技大学学报（社会科学版），2016（3）．

［73］林琳，杨丽，杨学博．研究生学术激情与学习投入的关系研究．学位与研究生教育，2019（2）．

［74］林伟连，吴克象．研究生教育中师生关系建设要突出“导学关系”．学位与研究生教育，2003（5）．

［75］刘富胜，赵久烟．增强大学生思想政治理论课获得感要坚持“四个结合”．思想理论教育导刊，2017（6）．

［76］刘晶．新制度主义的理论内核及其对廉政建设制度实践的启示意义．东南学术，2013（1）．

［77］刘林．研究生导师立德树人职责与实现途径探究．思想教育研究，2018（5）．

［78］刘敏，张欣艺，赵银．硕士研究生成就动机与生活满意度：人际归因的中介效应．学位与研究生教育，2019（11）．

［79］刘儒德．教师的幸福在哪里．人民教育，2010（19）．

［80］刘伟，卢家楣，陈念劬，等．中国当代研究生生活情感现状及其影响因素研究．心理科学．2017（4）．

［81］刘晓峰．基于社会建构主义学习理念的教师角色定位．湖南农业大学学报（社会科学版），2008（6）．

［82］刘宣文．人本主义学习理论述评．浙江师范大学学报，2002（1）．

［83］刘在花，毛向军．学习压力对在职研究生学习倦怠的影响：社会支持的调节作用．中国特殊教育，2013（1）．

［84］龙宝新．构筑学生有“获得感”的课堂．教师教育论坛，2017（4）．

［85］龙宝新．获得感：重建优质教学的内涵．教育科学论坛，2017（32）．

［86］卢家楣，刘伟，贺雯，等．我国当代青少年情感素质现状调查．心理学报，2009（12）．

［87］罗蕴丰．结婚影响博士生科研发表吗：基于2016年首都高校博士生调查数据的实证分析．研究生教育研究，2020（4）．

[88] 马爱兵. 中小学家庭教育指导存在的问题及改进策略. 教育理论与实践，2019(5).

[89] 马娟. 高职学生获得感的调查与分析. 温州职业技术学院学报，2018(2).

[90] 马永红，张乐，李开宇，等. 全日制专业学位研究生教育满意度的调查分析：基于部分全国重点高校应届毕业生的视角. 高教探索，2015(12).

[91] 闵容，罗嘉文. 师生关系研究综述. 教学研究，2006(1).

[92] 潘建红，杨利利. 习近平“人民获得感思想”的逻辑与实践指向. 学习与实践，2018(2).

[93] 庞维国. 论学习方式. 课程·教材·教法，2010(5).

[94] 裴娣娜. 主体教育理论研究的范畴及基本问题. 教育研究，2004(6).

[95] 彭辉. 基于心理学的高职学生希望感研究. 广西教育，2013(43).

[96] 任磊，杜一，马帅，等. 大数据可视分析综述. 软件学报，2014(9).

[97] 荣超. 学习共同体理论及其对教育的启示. 教育探索，2010(7).

[98] 阮沁汐，李臣之. 学习获得感研究的进展与走势. 教育导刊，2021(2).

[99] 阮沁汐，李臣之，纪海吉. 研究生学习获得及其影响因素的实证研究. 教育探索，2020(3).

[100] 施佳璐. 硕士研究生学习状态及影响因素分析：基于武汉地区三所高校的调查. 理工高教研究，2009(1).

[101] 石梦希，杨青松. 心理资本对大学生学习获得感的影响：感恩的调节作用. 衡阳师范学院学报，2020(6).

[102] 史秋衡，郭建鹏. 我国大学生学情状态与影响机制的实证分析. 教育研究，2012(2).

[103] 宋晓东，黄婷婷，景怡. 研究生心理压力调查报告：以北京某985高校研究生为例. 中国青年社会科学，2019(3).

[104] 宋智辉. 硕士研究生人际关系与主观幸福感的关系研究. 社会心理科学，2013(5).

[105] 孙卉，张田. 女性博士研究生的性别压力及其疏解：基于质性研究的发

现．研究生教育研究，2020（3）．

[106] 孙锦明，刘凯．高校社科类硕士研究生学习倦怠情况的调查研究．学位与研究生教育，2016（10）．

[107] 孙美堂．从实体思维到实践思维：兼对存在的诠释．哲学动态，2003（9）．

[108] 孙频捷．身份认同研究浅析．前沿，2010（2）．

[109] Toni Falbo，陶艳兰．独生子女大学生的心理健康和人际关系：兼对独生子女"刻板印象"的讨论．广西民族大学学报（哲学社会科学版），2011（5）．

[110] 谭旭运，董洪杰，张跃，等．获得感的概念内涵、结构及其对生活满意度的影响．社会学研究，2020（5）．

[111] 唐燕，郑子健，史文．不同年级大学生的社会支持、应对方式比较及其相关研究．中国健康心理学杂志，2007（6）．

[112] 陶倩，易小兵．增进思政课师生获得感的若干关系思考．学校党建与思想教育，2017（19）．

[113] 田旭明．"让人民群众有更多获得感"的理论意涵与现实意蕴．马克思主义研究，2018（4）．

[114] 王传毅，王宇昕．博士生自我认知、培养环境与学术职业选择：基于2019年*Nature*全球博士生调查数据的实证研究．国家教育行政学院学报，2020（3）．

[115] 王顶明，刘永存．硕士研究生专业认同调查．中国高教研究，2007（8）．

[116] 王凤清，律颖，彭耕，等．某高校研究生与导师沟通现状调查．中国高等医学教育，2018（1）．

[117] 王洪席．学习文化观转换与学生学习力提升．教育发展研究，2015（8）．

[118] 王继兵．学校教育：成全"人"的"获得感"．中小学管理，2015（7）．

[119] 王俊秀，刘晓柳．现状、变化和相互关系：安全感、获得感与幸福感及其提升路径．江苏社会科学，2019（1）．

[120] 王利军．关于提升药学生思想政治理论课获得感的思考．药学教育，2017（5）．

[121] 王善苗，陈何芳．教育学硕士生学习体验的影响因素探析．扬州大学学

报（高教研究版），2019（2）.

[122] 王世珍. 略论欧洲文艺复兴时期人文主义思想. 沈阳教育学院学报，2003（6）.

[123] 王树涛，毛亚庆. 硕士研究生科研自我效能感的实证研究. 学位与研究生教育，2013（6）.

[124] 王坦. 专业型博士"热"背后的"冷"思考. 研究生教育研究，2021（1）.

[125] 王轶玮. 英国顶尖研究型大学研究生导师制度及其启示：以牛津大学为例. 学位与研究生教育，2018（10）.

[126] 王应密，叶丽融. 我国研究生教育规模扩张的发展失衡与应对. 黑龙江高教研究，2020（11）.

[127] 王振源，段永嘉，王燕榕. 徒弟寻求反馈促进导师知识共享？一个有中介的调节作用模型. 管理工程学报，2018（4）.

[128] 吴汉华，王波，古永洁. 2019年中国高校图书馆基本统计数据分析. 大学图书馆学报，2020（6）.

[129] 吴红斌，沈文钦，陈洪捷. 学术型博士生科研产出更高吗？：来自临床医学的经验. 学位与研究生教育，2020（1）.

[130] 郗厚军，康秀云. 基于学生获得感的思想政治教育专业理论课教学方法转型探析. 思想政治课研究，2017（5）.

[131] 夏文斌，张懿. 习近平新时代中国特色社会主义思想是马克思主义中国化的时代典范. 陕西师范大学学报（哲学社会科学版），2018（4）.

[132] 谢安邦. 构建合理的研究生教育课程体系. 高等教育研究，2003（5）.

[133] 邢淑芬，俞国良. 社会比较研究的现状与发展趋势. 心理科学进展，2005（1）.

[134] 邢占军. 主观幸福感研究：对幸福的实证探索. 理论学刊，2002（5）.

[135] 徐强. 大学生希望感与心理健康的关系. 中国健康心理学杂志，2010（2）.

[136] 徐婷，巢传宣. 高职生学校幸福感对学习投入的影响：班级环境的中介

作用．职教论坛，2020（8）．

［137］徐冶琼．博士生对导师指导满意吗？：基于*Nature*全球博士生调查．中国高教研究，2021（1）．

［138］许亚锋，塔卫刚．学习空间对学生学习的影响研究．远程教育杂志，2014（5）．

［139］闫顺利，范静．从思辨过程思维方式到实践过程思维方式：对马克思哲学变革的实质的理解．理论学刊，2009（3）．

［140］阎国华．高校思想政治理论课获得感的内在要素与形成机制．思想理论教育，2018（1）．

［141］颜彩媛．高校贫困大学生获得感现状及影响因素研究．安徽文学（下半月），2017（12）．

［142］杨富斌．怀特海过程哲学思想述评．国外社会科学，2003（7）．

［143］杨谦梓，刘夒宇，邓妓．组会在麻醉科研究生培养中的应用．广西医学，2019（21）．

［144］杨玉春，张广斌．研究生课程管理研究：现状·问题·建议．学位与研究生教育，2013（5）．

［145］杨志．高校产学研合作发展现状、困境及发展建议：基于对九十五所高校的调查．国家教育行政学院学报，2019（6）．

［146］姚利民，史曼莉．研究生发表论文的调查研究．现代大学教育，2008（1）．

［147］姚利民，朱黎旻．研究生培养现状调查与分析．高等教育研究，2013（11）．

［148］姚文忠．教学相长：师生获得感的特殊性．教育科学论坛，2017（32）．

［149］姚志友，董维春．我国专业学位研究生教育改革路径探索：一个整体性教育的视角．学位与研究生教育，2019（11）．

［150］叶浩生．现代心理学的困境与出路．国外社会科学，2002（4）．

［151］叶继红．高校研究生论文发表状况、存在问题与应对策略：兼论研究生论文发表规定．研究生教育研究，2015（3）．

[152] 尹奎，邢璐，王崇锋．研究生科研经历、创造力与科研职业抱负的关系：学习目标导向的调节作用．心理与行为研究，2017（15）．

[153] 于峰，张勇．研究生师生关系的非均衡现状及其影响和调整．学位与研究生教育，2012（12）．

[154] 于晓波，李臣之．基于学生“学”视角的教师课堂教学自我评价．教育理论与实践，2014（35）．

[155] 禹玉兰，罗军，李俊娇．大学生希望感及其影响因素的研究．中国健康心理学杂志，2012（5）．

[156] 禹玉兰，谭健烽，李鹤展，等．广东省大学生希望与主观幸福感的相互关系．郑州大学学报（医学版），2012（3）．

[157] 袁顶国，陈亮．研究生“教育研究方法”精品课程技术平台建设研究．电化教育研究，2010（5）．

[158] 袁贵仁，韩震．论人性、人的本质和人的主体性的相互关系．求索，1988（4）．

[159] 岳昌君，吕媛．硕士研究生创新精神特征及影响因素分析．复旦教育论坛，2015（6）．

[160] 翟慎良．重“获得感”，亦重“参与感”．新华日报，2016-03-11.

[161] 张爱卿．归因理论研究的新进展．教育研究与实验，2003（1）．

[162] 张存群，马莉萍．学术活跃度与博士生学术产出的实证分析：以中国某研究型大学为案例．研究生教育研究，2013（6）．

[163] 张广斌，陈向明．研究生课程内容研究：价值、选择与组织：基于我国研究生课程现状调研的分析．学位与研究生教育，2011（10）．

[164] 张剑，郭德俊．内部动机与外部动机的关系．心理科学进展，2003（5）．

[165] 张江平，刘涛．学生获得感与自主发展力．教育科学论坛，2017（32）．

[166] 张卫伟．论人民“获得感”的生成：逻辑规制、现实困境与破解之道：学习习近平关于人民获得感的重要论述．社会主义研究，2018（6）．

[167] 张文江，伍小东，葛万华．对社会建构主义心理学的初步探讨．社科纵横，2007（3）．

[168] 张霞．学习动机与努力程度对学生学习成绩的影响研究．教育理论与实践，2018（15）．

[169] 张学亮．论大学生思想政治理论课获得感的逻辑生成．思想理论教育，2017（7）．

[170] 张学谦，李金龙，裴旭，等．我国一流大学建设高校硕士研究生入学机会平等性测度及表现．学位与研究生教育，2019（6）．

[171] 张忠华，徐振霞．教育学学术型硕士研究生培养现状调查与分析．高校教育管理，2017（5）．

[172] 赵彩霞，眭依凡．学术型硕士研究生学术创新影响因素探究：基于对学术型硕士研究生访谈的研究结果．学位与研究生教育，2017（7）．

[173] 赵嘉路，贾晓明．促进博士生专业认同的影响因素探究．学位与研究生教育，2020（2）．

[174] 赵军，吴兴燚，刘婷，等．基于满意度视阈的专业硕士研究生学情实证调查．学位与研究生教育，2020（12）．

[175] 赵玉，侯俊华．学术型研究生创新能力驱动因素及提升路径研究：基于江西高校的调查．重庆高教研究，2019（1）．

[176] 郑东辉．社会建构主义学习理论述评．宁波大学学报（教育科学版），2004（6）．

[177] 郑磊，侯玉娜，刘叶．家庭规模与儿童教育发展的关系研究．教育研究，2014（4）．

[178] 郑雪，王玲，邱林，等．大学生主观幸福感及其与人格特征的关系．中国临床心理学杂志，2003（2）．

[179] 周海涛，史少杰．教育学学术型研究生课程建设浅析．学位与研究生教育，2017（2）．

[180] 周海涛，张墨涵，罗炜．我国民办高校学生获得感的调查与分析．高等教育研究，2016（9）．

[181] 周海银．普通高校课程建设的向度：基于山东省普通高校毕业生课程满意度的调查．教育研究，2015（10）．

[182] 周莉，郭瑾瑾，王兴超，等. 导师排斥感知对研究生心理健康的影响. 学位与研究生教育，2020（4）.

[183] 周文辉，黄欢，付鸿飞，等. 2016年我国研究生满意度调查. 学位与研究生教育，2016（11）.

[184] 周文辉，黄欢，付鸿飞，等. 2017年我国研究生满意度调查. 学位与研究生教育，2017（9）.

[185] 周文辉，黄欢，付鸿飞，等. 2018年我国研究生满意度调查. 学位与研究生教育，2018（8）.

[186] 周文辉，黄欢，牛晶晶，等. 2019年我国研究生满意度调查. 学位与研究生教育，2019（7）.

[187] 周文辉，牛晶晶. 不同招考方式博士研究生的教育收获比较：基于2020年全国研究生满意度调查数据的分析. 复旦教育论坛，2021（2）.

[188] 周文辉，王战军，刘俊起，等. 我国研究生教育满意度调查：基于在读研究生的视角. 学位与研究生教育，2012（12）.

[189] 周文辉，吴晓兵，李明磊. 研究生参与导师课题研究的现状与对策. 清华大学教育研究，2011（4）.

[190] 周永红，黄学. 研究生婚姻态度及其与主观幸福感的关系研究. 学位与研究生教育，2014（5）.

[191] 周跃南. 探索素质教育规律 创建自信教育模式. 上海师范大学学报（哲学社会科学版），2000（5）.

[192] 朱国明. 论大学生对思想政治课的获得感及其实现途径. 学理论，2018（1）.

[193] 朱红，李文利，左祖晶. 我国研究生创新能力的现状及其影响机制. 高等教育研究，2011（2）.

[194] 佐斌. 论人本主义学习理论. 教育研究与实验，1998（2）.

3. 学位论文

[1] 安佳阳. 学术型硕士研究生学习投入现状及提升对策研究. 蚌埠：安徽财

经大学，2020.

［2］蔡冲．新时代大学生思想政治教育获得感提升研究．开封：河南大学，2020.

［3］迟翔蓝．基于自我决定动机理论的教师支持对大学生学习投入的影响机制研究．天津：天津大学，2017.

［4］丁倩．社交网站使用对青少年自我评价的影响：基于社会比较理论．武汉：华中师范大学，2017.

［5］敦鹏．论马克思的实践过程辩证法．秦皇岛：燕山大学，2010.

［6］樊慧．社会性别视角下高校在读博士生科研行为影响因素分析．兰州：兰州大学，2010.

［7］方慧．胜任需要挫败对个体内在动机的影响机制研究．广州：广东工业大学，2018.

［8］郭传辉．大学生希望与自尊、人际关系的关系研究．福州：福建师范大学，2012.

［9］何燚．马克思主义实践观研究．合肥：合肥工业大学，2004.

［10］胡玲琳．我国高校研究生培养模式研究．上海：华东师范大学，2004.

［11］胡燕妮．硕士研究生学业成败归因、自尊与学业倦怠的关系．长沙：湖南农业大学，2016.

［12］黄小红．大学生思想政治教育获得感研究．漳州：闽南师范大学，2019.

［13］黎琳．大学生的社会比较与情绪健康．上海：华东师范大学，2006.

［14］黎志华．大学生希望感的发展轨迹、影响因素及其与心理健康的关系．长沙：中南大学，2013.

［15］李沁．小学高年级课堂教学中性别差异表现及其对策研究．长春：东北师范大学，2015.

［16］李青．论马克思的社会结构理论及其当代价值．呼和浩特：内蒙古大学，2011.

［17］梁静．社会比较与控制源对青少年幸福感的影响．重庆：西南大学，2006.

[18] 刘红琳. 西方过程思想的演进及马克思过程观的当代价值研究. 沈阳: 辽宁大学, 2014.

[19] 刘倩倩. 硕士研究生专业满意度与归因方式的相关关系及干预研究. 大连: 辽宁师范大学, 2014.

[20] 罗希. 硕士研究生学习倦怠、归因方式与人格的相关关系及干预研究. 大连: 辽宁师范大学, 2012.

[21] 王祥坤. 青少年希望感的影响因素分析. 漳州: 闽南师范大学, 2017.

[22] 王玉荣. 以大学生获得感为中心的思政课教学改革路向研究. 南昌: 南昌航空大学, 2019.

[23] 魏连娣. 自我决定理论视角下未来时间透视与学习投入的关系研究. 长春: 东北师范大学, 2012.

[24] 吴苏芳. 我国硕士研究生培养模式研究. 南昌: 江西师范大学. 2007.

[25] 杨小龙. 马克思主义实践观及其当代价值研究. 长春: 长春工业大学, 2019.

[26] 姚何煜. 马克思主义实践观探究. 合肥: 安徽大学, 2002.

[27] 姚一玲. 学生主观幸福感及其对数学成绩的影响. 上海: 华东师范大学, 2016.

[28] 殷民娥. 马克思社会结构理论与和谐社会的构建. 合肥: 安徽大学, 2006.

[29] 张丽娜. 师生互动对研究生学习投入的影响机制. 武汉: 华中师范大学, 2016.

[30] 张利民. 归因风格与硕士研究生学业自我效能感的关系研究. 南充: 西华师范大学, 2018.

[31] 张强. 当代大学生获得感研究. 临汾: 山西师范大学. 2018.

[32] 张兴贵. 青少年学生人格与主观幸福感的关系. 广州: 华南师范大学, 2003.

[33] 赵雯娟. 高校硕士研究生导师道德领导力模型构建及其提升策略研究. 青岛: 青岛大学, 2018.

[34] 仲雪梅．我国研究生学习投入的影响因素分析．上海：华东师范大学，2011．

二、外文参考文献

[1] ARANZAMENDEZ G, JAMES D, TOMS R. Finding antecedents of psychological safety：A step toward quality improvement. Nursing Forum, 2015, 50（3）：171-178.

[2] ASPINWALL L G, TAYLOR S E. Effects of social comparison direction, threat, and self-esteem on affect, self-evaluation, and expected success. Journal of Personality and Social Psychology, 1993，5：708-722.

[3] CHANG E C. Hope，problem-solving ability，and coping in a college student population：Some implications for theory and practice. Clin Psychol, 1998, 54（7）：953.

[4] DEARDEN R F. Autonomy and education. London：Routedge & Kegan Paul，1972.

[5] DECI R E L. The Darker and Brighter Sides of Human Existence：Basic Psychological Needs as a Unifying Concept. Psychological Inquiry, 2000, 11（4）：319-338.

[6] DIENER E. Subjective well-being. Psychological Bulle-tin, 1984，3.

[7] E SCOTT HUEBNER，RICH GILMAN. Students who like and dislike school. Applied Research in Quality of Life, 2006,1（2）：139-150.

[8] EDWARD L DECI，RICHARD M RYAN. Intrinsic Motivation and Self-Determination in Human Behavior. Berlin：Springer Science & Business Media，1985.

[9] EDWARD L DECI, RICHARD M RYAN. The "What" and "Why" of Goal Pursuits：Human Needs and the Self-Determination of Behavior. Psychological Inquiry, 2000, 11（4）：227-268.

[10] FESTINGER L. A Theory of social comparison Processed. Human Relation, 1954, 7：117-140.

[11] GERBER J P, WHEELER L, SULS J. A social comparison theory meta-analysis 60+ years on. Psychological Bulletin, 2018, 2：177-197.

[12] HRUBY G G. Sociological，postmodern，and new realism perspective in social constructionism：Implications for literacy research. Reading Research Quarterly, 2001, 1：48-62.

[13] IANNELLI，CRISTINA. Educational Expansion and Social Mobility：The Scottish Case.Social Policy & Society, 2011, 10（2）：251-264.

[14] JOHNSON W B, NELSON N. Mentor-protégé relationships in graduate training：some ethical concerns. Ethics & Behavior, 1999, 9（3）：189-210.

[15] K KAWAKAMI，K L DION. Social Identity and Affect as Determinants of Collective Action：Toward an Integration of Relative Deprivation and Social Identity Theories. Theory & Psychology, 1995, 4：551-577.

[16] KAHN W A. Psychological conditions of personal engagement and disengagement at work. Academy of Management Journal, 1990, 33（4）：692-724.

[17] KUH, GEORGE D. What Student Affairs Professionals Need to Know About Student Engagement. Journal of College Student Development, 2009, 6：683-706.

[18] MARTÍNEZ-ROGET F, FREIRE ESPARÍS P, VÁZQUEZ-ROZAS E. University Student Satisfaction and Skill Acquisition：Evidence from the Undergraduate Dissertation. Education Sciences, 2020, 10（29）：1-15.

[19] MASLOW A H. A theory of human motivation. Psychological Review, 1943：370-396.

[20] MOTA N P, MEDVED M, WANG J L, et al. Stress and mental disorders in female military personnel：Comparisons between the sexes in a male dominated profession. Journal of Psychiatric Research, 2012, 46（2）：159-167.

[21] MUIJS D C. Postgraduate Student Satisfaction：A Multilevel Analysis of PTES Data. British Educational Research Journal,2017, 43（5）：904-930.

[22] NEUMANN R, RODWELL J. The "invisible" part time research

students: a case study of satisfaction and completion. Studies in Higher Education, 2009, 1: 55-68.

[23] PIERSON L H, CONNELL J P. Effect of grade retention on self-system processes, school engagement, and academic performance. Journal of Educational Psychology, 1992, 84 (3) : 300-307.

[24] ROBERT W, BANDURA ALBERT. Social Cognitive Theory of Organizational Management. The Academy of Management Review, 1989, 14: 361.

[25] RYAN RICHARD M, DECI EDWARD L. Self-determination theory: Basic psychological needs in motivation, development and wellness. New York: Guilford Press, 2017.

[26] SISMONDO S. Some social construction. Social Studies of Science, 1993, 23: 515-553.

[27] SNYDER C R. Conceptualizing, Measuring, and Nurturing Hope. Journal of Counseling & Development, 1995, 73 (3) : 355-360.

[28] SNYDER C R, HARRIS C, ANDERSON J R, et al. The will and the ways: development and validation of an individual-differences measure of hope. Journal of Personality and Social Psychology, 1991, 60 (4) : 570-585.

[29] STANTON A, ZANDVLIET D, DHALIWAL R, et al. Understanding Students' Experiences of Well-Being in Learning Environments. Higher Education Studies, 2016, 6 (3) : 90-99.

[30] VINCENT TINTO. Leaving College, Rethinking the Causes and Cures of Student Attrition (2nd) . Chicago: University of Chicago Press, 1993.

[31] WILCOX G, NORDSTOKKE D. Predictors of University Student Satisfaction with Life, Academic Self-Efficacy, and Achievement in the First Year. Canadian Journal of Higher Education, 2019, 49 (1) : 104-124.

[32] WILDY H, PEDEN S, CHAN K. The rise of professional doctorates: case studies of the Doctorate in Education in China, Iceland and Australia. Studies in Higher Education, 2015, 40 (5) : 761-774.

后　记

本书是广东省研究生教育创新计划项目“研究生学习获得感与导师指导创新研究（立项编号：2018JGXM84）”和深圳大学研究生培养质量重点指标突破项目“研究生学习获得感测评及提升研究”的阶段性成果。在撰写过程中，我们注意到研究生学习获得感现状，并进行归因分析，也尝试寻求研究生学习获得感的一些理论支撑，并尽可能提出提升研究生学习获得感的建议，期望将理论分析与实践考察、定量研究与定性研究结合起来，以便于研究生教育工作者在管理、教学过程，以及研究生在学习过程中参阅与借鉴。

全书框架设计、修改与统稿由李臣之完成。具体分工如下：第一章第一节（纪海吉），第二、三节（阮沁汐）；第二章第一节（陈洁敏）、第二节（梁舒婷）、第三节（邓智虎）；第三章（阮沁汐、李臣之）；第四章第一节（刘芳珍）、第二节（王璐璐）、第三节（张潇云）、第四节（方丽）；第五章第一节（陈洁敏）、第二节（刘芳珍）、第三节（梁舒婷）、第四节（邓智虎）。

在研究过程中，相关兄弟学校为调查研究提供了大量帮助，深圳大学研究生院领导与同仁为课题立项、研究推进提供了大力支持。本书在出版过程中，广东教育出版社黄春青总编、郝琳琳总监、蔡奇哲责编全程关心，尽心尽力。在此一并表示感谢！

由于时间较紧，学习获得感研究成果积累较少，本书不当之处尚多，请学界同仁多提意见，以便后续研究进一步完善。

李臣之

2021年6月22日